D1430288

# Entretiens

*avec*

## Andrée Ruffo

*en amour avec la vie*

TheoDone Éditeur

**Entretiens avec Andrée Ruffo**
*en amour avec la vie*

Mise en page : Marie-Andrée Grondin

Tous droits réservés
© TheoDone Éditeur 2006

Il est illégal de reproduire cet ouvrage en totalité ou en partie, sous quelque forme et par quelque procédé que ce soit, sans l'autorisation écrite préalable de l'éditeur, conformément aux dispositions de la Loi sur le droit d'auteur.

ISBN 978-2-923344-08-9

Dépôt légal – Bibliothèque et Archives nationales du Québec, 2006
Dépôt légal – Bibliothèque et Archives Canada, 2006

*Des propos et des confidences en bouquet*

*Des regards vifs sur l'enfance à vivre*

*Des vérités de femme aux songes d'artiste*

*Des paroles comme de multiples chemins à découvrir*


*Autant de poésies de l'instant présent*

*Tout au long du voyage au bout de soi-même*

TheoDone : *Bonjour, madame Ruffo !*

C. Ruffo : Bonjour ! Je suis très heureuse d'être ici et de vous révéler certains aspects de moi, sans réserve.

TheoDone : *Et si nous parlions de votre famille !*

C. Ruffo : Peut-être de mon père d'abord ?

TheoDone : *Si vous voulez. Parlez-nous de lui. Qui était-il ? Qu'a-t-il fait pour vous ? Quels étaient ses principes, ses valeurs ?*

C. Ruffo : Mon père n'était pas issu d'une famille de grands pratiquants, mais, par ailleurs, il avait en lui le sens du sacré; on n'avait jamais le droit, à la maison, de parler contre le curé, jamais. Mon père a servi l'Église comme marguillier, mais il a aussi servi en donnant beaucoup aux hommes d'Église qui travaillaient pour les pauvres et les vocations. Il a servi l'Église en s'occupant des vieilles religieuses, en les menant chez le médecin et dans les hôpitaux, par exemple. Il a fait énormément, mais il avait ce sens du sacré en lui, ce respect du religieux qu'on ne critiquait jamais... ce que faisaient ou disaient les curés, par exemple. Moi, je ne suis pas d'accord avec lui sur ce point; je crois qu'on peut tout critiquer, toujours, et ça, c'est très sain. C'est la même chose lorsqu'on parle de la famille; pour lui, c'était sacré. On ne pouvait jamais accepter que quelqu'un critique notre famille. Nous, on n'était pas nécessairement d'accord, mais lorsque quelqu'un de l'extérieur critiquait notre famille, mon père devenait un vrai lion, ça n'avait aucun sens. Mais aucun sens ! Sur ce point, je ne suis pas non plus tout à fait d'accord avec lui parce qu'il y a des limites à tout ça. Je vous donne deux exemples, si vous pensez que c'est opportun.

**TheoDone :** *Oui, s'il vous plaît. Vous avez sûrement des anecdotes.*

**A. Ruffo :** Alors, chez nous, nous étions considérés comme de bons enfants. On était obéissants, on travaillait bien à l'école. On était aussi excessivement propres. Bien sûr, on jouait avec nos amis et, parfois, notre père allait aussi chez nos voisins. Il y avait, notamment, un couple de voisins très âgés et particulièrement désagréables dans le quartier, des gens aigris et, disons-le, *méchants*. Ils détestaient les enfants d'une façon incroyable. Alors, un jour, ces voisins nous ont bousculés. Mon père, outré, a dit : « Monsieur, vous ne touchez pas à mes enfants ! »

> **"Mon père, outré, a dit : « Monsieur, vous ne touchez pas à mes enfants ! »"**

Une autre fois, alors que nous jouions avec les enfants de la rue, ces mêmes voisins nous ont embêtés et retiré notre ballon. Alors mon père est allé les voir et leur a dit : « Vous ne faites pas ça, si vous avez un problème, vous nous le dites. » Ensuite, ils nous ont lancé de l'eau sur la tête. Finalement, mon père, exaspéré, leur a dit : « Je crois que vous ne comprenez pas; c'est la dernière fois que je vous avertis. Vous ne touchez pas à mes enfants ! »

**TheoDone :** *Il avait ses principes, c'est normal, et la famille c'était important pour lui.*

**A. Ruffo :** Et bien, ce n'est pas que j'approuve tout ce que mon père a fait, mais je ne sais pas, sur ce point, je suis ambivalente. Alors, une autre fois, mon père a rencontré ce voisin après que ce dernier nous eût frappé de nouveau et lui a dit : « Monsieur, je vous avais dit de ne pas toucher à mes enfants et je ne vous le redirai plus. » Il a pris son poing et il le lui a balancé au visage ! Imaginez, mon père a été accusé de voies de fait… Après avoir tout expliqué au juge, il a eu l'obligation de garder la paix pendant je ne sais combien de temps. Mais, pendant ce temps, le bruit a circulé comme une traînée de poudre dans toute la rue. De tous les voisins, nous étions les seuls Canadiens français. C'était à Côte Saint-Luc, là où il n'y avait que des Juifs et des anglophones protestants et là, donc, mon père est devenu le héros, vraiment le héros, parce qu'il défendait ses enfants.

Pour la seconde anecdote : on allait au couvent chez les religieuses où j'ai été pensionnaire pendant une très courte période. Moi, je détestais le pensionnat et j'ai fait environ quatre mois comme externe, et puis je me suis rendue malade.

TheoDone : *Vous êtes donc devenue pensionnaire du jour au lendemain ?*

*A. Ruffo :* Oui. C'était tout un changement et je me souviens qu'on s'est fait disputer un jour parce qu'on avait mangé de la crème glacée; on l'avait fait venir par les externes et cela était interdit. Alors, on a eu droit à une punition et la religieuse qui nous a punies nous a dit qu'on allait devoir laver le plancher, la fin de semaine. Aussitôt, moi, je l'ai répété à mon père. Mon père a répliqué : « C'est très bien, je vais aller lui parler. » Alors, il est allé voir la supérieure et il faut dire qu'à cette époque on payait très cher pour l'éducation au cours classique. Ce n'était pas donné. Alors, il a dit à la supérieure : « Ma sœur, je paye assez cher et quand mes enfants viennent dans votre couvent, je vous le dis, ce n'est pas pour apprendre à laver des planchers. Ça, on est capable de le faire chez nous. Elles viennent ici pour être éduquées. Mes filles ne laveront jamais les planchers des autres. » *(Rires)* J'avais 14 ou 15 ans à cette époque. Alors, on lui a répondu : « Très bien, M. Ruffo, on va lever cette pénitence, mais il y aura une autre conséquence. » Mon père a répondu : « Je suis d'accord, je suis d'accord. Mais elles ne feront pas les planchers des autres, oubliez ça, elles ne feront pas ça. » Il y avait chez mon père un sens de la justice ou de la mesure, un sens de la famille aussi, et je pourrais raconter encore et encore des anecdotes. Mais une valeur, je pense, qu'il nous a particulièrement communiquée, c'est le sens de la justice *intelligente*. Et je dis ça, mais je vous explique dans une dernière anecdote.

TheoDone : *Bien sûr, si vous voulez.*

*A. Ruffo :* J'avais une grande amie en 8e année, qui était protestante et dont la mère était divorcée. Elle venait au couvent des religieuses. Et tous les matins, il y avait cette religieuse – écoutez ça, on a l'impression d'être dans un autre monde – tous les matins, elle allumait un petit lampion et nous faisait prier pour le salut des mauvais esprits : les gens divorcés, ceux qui n'étaient pas catholiques, etc. Ma petite amie, qui était même ma grande amie, était présente et avait de la peine…

TheoDone : *… et sûrement pas très disposée à prier…*

*A. Ruffo :* Effectivement. Un jour, je racontais ça à mon père et je lui disais combien je pensais que ça n'avait pas de sens tout ça. Mon père a dit : « Non, ça n'a aucun sens. Nous, on aime ton amie, elle est bienvenue chez nous, et ça n'a aucun sens. » Il est allé voir la supérieure et lui a dit : « Ce qui se passe dans cette classe-là est inacceptable. La petite est une bonne amie de ma fille et je défends à ma fille de prier dans ces circonstances-là. Il faut que ça cesse maintenant. » Il n'y a plus jamais eu d'autres lampions ! *(Rires)* Alors ça, c'était pour moi un bon sens de la justice.

TheoDone : *Vous avez dit que votre père trouvait les curés « sacrés », mais quand c'était nécessaire, il le disait que ce n'était pas toujours juste, comme vous l'avez mentionné.*

*A. Ruffo :* Tout à fait.

TheoDone : *Donc, il vous a inculqué cette notion qui veut que lorsqu'il y a de l'injustice, il faut…*

A. Ruffo : Ah ! oui, pour nous, ce qu'il y a de plus sacré dans notre famille, c'est notre capacité de critiquer, mais je veux dire une critique positive. Notre capacité de juger, de refuser et de dire : « Non, je n'accepterai pas ça ! » Ce principe m'a guidée toute ma vie. J'en suis très fière. Et finalement, il y a des concessions, des concessions déshonorantes qu'on ne fait pas, dans notre famille. Moi, je suis très contente que mon père m'ait appris que ces concessions-là, on n'a à les faire pour personne : ni pour l'Église, ni pour l'État, ni pour la hiérarchie. Jamais !

TheoDone : *Les anecdotes que vous nous avez racontées concernent votre père. Pouvez-vous nous parler maintenant de votre mère ?*

A. Ruffo : Ma mère, c'était tout autre chose. C'était une femme d'affaires et je pense que c'est elle qui était la *tête*, la réelle force dirigeante dans le couple. C'est une femme d'une intelligence remarquable. Ma mère était, est, je ne sais pas pourquoi je parle d'elle au passé, est une femme de devoir. Mon père, lui, jouissait de la vie : dans le sens qu'il travaillait très fort, mais, dès qu'on voulait quelque chose… Une fois, il nous a acheté, par exemple, des motos marines… On pouvait faire ceci, on pouvait faire cela, vous comprenez, une grande liberté. Il n'y avait rien qui n'était pas pour les enfants, rien. Et c'était aussi n'importe quelle folie ! C'était un homme qui aimait la folie alors que ma mère, elle, était une femme de devoir, comme je vous le disais. C'était une femme de discipline. Elle nous faisait les leçons le soir, elle nous les demandait. On apprenait le piano, le chant, le dessin…; je pense que j'ai appris tout ce qui pouvait s'apprendre à l'époque. Parce que, pour elle, c'était important qu'on puisse se débrouiller dans la vie et que chacune soit le plus accomplie possible. Cela nous a même amenées, après le mariage, à suivre encore des cours pendant deux ou trois ans, ma sœur et moi. On a suivi, entre autres, des cours de cuisine chez le professeur Bernard. On a suivi également des cours de couture, de tricot, de décoration, d'arrangements de fleurs… écoutez, nommez-les ! Et aujourd'hui, j'en suis bien ravie.

TheoDone : *C'est bien, vous aviez tout, une formation des plus complètes.*

*A. Ruffo :* Oui. Aujourd'hui, ça me permet de tout apprécier. Ça me permet de faire de la peinture maintenant, grâce aux cours qui étaient les meilleurs à l'époque; ça me permet également d'apprécier la littérature, la poésie. Cela me permet même d'arranger les fleurs de manière élégante et raffinée. Il y a juste une chose que je ne fais pas : je ne fais pas de couture. Je fais même coudre les boutons, alors vous pouvez vous imaginer comment je peux détester la couture.

TheoDone : *Oui, mais on ne peut pas tout faire ou tout aimer !*

*A. Ruffo :* Entre la couture et moi, il n'y a pas d'histoire d'amour.

TheoDone : *Qu'est-ce qui est arrivé ? Qu'est-ce qui a fait que vous n'aimez pas la couture ?*

*A. Ruffo :* Je pense que j'étais très malhabile. Je soupçonne, et ce n'est qu'un soupçon… j'étais gauchère. Or, à l'époque, on n'était pas gauchère, alors on m'a forcée à manger et à écrire de la main droite. Par contre, quand je joue au golf ou au tennis, c'est la main gauche qui domine. Je me trouve habile pour faire de la peinture, pour arranger des fleurs, mais on dirait que la couture, ça ne marche pas. Je soupçonne que c'est ce changement dans mon cerveau qui a fait que j'étais si malhabile dans ce domaine et dans peut-être beaucoup d'autres.

TheoDone : *Qui vous a forcée à écrire de la main droite ? Est-ce que c'étaient les religieuses ?*

*A. Ruffo :* Aucune idée, vraiment, c'est ce qu'on faisait. Non, moi je n'ai jamais été *tapée* pour cette raison. Je n'ai jamais été forcée ou obligée par mes parents non plus. C'est juste que, à l'époque, on n'était tout simplement pas gauchère. On ne pouvait pas être gauchère. Je n'ai aucun souvenir de quelqu'un qui m'aurait dit de changer de main. Ça s'est fait dès l'âge tendre.

TheoDone : *Combien d'enfants étiez-vous dans votre famille ?*

*A. Ruffo :* J'ai une sœur, qui a treize mois de plus que moi. Je le réalise de plus en plus, c'est elle qui a fait office de protection pour moi, je veux dire sur le plan féminin, même si elle a seulement treize mois de plus. Je me souviens : nous sommes allées en Europe, elle et moi. J'avais 15 ans et elle, 16 ans. Elle me protégeait, j'en ai un souvenir très touchant. Même, à certains moments, j'étais toute petite et j'avais des crampes… mais il fallait, toutes jeunes, qu'on visite des musées tous les après-midi et qu'on entende des concerts tous les soirs. Moi, des fois, j'en avais marre. J'avais des crampes et c'est elle qui m'aidait et qui faisait l'impossible pour moi. Encore aujourd'hui, par exemple… c'est ma fête en fin de semaine et ma sœur, ce soir, me prépare un repas. Et elle me demande : « Qu'est-ce que tu veux manger ? Qu'est-ce que tu veux avoir ? Qu'est-ce qui te ferait vraiment plaisir ? »

TheoDone : *Ce type d'attention et de délicatesse vous plaît-il ?*

*A. Ruffo :* Écoutez, si elle est inquiète pour moi, elle va m'appeler tous les jours et me demander : « Vas-tu bien ? Es-tu correcte ? » Il y a une bienveillance chez ma sœur, une tendresse, une affection, que ma mère n'a pas, mais pas du tout. Ma mère, c'est beaucoup plus… c'est comme ça, oui, je dirais c'est comme ça, très rigide et si disciplinée. C'est ma sœur qui a été pour moi cette tendresse. Si j'étais mal prise, je n'appellerais pas ma mère, j'appellerais ma sœur, parce que ma mère me dirait : « Tu n'aurais pas dû faire ceci, tu devrais plutôt faire cela. » Ça, c'est ma mère. Tandis que ma sœur me dirait : « Bien, viens rester chez nous », ou encore, « Je vais aller rester chez toi et je vais m'occuper de toi ».

TheoDone : *Elles forment une espèce de symbiose, votre sœur et votre mère ?*

A. Ruffo : Ah ! Elles sont très amies. Moi, je ne suis pas très amie avec ma mère. Je suis trop émotive. Mais ma sœur a travaillé longtemps pour ma mère et elles sont très proches l'une de l'autre. Mais moi, beaucoup moins !

TheoDone : *Mais la tendresse de votre sœur et la discipline de votre mère, il me semble, quand même, que cela fait un bon complément ?*

A. Ruffo : Ah, ça fait un bon complément, en effet, mais la tendresse dont vous parlez est d'abord venue du côté de mon père. J'ai toujours senti que j'étais la fille de mon père. Il était tellement fier de moi et il me trouvait tellement belle avec mes longs cheveux. Il m'aimait, il aimait ce que j'étais. Par exemple, la première fois où j'ai été accusée par la DPJ et la juge en chef, il y a eu une enquête. Le jugement devait être, je ne me souviens pas avec précision, mais disons qu'il devait être prononcé le lendemain ou quelque chose comme ça. Mon père a invité la famille, la soirée précédente, et il a dit : « On fête ! »

TheoDone : *Fêter en pareille circonstance ?*

A. Ruffo : Absolument. Il avait donc invité toute la famille au Beaver Club, au Reine-Elizabeth. Alors en arrivant, j'ai vu qu'il y avait des fleurs, des bijoux en argent, des cadeaux, c'était Noël et je leur ai dit : « Mais qu'est-ce que vous faites ? » Il m'a répondu : « Nous, on s'en fout de ces jugements, tu es notre fille et on sait que tu es correcte. » Alors nous, on a fêté avant le jugement... C'était mon père.

TheoDone : *Ce soutien inconditionnel de votre père, de votre mère et des autres membres de votre famille, l'avez-vous senti tous les jours ? Tout au long de votre vie ?*

A. Ruffo : Bien, ça dépend ! Le soutien inconditionnel sur le plan professionnel, oui, c'est entendu. Ma mère disait qu'au contraire la situation était bien pire que ce que je dénonçais.

Ma mère s'est toujours occupée des enfants et de tout ce qui s'ensuit, et elle connaissait le manque de ressources. Elle savait comment on les traitait. Mes parents savaient le sort réservé aux enfants. Ils m'encourageaient à poursuivre; alors ça, c'était un soutien inconditionnel.

TheoDone : *Mais pour les autres aspects de votre vie ?*

A. Ruffo : Par contre, quand on brise les traditions chez nous… Par exemple, être la première qui travaille à l'extérieur, la première qui divorce, la première qui… De voir leur réaction, cela m'a touchée, ébranlée. Ça, ce n'était pas inconditionnel ! Ils ont été très sévères là-dessus. Très sévères et avec des jugements. Mon père est mort depuis, mais il m'appelait encore, jusque-là, la divorcée. J'ai divorcé il y a 15 ans, et mon père m'appelait encore la divorcée : « Ça, c'est ma fille, la divorcée. » Il n'a jamais pu l'accepter.

TheoDone : *Parce que, dans le temps, ce n'était pas accepté par la religion catholique ou alors ce ne l'était pas par votre famille ?*

A. Ruffo : Non, ce n'était pas accepté par ma famille. Peu de temps après, je me souviens, mon père était venu chez moi. J'habitais Outremont, à l'époque, et il était venu chez moi. Il avait dit à mon fils de 15 ans : « Viens, on va se parler. Elle est pas drôle, ta mère, hein ? Viens, nous autres, on va se parler entre hommes. » Il a toujours soutenu les petits-enfants. Ma mère aussi les gâtait beaucoup.

TheoDone : *Est-ce qu'il y a un moment ou une occasion particulière qui vous revient à l'esprit ?*

A. Ruffo : Je me souviens, quand les enfants étaient très jeunes, dans son réfrigérateur, ma mère conservait des tablettes de chocolat, celles que chacun préférait, et les liqueurs douces que chacun préférait. Grand-maman avait tout. Pour chacun des petits-enfants, elle connaissait leurs goûts. Il n'y avait jamais personne d'impoli. Il fallait être discipliné et poli… Je me souviens très bien, une fois, les enfants étaient *tannants*, on avait cinq petits garçons à peu près du même âge. Ils étaient particulièrement turbulents et je ne sais pas si c'était mon frère ou ma sœur qui s'était emporté contre un enfant, mais mon père a dit : « Dans ma maison, y'a personne qui chicane les enfants. Si vous voulez les élever, vous les élèverez chez vous, mais ici c'est chez grand-papa et grand-maman et ça ne se passera pas comme ça. » Il avait nettement pris la part des petits-enfants, c'était assez particulier. On savait à quoi s'attendre.

TheoDone : *Vous avez mentionné votre frère. Comment vous a-t-il influencée ?*

*A. Ruffo :* Eh bien, mon frère était deux ans et demi plus jeune que moi. Je n'ai pas beaucoup de souvenirs de lui pendant l'enfance. J'ai l'impression très nette que j'en ai beaucoup plus avec ma sœur. Sauf qu'en vieillissant j'ai été très près de mon frère. On avait davantage le même tempérament, les mêmes goûts.

TheoDone : *Vous ressentiez moins d'affinités avec votre frère…*

*A. Ruffo :* Avec mon frère, un peu moins d'affinités. Par la suite, mon frère s'est marié très jeune et, après, je suis devenue très amie avec lui. Il y a eu aussi des périodes de distances, de silences où l'on ne se parlait pas… un peu comme dans toutes les familles.

TheoDone : *Cela arrive effectivement dans beaucoup de familles.*

*A. Ruffo :* Puis, mon frère est mort, il y a deux ans, et donc… mais vers la fin de sa vie, j'étais très près de mon frère. Il était très malheureux et j'ai été très près de mon frère, je pense… très près de mon frère… En tout cas, je me suis longtemps demandé ce que j'aurais pu faire pour l'aider davantage, l'aider mieux, l'aimer plus, l'aimer mieux et, finalement, je pense que ç'a été le déclencheur d'une dépression profonde. C'était ça la question : comment vivre avec ce deuil, et, en même temps, toucher l'impuissance de changer quelque chose. Cela a été une période très difficile, pour moi, dans la magistrature. Comment pourrait-on changer la justice pour les enfants, comment pourrait-il y avoir plus de justice, comment pourrait-il y avoir plus de gens heureux ? Ç'a été cette rencontre de l'impuissance, je pense, une saine distance et une grande acceptation qui m'ont permis de comprendre que les gens ont leur propre vie, leur propre destin. Je pense que c'est ça qu'il faut se dire. Nous ne sommes pas Dieu. On peut vouloir aider, mais il reste que chacun a son destin. Et chacun en est, en quelque sorte, responsable.

TheoDone : *Pouvez-vous maintenant nous parler de vos tantes ?*

A. Ruffo : Mes tantes, celles du côté de mon père... Mais pour parler de mes tantes, il faut d'abord parler de mon grand-père. Mon grand-père était un comte qui venait de France. Il aurait (je dis *aurait* parce que, dans cette famille-là, on ne parlait pas beaucoup)... il aurait donc eu une mésalliance : il aurait marié une Française d'origine espagnole. Elle s'appelait Julia Garcia. Sa famille ne le lui aurait pas pardonné et il a décidé de venir s'installer ici au Canada. Il n'est jamais retourné dans sa famille. Tous les hivers, il passait trois mois à Nice, dans les beaux hôtels; il avait beaucoup d'argent. Tous les ans, c'est ce qu'il faisait, mais il n'est jamais retourné dans sa famille.

TheoDone : *Et vos tantes ?*

A. Ruffo : Voilà, mes tantes avaient des voix de rossignol, elles chantaient bien, très bien, mon père aussi. Elles connaissaient les opéras. Elles avaient une grande culture, elles s'abonnaient à tout. L'une était enseignante, l'autre s'occupait de son père qui vieillissait. Elles étaient des femmes de culture et aussi des femmes de *luxe*, dans le sens qu'elles appréciaient les beaux tailleurs, les carrés de soie, les parfums, les beaux meubles, la décoration... C'étaient des femmes qui avaient du goût. À part cela, ce qu'on a appris avec cette famille française, c'était de déguster une nourriture différente, alors que ma mère venait d'une famille québécoise de treize enfants où il y avait beaucoup de monde à table et la cuisine était plus familiale. Chez les Ruffo, c'était les hors-d'œuvre à la française, les viandes très saignantes, les mets très relevés, notamment avec de l'ail, parce que de l'ail, de l'ail, vous savez, ça nous sortait par les oreilles et je ne sais pas pourquoi. Puis, il y avait du vin, tout le temps. Nous aussi on a été habitués comme ça à la maison.

TheoDone : *Des êtres raffinés qui avaient le goût de vivre...*

A. Ruffo : C'était tout ça, la famille. Il y avait la maison de campagne. Il y avait une volière, il y avait des fleurs partout. Ils avaient des serviteurs. C'était un monde... il y avait un piano... C'étaient des gens qui avaient de l'argent et qui... C'était la beauté, les belles odeurs, la culture. C'était tout ça, la famille. C'étaient des gens instruits, qui voyageaient énormément. Quand mon grand-père est mort, la même année, une de mes tantes a fait le tour du monde. À l'époque, cela ne se faisait pas, mais elle a fait le tour du monde toute seule. C'était une vieille fille, elle est décédée maintenant. C'était une dame célibataire, *(rires)* une vieille fille comme on disait à l'époque ! Elle s'est occupée de son père tout le temps.

TheoDone : *C'était quand même courageux de faire le tour du monde comme ça, toute seule.*

A. Ruffo : Oui, en effet.

TheoDone : *On parle de quelle époque, plus précisément ?*

A. Ruffo : Oui, on parle d'il y a maintenant cinquante ans.

TheoDone : *Je dis ça parce que nous voulons comprendre comment vous avez hérité de vos valeurs et les avez développées.*

A. Ruffo : Bien, c'était le sens de la beauté et...

TheoDone : *... le sens de la beauté et le sens de l'aventure...*

A. Ruffo : Ça, ce sont les Ruffo ! Ce n'est pas croyable. Bien, le sens de la beauté aussi... Mes maisons sont belles. Elles sont propres et elles sont belles. J'aime l'intérieur, j'aime cuisiner, j'aime les bonnes odeurs. Même les petits-enfants quand ils venaient chez nous : « Ah ! ma tante Andrée, tu sens les Ruffo ! » *(Rires)* Alors, ça c'était très important. Oui, le goût de l'aventure aussi. Et ma mère se félicitait de l'avoir toujours contrôlé parce que mon père aimait beaucoup le vin, les voyages, les femmes, le jeu... il aimait tout et le monde... Ah ! le monde, ce qu'il pouvait aimer le monde ! Mon père était... c'était toujours les voyages. Il serait parti à chaque deux jours. Même quand il y avait trop de vent, il était toujours prêt à lever les voiles. Je pense que cette famille-là m'a beaucoup, beaucoup marquée. Vraiment, c'était leur façon à eux. Et ma mère, c'était beaucoup plus le côté discipline, devoir, travail.

TheoDone : *Mais votre mère vous a quand même inculqué... ou elle a favorisé chez vous le développement d'habiletés, elle vous a fait suivre des cours...*

A. Ruffo : Des habiletés, oui, mais par le travail, avec ma mère, alors qu'avec les autres c'était par le plaisir. Ainsi, avec l'une, si on prend les fleurs, par exemple, avec l'une, c'est couper les fleurs, cultiver les fleurs, arranger les fleurs, et avec l'autre, c'est prendre des fleurs et avec les fleurs, on fait du parfum... et ça sent bon. Ce sont les mêmes choses, mais appréciées d'une autre façon. Moi, je suis beaucoup plus ludique, plus, disons, *épicurienne* que...

TheoDone : *Mais je trouve que ça fait un bon équilibre parce que, dans la vie, il faut les deux. On ne peut pas apprécier si on ne travaille pas un petit peu.*

A. Ruffo : Tout à fait !

TheoDone : *Comment les gens vous perçoivent-ils dans la vie ?*

A. Ruffo : Aujourd'hui ?

TheoDone : *Aujourd'hui... ou lorsque vous étiez, disons, adolescente.*

*A. Ruffo :* Je vais commencer par mes amies. C'est comme ça, la vie, il y a toujours deux côtés. Mes amies peuvent me dire que je suis une grande personnalité, un monument, mais je ne les écoute pas beaucoup quand elles disent cela parce que ça m'énerve un peu. Puis, dans la même phrase, elles peuvent ajouter : « C'est tellement facile d'être avec toi ! » Je pense effectivement que c'est très facile d'être avec moi. Bon, toujours prête à aller au théâtre, à manger au restaurant ou à la maison, à m'asseoir une journée et à lire, à découvrir quelque chose. Je pense que je suis effectivement très facile à vivre, mais quand il arrive quelque chose comme une question de principe, là, je deviens particulièrement intraitable. Vous savez, c'est toujours comme ça quand je suis avec mes amies… je les ai choisies, elles m'ont choisie. Nous sommes toutes différentes et nous nous aimons profondément.

TheoDone : *Des choix naturels, en quelque sorte. Mais donnez-nous un exemple de cette question de principe.*

*A. Ruffo :* Oui. Vous ai-je dit que je suis la marraine de Magiciens sans frontières ? Bon, oui, prenons cet exemple. Les magiciens font des spectacles dans les pays où il y a beaucoup de souffrance chez les jeunes. Alors, ils font cela bénévolement, ce sont des gens très généreux, mais c'est sûr que ça coûte quelque chose… aller en Inde, en Algérie, ça coûte quoi… le transport. Parfois, je les accompagne. Alors, un jour, on s'est dit qu'il faudrait aller à Calcutta.

TheoDone : *Vous y êtes donc allée cette fois-là ?*

*A. Ruffo :* Non. Mais à Calcutta, j'ai des amies indiennes qui sont riches. Je fais appel à un certain groupe d'entre elles en leur demandant d'aider. Il y a une de ces personnes-là qui, à l'occasion de son anniversaire de mariage, a reçu une voiture de grand luxe de la part de son fils. Ce sont des gens qui construisent des hôtels et des édifices énormes. Ils sont réputés milliardaires. Alors, un jour, je leur dis : « Écoutez, ce sont vos enfants, vous êtes Indiens. Vous allez faire venir des magiciens à Calcutta. » Toutes acceptent, sauf la plus riche. Elle fait un lunch chez elle, la semaine suivante, et j'y vais en espérant qu'elle acquiesce à ma demande et qu'elle va me parler. Ce n'est pas une personne que j'appréciais particulièrement, mais c'était quelqu'un de civilisé. Elle ne me parle pas du tout et, par la suite, une de mes amies lui fait la remarque : « Tu n'as pas répondu à Andrée. » Elle répond : « Ah, tout le monde me demande, mais non, je ne peux pas... »

TheoDone : *Elle n'a pas répondu à votre geste d'entraide ?*

*C. Ruffo :* Elle ne m'a jamais appelée, elle ne m'a jamais répondu, elle ne m'a jamais dit : « Ah ! c'est merveilleux ce que vous faites pour nos enfants, mais pour le moment... » Vous savez, tout le monde a le droit de dire non. Alors, moi je dis : « Je déteste ces gens-là et je ne veux plus rien savoir d'elle. » Mon amie me dit : « Tu es trop sévère. Elle a un mari despote. » Moi, je lui réponds : « Je m'en contrefous. Elle est capable d'appeler pour luncher, elle est capable d'appeler pour donner sa raison en disant "pour le moment, je ne peux pas", c'est tout. Je ne suis pas fâchée parce qu'elle a dit non, je suis fâchée parce que c'est de la bêtise. » Moi, je suis un peu rigide et formelle pour ces choses-là.

TheoDone : *Vous l'avez pris un peu...*

*C. Ruffo :* Non, je n'ai pas à le prendre *personnel*; je veux dire, le temps est compté. Nous, notre temps est compté sur Terre et je n'ai pas à perdre mon temps avec la bêtise. Moi, si une jeune femme que je ne connais pas a besoin de mon aide, si je peux, je vais l'aider. Je n'ai pas de temps pour la bêtise et ça, c'est de plus en plus accéléré, c'est de plus en plus profond. Quand j'étais plus jeune, alors que je n'avais pas encore 40 ans, à deux reprises on m'a diagnostiqué un cancer important. Le diagnostic a été confirmé et c'était sérieux. Puis il s'est passé deux mois où je me disais : « Je n'ai même pas 40 ans. » Moi, je croyais que je vivrais toujours. Parce qu'à 35 ans on ne pense pas à mourir. À 65 ans, oui, mais pas à 35 ans ! Ce n'est pas réel, ça. Alors, je me disais aussi : « Mais moi, je vais mourir ? Moi, je vais mourir ? » C'était important.

TheoDone : *Vous étiez très... consciente de cette fragilité ?*

A. Ruffo : À ce moment-là, ce qui m'est apparu, c'est l'urgence. Il y avait comme une urgence d'agir et d'éviter la bêtise. C'est devenu capital pour moi. Je n'ai pas de temps pour la bêtise. Je ne peux pas faire grand-chose, sans doute, mais, pour moi, c'est important de faire quelque chose et jamais je ne me complairai dans la bêtise. C'est pour ça que je suis quasiment asociale. Je vais aux *parties* à peu près deux fois par année. Quand c'est pour le travail, j'y vais, mais autrement, je suis parfaitement heureuse de manger simplement avec des amis. Je n'ai plus le temps; j'ai besoin de lire, de faire de la peinture, de faire ma poésie.

TheoDone : *Est-ce qu'on peut dire que c'était l'élément déclencheur, cette prise de conscience du temps, qui vous a démontré, par exemple, que la défense des enfants, c'est important ?*

A. Ruffo : Non, parce qu'à ce moment-là j'étais déjà avocate pour les enfants, j'avais mon bureau, je le faisais avec beaucoup de passion et de compétence. C'est vraiment dans ma tête et dans mon cœur que cela s'est passé. J'ai continué mon travail d'avocate et ensuite, de juge. Mais quelque chose avait changé.

TheoDone : *Est-ce que c'était une évolution ou... ?*

A. Ruffo : Non, c'est à ce moment-là que cela s'est passé. Quand on m'a diagnostiqué un cancer... Moi je pense que les personnes qui frôlent la mort deviennent différentes. C'est clair. Quand on touche la mort, la sienne, celle des autres aussi, je pense qu'on devient différent. Il y a ce sentiment d'urgence qui nous envahit. C'est comme si je n'avais plus peur, pas peur. Je

> **❝Les personnes qui frôlent la mort deviennent différentes.❞**

me fous de ce que les gens disent de moi. Mes amis m'aiment et on est capable de se dire : « Arrête, là tu charries. » On s'aime assez pour ça.

*TheoDone : On prend alors conscience des vraies choses, en quelque sorte.*

*A. Ruffo :* Je crois, oui. D'ailleurs j'ai un ami très connu, que je ne nommerai pas ici, mais qui a passé sa vie à vouloir se faire aimer. C'est pour ça qu'il fait du spectacle... Il faut que tout le monde l'aime tout le temps, je trouve cela ridicule. Un jour, alors qu'il était particulièrement déprimé, je lui ai dit : « Mais arrête. Là, si je te disais que tu es un chameau, qu'est-ce que tu dirais ? Tu me dirais : "Arrête, la folle, tu ne me prends pas au sérieux." Écoute, c'est aussi ridicule que ça. Je te dis que t'es un chameau et tu ne me crois pas, par contre un imbécile te dit que tu n'es pas intelligent et tu le crois. Un autre te dit ça, tu le crois, mais moi qui te dis que tu es un chameau, tu ne me crois pas. C'est quoi l'idée ? Quand les gens disent des choses à ton sujet et que ça ne te correspond pas, ne les écoute pas, c'est tout. » Si ça me correspond, je suis capable d'y penser, sinon, que le bon Dieu les bénisse. Maintenant... Évidemment, j'ai été obligée de le tolérer quand j'étais juge et que je recevais des plaintes de la DPJ. Mais maintenant, si quelqu'un me disait... Évidemment, cela ne s'est pas passé depuis que je ne suis plus juge... mais si quelqu'un me disait quelque chose de faux, je lui répondrais : « Bien, je m'en fous, ne me dérange pas avec ça ! » Ma vie est pleine de gens que j'aime et qui m'aiment et j'ai la chance, à mon âge, d'avoir plein de rêves et de projets. Qu'est-ce qu'on veut de plus dans la vie ? On ne peut pas plaire à tout le monde. À partir du moment où vous savez qui vous êtes, vous n'avez pas besoin des autres pour vous définir.

*TheoDone : Vous êtes avant tout une femme. Évidence, direz-vous, mais au-delà de toute considération professionnelle, car plusieurs vous connaissent de cette façon, quels sont les aspects particuliers de votre vie personnelle que vous souhaitez partager, nous faire connaître et nous faire apprécier ?*

*C. Ruffo* : Je ne peux pas parler de ma vie personnelle sans parler de mon bonheur d'être une femme. Alors, pour moi cela a toujours été un bonheur. Tout nous est accessible. On a accès au pouvoir si on le souhaite. Surtout, on a accès au bonheur de connaître la maternité. On a accès à tout ce qui est beau. Finalement, on n'a pas à cacher nos sentiments et nos émotions comme, malheureusement, beaucoup d'hommes le font. On n'a pas à nous le pardonner, on nous encourage plutôt à le faire, comme si c'était une richesse.

TheoDone : *C'en est une, effectivement, je crois.*

*C. Ruffo* : J'ai une petite anecdote à vous raconter et qui se passe au moment où j'ai été nommée juge. À ma première rencontre avec le juge en chef, je lui ai dit : « Bien, moi, en tant que femme... » (J'imagine que j'ai dit que je voulais changer le monde, je ne me souviens plus.) Il m'a dit : « Tu n'as rien compris. Maintenant, tu vas apprendre que ce n'est pas en tant que femme que tu parles, c'est en tant que juge. » Moi, je l'ai regardé et je me suis dit : « Mais qu'est-ce que j'entends ? C'est de la folie. » J'étais jeune, j'ai dû me dire que c'était une stupidité. Je lui ai répondu : « Mais moi, je suis une femme. J'ai toujours pensé que je suis née femme et que je mourrai femme et que j'aurai certains rôles sociaux à jouer. Je suis juge aujourd'hui, mais je serai toujours une femme. »

> **"Maintenant, tu vas apprendre que ce n'est pas en tant que femme que tu parles, c'est en tant que juge."**

Ça avait été notre premier sujet de désaccord, pas réellement de discorde à proprement parler, mais on n'était pas sur la même longueur d'onde, et ça a duré toujours... à un point tel que l'on disait de moi : « Elle, ce n'est pas une vraie juge, elle materne les enfants. »

TheoDone : *C'est mal vous connaître que de penser une telle chose.*

*A. Ruffo :* J'ai toujours pensé que, quand on est juge pour enfants, leur rendre justice c'est faire en sorte que ces enfants obtiennent des réponses à leurs besoins. Si répondre à leurs besoins, c'est les materner, je m'excuse, mais quelqu'un n'a pas compris. Ça appartient au chef d'État, ça incombe à tout le monde de répondre aux besoins de l'enfant, que ce soit sur le plan physique, moral ou spirituel. Moi, j'ai toujours soutenu que non, je ne materne pas les enfants, je m'assure qu'ils ont réponse et satisfaction à leurs besoins, que leurs droits sont respectés et qu'ils obtiennent justice. Ce n'était pas en tant que femme, c'était en tant que juge.

TheoDone : *La notion de discernement, à ce moment-là, était tout à fait justifiée...*

*A. Ruffo :* Ça, c'est une chose qui me surprend beaucoup actuellement, c'est-à-dire l'incapacité des gens à réfléchir, à approfondir ou à avoir une critique sur les choses. Je trouve que cette incapacité est beaucoup encouragée par les médias, notamment. Par exemple, on nous présente une guerre à la télé et cela tient exactement sur deux lignes. Mais ce n'est pas ça, une guerre. La guerre s'est construite pendant des siècles. La guerre est là et souvent elle continuera. C'est que la vérité est contenue dans deux phrases. Alors, qui lit encore sur la guerre qui a eu lieu au Rwanda ? Qui lit pour approfondir les choses sur ce qui se passe au Moyen-Orient ? Alors, vous allez dans n'importe quel salon ou réunion et on vous ânonne des choses sottes qu'on reconnaît sur les lèvres de chacun. Pourquoi ? Parce que les gens les ont entendues à la télévision et qu'ils les répètent comme vérité. L'autre chose, c'est ce danger de vouloir obtenir des réponses; mais la vie ce n'est pas ça. C'est la réflexion, on réfléchit, on met les choses en parallèle, en perspective. On trie, on élimine les éléments inacceptables, on se fait une idée, on la propose, on la change, mais qui fait ça maintenant ? Si on dit : « Mais non, avez-vous réfléchi à quand cela a commencé ? » Ces imbéciles qui disent que la guerre au Liban a commencé par l'enlèvement de deux soldats. On voudrait se cacher. Cela n'a aucun sens. C'est une grande tristesse, pour moi, cette incapacité à réfléchir.

TheoDone : *Parfois les gens n'ont pas le temps d'avoir des opinions nuancées sur certains sujets.*

*A. Ruffo* : Dans ma jeunesse, j'ai fait toutes mes études chez les religieuses et j'ai eu la chance de connaître l'une d'entre elles qui nous permettait de tout critiquer. On était d'accord ou pas, on remettait en question. C'était une religieuse qui acceptait qu'on critique et qu'on ne soit pas d'accord. Ça, c'est la beauté du monde. Quand je vois des gens qui disent qu'il faut à tout prix des consensus… Moi, je dis non, je suis habituellement contre les consensus à tout prix. Parce qu'un consensus, par exemple, je vais vous en donner un : on a donc, dans notre exemple, dix personnes qui pensent des choses différentes. À la fin, pour qu'on arrive à faire *semblant* d'être d'accord, on laisse tous passer quelque chose d'important. *Quelque chose qui ne me dérange pas*, mais souvent, c'est quelque chose d'important. Ce consensus ne reflète personne. Moi, j'aime bien mieux qu'on me dise : « Bien voilà, on vit en démocratie, c'est la majorité, voilà ce qu'on décide. Vous, puisqu'on est en démocratie, ralliez-vous ou soyez silencieux ou dites-le. » Mais quand on ne tient pas compte de la majorité, alors on est en fausse démocratie, ou bien, parfois, il y a un manque de leadership. Il y a des consensus partout, comme si tout le monde pensait de la même façon. Moi, je trouve que ça n'a aucun sens.

TheoDone : *Plus tôt, vous avez parlé d'un problème de santé que vous avez eu à 40 ans. Vous m'avez dit que ce n'était pas l'élément déclencheur. Alors d'où viennent plus spécifiquement vos convictions pour la défense des droits des enfants ?*

*A. Ruffo :* C'est bien avant ça. Moi, je viens d'une famille où les enfants étaient les personnes les plus précieuses. Chez maman, ils étaient treize. Chez papa, ils étaient également treize, mais plusieurs sont morts. À chaque Noël, mes parents recevaient tout ce beau monde-là. Mais la première tablée, c'était toujours pour les enfants. Ce qu'il y avait de meilleur, c'était toujours pour les enfants.

TheoDone : *Ce qui est surprenant parce que, souvent, c'est l'inverse.*

*A. Ruffo :* Non ! Chez nous, c'étaient les enfants, les hommes, puis ensuite les femmes. C'était normal, car on était à la cuisine. Mais les hommes y étaient aussi, faut pas exagérer. Je me souviens que mon père, qui connaissait le vin, et je vous expliquerai pourquoi, disait : « Ce qu'il y a de meilleur, c'est pour mes enfants, ce n'est pas pour la visite, alors c'est à mes enfants qu'il faut donner. » Avec nos enfants, ç'a été la même chose aussi. C'était pour nos enfants qu'il y avait ce qu'il y a de mieux. Ils ont toujours fait ça. Mes parents étaient des commerçants, ils avaient différents commerces. On a vite pris conscience qu'il y avait des hommes qui sortaient de prison, il y en avait qui étaient alcooliques, un autre vivait l'inceste, un qui était pauvre et qui vivait... bon, tout ce que vous voudrez. Finalement, à mes parents, ce qu'il leur importait, c'étaient les enfants. Ils aidaient tout le monde, mais c'était par rapport aux enfants.

TheoDone : *Vos parents ont donc largement contribué à l'émergence de vos convictions en ce qui a trait aux enfants.*

*A. Ruffo :* Cela a continué comme ça parce que c'était notre vie. Quand est venu le temps de travailler, pour moi, c'était clair parce que je pense que ma quête, au fond, en est une de justice. Très jeune, j'ai réalisé l'injustice. Je me demande pourquoi nos enfants à nous sont nés ici et ne sont pas nés en Afrique. Pourquoi sont-ils nés d'une mère qui n'a pas le sida ? Est-ce qu'ils ont fait quelque chose de si intelligent ? Pourquoi nos enfants à nous peuvent-ils aller à l'école ? Pourquoi ont-ils des chaussures ? Pourquoi ne sont-ils pas nés dans des camps ? Moi, je suis allée dans des camps. Je suis allée en Palestine, dans les camps et les villages où les enfants ne peuvent pas aller à l'école. Ils n'ont pas de statut social, ils ne peuvent pas s'en sortir. Pourquoi, eux, sont-ils nés dans des camps ? C'est ça la grande injustice du monde. C'est comme ça... alors je me dis que ma quête profonde de justice, c'est presque une utopie, mais il faut croire

> **"Ma quête de justice, c'est quand chacun aura tout ce qu'il faut pour pouvoir aller au bout de lui-même."**

dans les utopies. Ma quête de justice, c'est quand chacun aura tout ce qu'il faut pour pouvoir aller au bout de lui-même. C'est là, pour moi, le moment où on aura un monde juste. Tant qu'on aura des enfants sidéens, tant qu'on aura des enfants qui n'auront pas à manger, tant qu'on aura des enfants qui seront utilisés dans la guerre et dans l'exploitation sexuelle, ça ne sera pas un monde juste. Tant qu'on aura des multinationales qui retirent les médicaments des pays du tiers-monde parce que ce n'est pas assez *payant*, ce ne sera pas un monde juste. La lutte commence autour de nous, bien sûr, mais la lutte est globale, internationale.

TheoDone : *Qu'est-ce qui vous a poussée à devenir avocate ?*

A. Ruffo : Bien, je pense que c'est ce sentiment de manque de voix des enfants. Chez nous, on disait tout, tout le temps. On avait appris en morale ce qu'était le mensonge : le mensonge, c'était de refuser la vérité à quelqu'un qui y avait droit. Qui y avait droit ? Je ne savais pas comment on faisait pour évaluer ça. C'était la découverte géniale. Nous, on avait 16 ans, 17 ans; en arrivant chez nous, on avait raconté ça à mon père et il nous avait dit : « Mes petites filles, vous n'allez pas à l'école pour apprendre des sottises comme ça. » Alors, on en avait discuté pendant tout le souper, de la vérité et du mensonge, et qui y avait droit et qui n'y avait pas droit. C'était toujours possible de discuter de tout. On avait une voix et on était très conscients que parfois, ailleurs, il y avait des enfants qui n'étaient pas écoutés. Moi, j'ai vécu une relation avec un homme qui n'acceptait pas que ses enfants soient à la même table que les adultes. Il croyait que les enfants devaient être vus et non entendus. Alors que moi, je crois qu'une fois que les adultes ont pris deux ou trois verres de vin ou d'autre boisson, à ce moment-là, ils sont infiniment moins intéressants que les enfants.

TheoDone : *Ce sont eux qui ne devraient pas parler...* (Rires)

A. Ruffo : Oui, ce sont eux qui ne devraient pas parler, exactement. Alors voilà, très vite je me suis dit que je serais la voix des enfants devant les tribunaux. Très souvent, en cour, je disais au juge : « Je ne suis pas Andrée Ruffo aujourd'hui, je suis Sophie et Sophie vous demande de... ou Paul vous demande de... » Parce que c'est ça finalement, un avocat : prendre la voix de celui qu'il sert, qu'il représente. J'ai aimé cette profession, viscéralement. J'ai vraiment aimé être avocate.

TheoDone : *Vous avez été avocate pendant combien de temps ?*

A. Ruffo : J'ai été avocate de 1974-1975 jusqu'en 1986, environ... dix ans, à peu près. J'ai été nommée juge en 1986... pendant vingt ans presque jour pour jour. J'ai démissionné le 18 mai 2006.

TheoDone : *Nous vous connaissons, évidemment, comme femme publique, et aujourd'hui nous pouvons mieux vous connaître. Votre regard même nous indique une grande sensibilité. Qu'en est-il vraiment ?*

A. Ruffo : Bon, la femme publique est arrivée par hasard dans ma vie. Ce n'était pas prévu, ce n'était pas souhaité. C'est arrivé avec les premières plaintes. C'est à ce moment-là que j'ai fait la une des journaux des centaines, des milliers de fois, je dirais. Mais je crois qu'il ne faut pas exagérer. C'est vraiment des milliers de fois. Avant, j'ai eu une carrière d'avocate, je suis formée en pédagogie, en éducation des adultes (andragogie) et en arts. J'avais beaucoup de plaisir à être avocate et, pour moi, c'est arrivé, je dirais, par les autres, cette histoire-là. J'ai commencé à prendre la parole publiquement. J'avais plus de 45 ans. Alors, si quelqu'un choisit d'être vedette ou de prendre la place dans les médias ou de jouer à la femme publique ou célèbre, eh bien, je pense qu'il choisit de le faire avant 45 ans. Moi, j'avais 45 ans et j'ai trouvé ça très difficile et je trouve ça encore difficile et peut-être autrement qu'en subissant des centaines d'accusations.

TheoDone : *Mais c'est sûrement aussi très agréable, flatteur, non ?*

*A. Ruffo :* D'une part, les gens qui m'abordent dans la rue sont d'une telle amabilité, d'une telle générosité ! C'est très touchant de voir comment les gens veulent me toucher, me donner la bise et me parler, et de voir comment ils m'aiment. Ça, c'est un côté; par ailleurs, je trouve ça difficile, par exemple, quand j'achète des chaussures et que le vendeur me dit : « Vous avez des grands pieds, madame Ruffo ! » *(rires)*… ou à l'épicerie, quand quelqu'un me regarde et me dit : « Ah, vous faites votre épicerie ici, madame la juge. Ah, vous aimez ceci… et cela. » Ou encore, au restaurant, il arrive quelquefois, pendant que je mange, que les gens viennent me parler. Je regarde toujours autour de moi, je suis sur le point de partir en voiture et quelqu'un va baisser sa vitre pour me parler. C'est très gentil, mais il n'y a plus de vie privée. Il n'y en aura plus, parce que je parle à la radio et à la télévision; il va y avoir une série qui va s'appeler *Ma juge* et qui va parler de vie professionnelle. C'est une fiction, mais les gens vont faire un certain lien. Donc, tout cela fait en sorte que je suis devenue une personnalité publique, mais je n'aspirais pas réellement à ça. Ce n'était pas mon choix. Des fois, je le vis difficilement, parce que je suis plutôt sauvage. Je n'aime pas les réceptions où il y a beaucoup de monde, je n'aime pas les endroits où on parle fort. J'ai besoin d'intimité. Je suis très heureuse lorsque je lis, par exemple. Je peux facilement lire deux ou trois livres dans une semaine. Je m'assois dehors et je suis très heureuse. Je n'ai pas besoin d'autre chose. J'ai ma musique. J'ai une certaine allergie à la télévision. Je regarde les nouvelles et c'est à peu près tout. Je suis contente quand c'est tranquille et, l'été, je suis heureuse à la campagne. C'est le bonheur. Je viens une fois par semaine à Montréal. Le héron, les oiseaux, le potager, c'est vraiment le bonheur, pour moi, la nature. Il a fait tellement beau cet été entre cinq heures et sept heures ! Il ne faisait pas trop chaud, surtout dans la région de Venise-en-Québec. J'aime beaucoup ça... et la peinture aussi.

TheoDone : *Vous lisez beaucoup. Est-ce qu'il y a des livres qui vous ont marquée ? Cette conviction, cette quête pour lutter pour les droits, c'est une évolution peut-être. Il y a sûrement eu des éléments déclencheurs, comme à vos 40 ans. Est-ce qu'il y a eu des livres ou des cours qui vous ont marquée, changée ?*

A. Ruffo : Je n'en ai aucun souvenir. Par contre, ce qui a été déterminant pour moi et que j'ai oublié de mentionner, c'est qu'au début de mon cours classique, alors que j'avais fini mon secondaire, mes parents nous ont envoyées, ma sœur et moi, à Québec, pour faire un cours en enseignement préscolaire. Le but n'était pas d'enseigner à la maternelle. Souvenez-vous, il y a cinquante ans... Ma mère croyait que nous devions être aussi formées pour aider nos enfants à se développer au maximum. Alors, c'est comme ça que pendant deux étés, ma sœur et moi, avons étudié à Québec. On voyageait chaque fin de semaine à Québec, où l'on était bien installées, dans un motel de luxe. On avait la grosse voiture décapotable sur place et nous voyagions en avion toutes les fins de semaine. *(Rires)* Mes parents ne voulaient pas qu'on prenne la route, donc on voyageait en avion et on passait la fin de semaine avec la famille. On était très gâtées.

TheoDone : *Je crois que l'on peut dire cela.*

C. Ruffo : Oui, très gâtées. On a appris à développer l'esprit de l'enfant, ses valeurs et la dextérité de l'enfant; on a appris comment amuser les enfants : les jeux éducatifs, les sciences naturelles. Écoutez, on a appris tellement de choses... l'enfant de zéro à cinq ans. Ça nous a fait comprendre beaucoup de choses, à ma sœur et à moi, ne serait-ce qu'amuser les enfants (ma sœur était un génie là-dedans) : comment c'était important d'aider les enfants à se développer, car tout le potentiel est là.

TheoDone : *C'étaient là les manifestations de votre sens de la pédagogie et du développement de l'enfant...*

C. Ruffo : Bien sûr. Alors, si on les stimule, si on les aide... Et c'est assez étrange parce que après ça on aidait nos amies avec leurs enfants. Je me souviens d'une amie qui était venue chez moi et qui disputait son petit garçon parce qu'il prenait les aliments et les jetait à terre. Moi, je lui ai dit : « Écoute, tu devrais l'applaudir. Arrête, tu m'énerves, applaudis-le parce que c'est la première fois qu'il prend en pincette; avant il prenait en poignée et là, il a découvert les pincettes. Il se pratiquait, donc on va lui dire que c'est merveilleux ! » Mes amies en profitaient. Moi aussi, ça m'a beaucoup aidée.

TheoDone : *Votre amie n'était pas nécessairement convaincue, n'est-ce pas ?*

C. Ruffo : Je vais vous raconter une autre anecdote. Dans une partie de nos recherches, il fallait construire une école maternelle pour nos enfants, avec les dimensions, les divers éléments, les couleurs et tout, parce qu'on apprenait l'importance des couleurs aussi. J'avais élaboré toute mon histoire. Il y a à peu près dix ans, je prononçais une conférence à l'association des psycho-éducateurs et il y avait une vieille dame qui était assise là. Elle m'interpelle : « Vous ne me reconnaissez pas ? » Je lui réponds que non et alors elle me dit : « J'étais madame... » et elle ajoute : « J'étais votre professeur à Québec. » Je lui demande à mon tour : « Est-ce que j'étais turbulente ? Je ne sais plus, je me souviens seulement que j'ai aimé cette expérience, mais je ne me rappelle pas... » Elle répond : « Non, vous étiez la meilleure de mes élèves, de tout mon temps d'enseignante, vous avez été la meilleure de mes élèves. Je veux absolument vous montrer quelque chose. » Alors, elle est allée au vestiaire et, croyez-le ou non, elle en a sorti mon travail de construction d'école (j'écrivais avec de l'encre turquoise à l'époque). Elle a sorti mon travail de l'école maternelle parfaite avec des petites toilettes basses, des petits lavabos bas et tout et tout. J'ai demandé : « Vous ne voulez pas me le donner ? » et elle a refusé en disant : « Non, je l'aime trop. C'est le seul document que j'ai gardé tout au long de ma carrière. » Elle me dit : « Déjà à l'époque, vous aviez compris ce qu'étaient les enfants. » C'est le plus beau cadeau que l'on m'ait donné. Je lui ai dit : « Je pense que vous me faites le plus beau cadeau que j'aie eu dans ma vie. » C'est quand même extraordinaire : quarante ans plus tard, et elle l'avait gardé !

> **"Déjà à l'époque, vous aviez compris ce qu'étaient les enfants."**

[...]

Ma sœur avait des enfants très agités. Elle avait peinturé des murs de sa maison jaune et rouge. Quand on a des enfants agités, on doit mettre des couleurs pâles et froides. C'est une des choses qui me désole profondément. Pourquoi n'aide-t-on pas les jeunes délinquantes et les jeunes délinquants à se bâtir un milieu de vie qui serait plus intéressant pour leur avenir ? Pourquoi les laisse-t-on peinturer leurs murs bruns pour qu'ils soient déprimés à tout jamais ? Pourquoi ne leur suggère-t-on pas, en leur disant pourquoi, comment organiser une pièce ou un appartement qui serait plus agréable ?

TheoDone : *Avez-vous un autre exemple ?*

*A. Ruffo :* J'ai des amis qui sont dans la décoration intérieure et je leur ai demandé si elles accepteraient de donner des cours. Vous savez, il y a des tissus de coton et ça ne coûte rien, peut-être quarante cents, et on pourrait faire des nappes... Ils m'ont dit : « Oui, mais vouloir faire quelque chose avec la DPJ, ce n'est pas évident. »

TheoDone : *Ce n'était pas facile d'aider dans un tel contexte ?*

*A. Ruffo :* Pauvres enfants ! Ils habitent en appartements supervisés. Ils ne savent pas faire la cuisine. On pourrait leur montrer à faire la cuisine. On pourrait leur donner des cours de cuisine. Moi, je suis capable de faire un repas pour dix personnes pour cinquante dollars, je vous le jure. C'est sûr que ces enfants-là, la première fois qu'ils reçoivent leur chèque, ils ont tellement faim qu'ils vont dépenser la moitié de leur argent au barbecue ou je ne sais pas quoi. Moi, je ne les blâme pas du tout. Comment prendre soin d'eux-mêmes ? Ce n'est pas en milieu d'accueil qu'ils leur montrent comment faire et cela est déplorable.

TheoDone : *Il faut les valoriser et cela ne faisait pas nécessairement partie des cours.*

*A. Ruffo :* C'est vrai. J'ai en souvenir une grande fille, mais une grande fille laide. Ça existe, vous savez, les enfants laids. Laids parce que la vie ne les a pas gâtés esthétiquement ou encore des enfants devenus laids par le malheur qu'ils portent... à cause de la mauvaise nourriture, des boutons... Cela me décourageait vraiment de la voir. Elle s'en va donc en appartement et la travailleuse sociale lui fait un budget. Après un ou deux mois, elle revient devant moi et elle était tout à fait extraordinaire. Elle s'était fait couper les cheveux (elle qui n'avait jamais eu de coupe), elle s'était fait faire des mèches et avait du rouge à lèvres. Je lui ai dit : « Mais mon Dieu, vous êtes très belle ! C'est extraordinaire. » Elle était vraiment transformée. Puis, la travailleuse sociale (une vraie sorcière) était allée la réprimander, car elle n'avait pas respecté son budget : « Vous savez combien ça coûte de se faire faire les cheveux et les mèches ? » Moi, je me disais : « Tu comprends rien, tu comprends rien. » Elle était une autre personne, une autre personne qui était fière d'elle.

TheoDone : *Oui, et elle avait compris, la petite fille, elle avait pris soin d'elle. C'était pour elle-même.*

*C. Ruffo* : Mais oui, oui, et pourquoi, dans les centres d'accueil, il n'y a pas de cours de coiffure ? Pas pour devenir coiffeuse, mais pour prendre soin de soi, apprendre à nettoyer sa peau, pour se présenter ? Pas du tout…

TheoDone : *Il n'y avait pas de réelle écoute de la personne ?*

*C. Ruffo* : Et que dire de la spiritualité ? Dans les centres d'accueil, il peut y avoir des musulmans, des autochtones, des catholiques, etc. C'est comme si on avait pris des pierres et qu'on les avait mises ensemble. Jamais on ne parle de spiritualité dans les centres d'accueil. Jamais on ne leur demande : « Est-ce que vous avez besoin de parler à un rabbin ou à un curé ou un imam ? Est-ce qu'il y a quelqu'un en qui vous avez confiance ? » Vous savez, ce ne sont pas des animaux, ce sont des humains qui possèdent une spiritualité. Il n'y a pas un centre d'accueil qui tient compte de cet aspect malgré les demandes répétées.

TheoDone : *Même pas en 2006 ?*

*C. Ruffo* : Surtout pas en 2006, je vous dirais. Il me semble qu'il faut tenir compte de la spiritualité. Ce n'est pas parce que je veux qu'un juif rencontre un prêtre ou qu'un autochtone rencontre…, mais… « Toi, est-ce qu'il y a quelqu'un qui est important pour toi ? Est-ce que tu veux parler à quelqu'un d'important ? »

TheoDone : *Cela pourrait même déclencher quelque chose d'important chez le jeune.*

A. Ruffo : Ah, bien oui, parce que les jeunes, à l'âge où ils sont, surtout quand ils sont à l'adolescence… c'est l'âge idéal pour développer une passion, une passion qui va les aider à se dépasser et à aider les autres. Alors on leur dit : « Il faudrait vous former. Parce qu'il faut avoir quelque chose à donner avant d'aller aider. » Alors on leur parle de formation, de ce qui leur tente, et de leurs richesses, et de ce qu'ils veulent mettre au service des autres. Ils sont d'une telle générosité, d'une telle bonté…

TheoDone : *Vous en avez rencontré beaucoup ?*

A. Ruffo : Si vous saviez ! Je me souviens, j'avais un grand garçon devant moi à la cour et il avait une décision de centre de réhabilitation, mais il voulait tellement être mécanicien ou quelque chose du genre. Alors il m'avait dit : « Si tu me donnes une chance, je te promets… », parce que les enfants tutoient les juges. Alors j'ai étudié tout cela, et il voulait tellement ! Je lui ai dit : « Écoutez, je vais reporter ma décision à la veille de vos 18 ans. » Il avait peut-être 17 ans et quelques mois à l'époque. Ce que l'on me recommandait, c'était de l'envoyer en centre de réhabilitation jusqu'à ses 18 ans. Je lui ai dit : « La veille de vos 18 ans, vous allez revenir me voir et vous allez me dire ce que vous avez fait, comment vous réussissez. Moi, je vous fais confiance. » Je me souviens comme si c'était hier que j'ai ajouté : « N'oubliez pas que je vous fais confiance; si vous trompez ma confiance, ce qui est grave, peut-être que je vais faire moins confiance aux autres, parce que vous êtes responsable de ça aussi. » Alors, les jours ont passé et il approchait de ses 18 ans. Il est donc revenu devant la cour, fièrement avec son coffre à outils. Il avait respecté tout, il avait eu un emploi, et il me racontait tout ce qu'il avait fait et combien il était content. Alors finalement, sa décision, c'étaient les trois mois qu'il venait de passer. Je le vois encore, il avait la main sur la porte, il s'est retourné et m'a dit : « Tu vois, tu peux faire confiance aux autres. » Ce qu'il avait retenu le plus, c'était cela. Voilà mon expérience vibrante avec les jeunes.

[...]

Prenez une grande fille qui a vécu l'inceste ou qui a été abusée et qui ne veut pas le dire ou qui est gênée. La manière dont on va le dire c'est : « Vous ne voulez pas que votre petite sœur le vive aussi, n'est-ce pas ? À ce moment-là, ce que vous faites, vous le faites pour vous et pour vos petites sœurs et peut-être pour beaucoup d'autres enfants » Alors, vous voyez, les enfants ont un cœur grand comme le monde et sont absolument extraordinaires. Moi, en tout cas, je n'ai jamais été déçue par les enfants.

TheoDone : *C'est important parce que vous auriez pu dire : « Non, vous avez menti tellement de fois que je ne vous fais plus confiance », mais vous avez plutôt étudié le dossier et...*

A. Ruffo : Vous voyez, vous venez de dire le mot le plus important : pour beaucoup de juges, ils *étudient le dossier*. Mais ce n'est pas cela qu'il faut faire; il faut plutôt connaître la personne. Il faut l'aimer. Ce que cette personne-là a fait, ce n'est pas elle, c'est un geste qu'elle a posé, mais elle, elle est beaucoup plus grande et beaucoup plus belle que cela. C'est le problème de beaucoup d'intervenants sociaux. L'enfant va passer entre les mains de plusieurs travailleurs sociaux. Ils étudient juste le dossier. Il y en a qui viennent à la cour et qui me parlent de lui, mais ils ne l'ont jamais vu. La même chose, inversement, il y a beaucoup de juges qui n'étudient pas le dossier et qui connaissent seulement le jeune. Ce n'est pas mieux. C'est extrêmement grave. Moi, quand quelqu'un se lève et dit : « Voici le dossier 3692 », je leur dis : « Pardon, mais c'est de Paul que vous parlez... Il n'y a pas de numéro de dossier dans ma cour. » Ce n'est pas de la sémantique : il n'y a que des enfants.

TheoDone : *Une approche quelque peu déshumanisée...*

*A. Ruffo* : Je me souviens d'avoir participé à une conférence où l'on parlait de déférer les enfants devant les cours pour adultes et où il y avait des travailleurs sociaux, des juges et des avocats. J'étais en avant parce que j'étais conférencière, j'imagine. Tout le monde parlait des enfants comme si c'étaient des bêtes. « Ils ne sont bons à rien, il faut les envoyer devant la cour des adultes... » Le cœur me faisait mal et j'ai dit : « Excusez-moi de vous déranger, mais est-ce que vous parleriez de la même façon s'il y avait des enfants ici ? » Tous les gens ont été en colère contre moi, c'est sûr, c'est l'histoire de ma vie, car je leur avais rappelé qu'on parlait de personnes, d'enfants. Je leur ai dit : « Je ne pense pas que vous oseriez traiter ces petits enfants comme des pas bons, des déchets de la société s'il y en avait un à côté de vous. Si c'était votre garçon, vous ne l'aideriez pas ? On ne sait jamais... » Moi, je me suis toujours dit qu'il fallait être modeste. On se prend pour qui ? Alors, un enfant a été affamé, battu et rejeté... et là, parce qu'il passe en cour, il va changer ? Non, peut-être qu'il va changer à 30 ans parce qu'une femme va l'aimer, peut-être qu'il va changer à 35 ans parce qu'il va avoir un enfant. Je ne sais pas, sauf que le fait d'avoir été correct, civilisé, juste, de lui avoir porté attention, eh bien, les changements pourront survenir un peu plus tôt.

TheoDone : *... et où il y a peu de chances pour les enfants de se prendre en main.*

*A. Ruffo* : Je me souviens d'avoir entendu une travailleuse sociale dire : « Je lui ai dit que c'est sa dernière chance. » *(Rires)* Pour moi, c'est très difficile d'entendre cela. Car toi, tu représentes l'autorité. Dans ce temps-là, les travailleuses sociales me détestaient beaucoup... et j'avais le goût de lui dire à cette travailleuse sociale : « Tu ne peux pas lui dire ça. » Mais ce n'était pas possible. Je lui ai dit, cependant : « Excusez, mais moi, madame, je suis croyante et je pense que le dernier jour de notre vie, la dernière minute, est notre dernière chance. On a toujours une autre chance. Moi j'aimerais bien qu'il la saisisse. » Mais l'autre insensée qui disait : « C'est sa dernière chance... » Vous rendez-vous compte ?

TheoDone : *Est-ce qu'il est déjà arrivé dans votre vie personnelle que vous vous êtes dit que c'était la dernière fois que vous faisiez quelque chose, surtout lorsque cela était difficile ?*

A. Ruffo : Non, jamais. Même au moment où ils ont demandé ma destitution. Quand ils ont rendu le jugement, je me souviens, j'avais fait un point de presse et j'avais dit : « Les juges de la Chambre de la jeunesse du Québec m'ont dit que je n'étais pas comme eux. Je les remercie. Je le prends pour un compliment. » C'est ce que j'ai dit. J'étais contente qu'on me dise : « Tu ne seras pas hypocrite, menteuse et ceci et cela. » J'étais contente, car c'est vrai que je ne suis pas comme eux. Il y a des juges de la Cour d'appel que j'admire beaucoup, mais à la Chambre de la jeunesse... J'ai vraiment le sentiment que c'est une race qui ne devrait peut-être pas exister, car ce ne sont pas des juges. Cela, pour moi, est très clair. Dans peut-être dix ans, il n'y aura plus de juges, parce qu'ils ne font pas réellement leur travail.

*Andrée Ruffo (à gauche) et sa soeur Huguette*

TheoDone : *J'aimerais que vous me parliez un peu de votre fils.*

A. Ruffo : Non, je n'y tiens pas, mais je pourrais plutôt vous parler de ce que cela signifiait pour mon mari et moi d'avoir des enfants quand on s'est mariés, de ce qu'on voulait. Au moment de notre mariage, on voulait vraiment fonder une très grande famille. Mon mari, de qui je suis divorcée depuis 27 ans, est le président des juges municipaux. Il s'appelle Pierre Mondor. C'était un homme patient avec les enfants et bon, et on souhaitait vraiment avoir une famille nombreuse. La vie en a décidé autrement, parce que après avoir eu Michel, notre fils, j'ai fait une fausse couche à cinq mois et demi. Ensuite, j'ai subi des tests pendant des années et des années pour me faire dire, à 28 ans, que je n'aurais plus d'autres enfants. C'est ce qui m'a amenée à reprendre mon cours de droit, que j'avais interrompu en me mariant. Pour moi et pour son père, Michel était la personne la plus importante dans notre vie. Je suis restée à la maison jusqu'à ce qu'il aille à l'école. Quand j'ai repris mon cours, une des conditions était que Michel ne s'en aperçoive pas afin qu'il n'ait pas l'impression qu'on lui enlevait de l'importance.

TheoDone : *Alors, vous êtes retournée aux études et vous avez décidé de vous consacrer à la défense des enfants ?*

A. Ruffo : Oui, mais pour en revenir à Michel et à moi, si vous me le permettez, je voudrais ajouter que notre relation était vraiment importante. Mon mari et moi, on a eu un bon enfant, un enfant qui nous a donné beaucoup de bonheur et beaucoup de plaisir, un enfant qui a été un étudiant extraordinaire. On n'était pas des sportifs, Michel non plus. Vu notre famille, il était très important pour nous d'avoir des petits-enfants. Nous, on n'avait qu'un seul enfant, ma sœur en avait deux et mon frère en avait deux également. La famille s'est élargie et a pris de la place au fil des années. Michel a fait ses études primaires au Mont Jésus-Marie et, par la suite, il a poursuivi ses études au collège Brébeuf et à l'Université du Québec.

TheoDone : *Dans ce cas, est-ce que vous pourriez nous parler un peu de votre mariage, de vos relations avec les hommes ? Plus globalement, comment définiriez-vous les relations entre hommes et femmes ?*

*A. Ruffo :* Je souhaiterais que l'on parle du mariage au sens large plutôt que du mien spécifiquement. Je trouve que le mariage est un très grand défi, et ce l'était encore plus pour les femmes de mon âge quand elles se mariaient parce qu'elles n'avaient pas de modèles. Autrefois, les femmes suivaient leur voie tracée par des générations de femmes. La grande majorité des Québécois vivaient aux champs et la mère s'occupait de la maison pendant que l'homme travaillait sur la ferme. Il y avait très peu de gens qui étaient dans le commerce et dans l'industrie parmi les Québécois. Moi, j'ai un peu échappé à ce modèle en ayant des grands-parents immigrants et aussi en ayant des parents qui étaient assez évolués de ce côté-là. Ma mère faisait tout avec mon père. Entre autres, elle était son associée dans le commerce. Les deux avaient une grande admiration l'un pour l'autre, l'un pour sa créativité et l'autre, pour son intelligence. Je pense que c'était dans l'ordre des choses qu'un couple comme celui-là ait une attitude permissive, une philosophie du type « Allez-y, faites ce que vous voulez. »

TheoDone : *Vous semblez avoir eu une vraie enfance de rêve et vos parents étaient très proches.*

*A. Ruffo :* Mon père était vraiment amoureux fou de ma mère. Comme je vous l'ai dit, il était du genre ludique alors que ma mère, elle, incarnait la discipline, la rigueur, le contrôle. Je n'ai pas eu une mère chaleureuse, une mère qu'on appelle plus familièrement une « maman poule ». C'est la femme d'affaires, la femme de tête qui primait chez elle. Mon père, lui, représentait tout ce qui était chaleur, présence. De façon générale, je pense qu'on cherche malgré nous quelqu'un qui puisse nous ressembler. C'est toujours comme ça. Ou encore on veut quelqu'un de complètement différent. Mais, bien sûr, les choses ne sont pas toujours aussi simples. Moi, je sais que j'ai des côtés extrêmement forts et que je suis très déterminée. Je pense que j'ai une grande intelligence. Mais, en même temps, j'ai aussi des côtés qui sont très vulnérables et qui demandent à être rassurés, des côtés qui demandent sans cesse à être réconfortés et aimés. Ce n'est pas évident de trouver quelqu'un qui aime les deux côtés d'une personne.

TheoDone : *En effet.*

*A. Ruffo :* En fait, aimer les deux côtés d'une personne, c'est compliqué ! Moi, j'ai complètement échappé au dicton et au modèle traditionnel. J'ai des amis qui me disent : « Ah, moi, ma mère était à la maison; elle faisait telle chose ou telle autre chose. » En ce qui me concerne, ça ne s'est pas passé comme ça. Par ailleurs, quand on se marie très jeune comme je l'ai fait, je pense qu'on n'est pas encore totalement accompli, réalisé, c'est-à-dire qu'on n'a pas encore trouvé notre être, on ne sait pas exactement qui on est vraiment. On rêve d'être la *Belle au bois dormant* et de se faire réveiller par un baiser. Vous savez, on veut absolument plaire et être aimé. Alors, je pense qu'il y a une colère qui s'installe et qui éclate à l'intérieur de nous à un moment donné, et on ne peut absolument rien faire. C'est un éclatement implosif, un éclatement qui nous appartient. On se dit : « J'ai le droit de m'accomplir et de découvrir qui je suis. J'ai le droit d'aller au bout de ce que je veux être. » Malheureusement, ces éclatements ne se font pas sans bris et sans heurts, ni sans blesser des gens. Il y a une expression qui dit : « On ne fait pas d'omelette sans casser des œufs. » Je crois qu'avant d'abandonner sa vie à quelqu'un on devrait être accompli et comprendre qui l'on est. À mon sens, on ne devrait jamais chercher quelqu'un pour combler quelque chose, mais plutôt pour qu'il joue un rôle de complément par rapport à notre personnalité et pour avoir du plaisir avec cette personne, pour partager notre bonheur.

TheoDone : *Vos propos laissent entendre que vous êtes en amour avec la vie.*

A. Ruffo : Aujourd'hui, je suis capable de dire que je veux bien être en amour, mais je veux être en amour pour être plus heureuse, pas pour être plus malheureuse. Lorsqu'on est plus jeune, on veut *aimer pour aimer* et, souvent, pour bâtir une famille, parce que c'est comme ça qu'on nous a inculqué l'*aura* de l'amour. Moi, en vieillissant, je veux partager avec l'autre ce que j'ai la chance de faire. Je veux aussi que l'autre personne sache elle aussi qui elle est. Tant que cette personne sera à l'aise avec qui elle est, alors elle sera bien. Cela prend beaucoup de temps pour en arriver à cela. Ce qui apporte le bonheur, c'est de savoir qui on est, c'est d'avoir l'impression qu'on travaille à être plus soi-même et à développer nos talents, nos plaisirs, notre bonheur, notre générosité chaque jour et à chaque occasion. Ce n'est pas le fait de faire plaisir aux autres ni d'être ce que les autres veulent qu'on soit. C'est juste d'être qui on est vraiment. Mais cela, c'est le travail de toute une vie. Peu importe la relation, que ce soit celle avec le parent, l'ami ou le patron, que ce soit la relation avec l'amoureux ou celle qu'on a avec soi-même, c'est la même chose. Ça ne veut pas dire qu'on doit être intransigeant, parce que tout n'est pas une question de principes. Ça veut simplement dire de faire une place à l'autre et de toujours rester soi-même. C'est cela le grand défi.

TheoDone : *On a parlé de vous et de vos convictions personnelles. Cet aspect est intéressant puisque les gens vous ont surtout connue comme personne publique et comme juge, mais toujours comme défenseur de la cause des enfants. Les lecteurs reconnaissent donc surtout en vous une personne ayant eu un parcours professionnel associé à cette grande cause. Mais qu'en est-il de votre parcours professionnel ? Quelles en ont été les étapes marquantes ? Quels événements professionnels ont fait en sorte d'orienter vos démarches vers la cause des enfants ?*

A. Ruffo : C'est le fait de ne pas avoir pu avoir plus d'enfants, je pense. À 28 ans, je me suis retrouvée, comme je le disais plus tôt, avec un diagnostic absolu : « Vous n'aurez plus d'autres enfants. » J'avais déjà commencé mon cours de droit, et, auparavant, j'avais terminé un baccalauréat en pédagogie. J'avais aussi étudié pendant deux étés le développement des enfants, et ma passion et mon amour, je dirais, allaient inévitablement vers les enfants. Il y avait quelque chose en moi qui n'avait pas encore été assouvi, quelque chose qui était encore à découvrir. C'est une profession qui n'existait pas encore dans la pratique qui m'a permis d'explorer ce côté inassouvi. Il existait quelques métiers liés aux problèmes causés par la délinquance, mais la représentation chez les enfants, cela n'existait pas vraiment.

TheoDone : *Donc, tout était à faire, à inventer de ce côté-là.*

A. Ruffo : C'est moi qui ai créé, au barreau, les premiers cours pour la représentation des enfants. Cela n'existait pas. Mais, avant de représenter les enfants, il me semblait qu'il fallait d'abord accéder directement aux parents. Je trouvais cela capital si on voulait aider véritablement les enfants. Il fallait les aider, m'étais-je dit à ce moment, à évoluer et à comprendre leur propre vie et leurs responsabilités afin qu'ils puissent aider leurs enfants dans leur développement. Par la suite, pour atteindre cet objectif, j'ai fait une maîtrise en éducation des adultes.

TheoDone : *Vous aviez tout en main pour atteindre votre objectif. Pourquoi avez-vous fait une maîtrise alors que vous aviez déjà de longues études à votre actif ?*

A. Ruffo : Je l'ai fait pour aider les parents à comprendre leurs enfants et à se comprendre eux-mêmes, en premier lieu. Je me suis donné des outils pour le faire. Dans le cadre de ma maîtrise, j'ai demandé à faire un stage à la Cour du bien-être. Là, j'ai eu un patron qui est maintenant juge et qui, je dois le dire, a été exceptionnel. Il s'agit de Claude Crête. Il était bon, compétent et sincère et il m'a laissé toute la latitude nécessaire. Il m'a beaucoup aidée et aimée. Après mon stage, il a fait en sorte d'ouvrir un poste. Il m'a dit : « Je vais faire ouvrir un poste pour toi. »

TheoDone : *Tout se mettait en place. On vous ouvrait la voie que vous recherchiez.*

*A. Ruffo :* Je vous raconte cette anecdote parce que je la trouve tellement drôle ! À ce moment-là, j'avais travaillé fort, et j'aimais cela. C'était le bonheur absolu pour moi. À l'été, on m'a appelée et on m'a dit : « Le poste est affiché et le concours est ouvert. » Mais moi, je n'avais jamais entendu parler de concours. Mes parents œuvraient dans le secteur privé. Alors, on m'a fixé une rencontre, et le matin de cette rencontre je suis arrivée habillée normalement, mais bien propre. Je suis arrivée sans m'être préparée. Sans avoir été avertie, je me suis retrouvée devant des personnes qui me posaient des questions. Moi, je répondais comme si on était en train de prendre le thé ou comme si j'étais devant des amis, et je ne savais pas que j'étais devant un jury. Je suis parfois très naïve par rapport à ce genre de choses. Eh bien croyez-le ou non, un collègue avec qui j'avais travaillé pendant mes six mois de stage m'a finalement appelée et m'a dit : « Andrée, tu es première au concours, c'est génial. » Surprise, je lui ai répondu : « Mais quel concours ? » Je n'avais même pas réalisé que j'avais participé à un concours.

TheoDone : *Vous avez effectivement dû avoir toute une surprise.*

*A. Ruffo :* C'est comme ça que j'ai eu le poste d'avocate à la Chambre de la jeunesse. J'y ai travaillé de 1974 à 1979. C'était ma première expérience de travail *à vie*. Quand j'étais plus jeune, on était très bien, on avait tout ce qu'on voulait : des belles voitures, des beaux vêtements, de l'argent tant qu'on voulait. On était très gâtés, mais on était très sérieux. Là, vraiment, j'ai commencé à découvrir le travail et j'ai adoré cela. Il n'y avait pas d'autres mots pour le dire. En 1979, il y a eu la nouvelle loi. Le comité de la protection de la jeunesse souhaitait ouvrir un contentieux. Alors le président est venu me chercher pour que j'ouvre le premier contentieux, ce que j'ai fait. Il y avait eu une fête. Alors je suis entrée là et j'ai tout de suite vu que ça n'allait pas. Ça n'allait vraiment pas. Parce qu'on n'avait pas du tout la même vision de ce que c'était un « C.A. » et de ce que devait être notre véritable rôle. Pour moi, c'était de faire respecter les droits des enfants. On agissait en gens libres. Mais, vous savez, les gens libres, il n'y en a pas beaucoup. Les gens nommés en politique, ils sont encore moins libres.

> **"Mais, vous savez, les gens libres, il n'y en a pas beaucoup."**

TheoDone : *Il est vrai que les mandats sont bien souvent contraignants en politique.*

*C. Ruffo :* Je vais vous raconter une anecdote qui s'est déroulée au moment où j'ai décidé de quitter. Il y avait des petits enfants qui vivaient dans une famille. Une fin de semaine, un des enfants est mort de déshydratation, presque en silence. On nous a avertis de cela, puis on nous a convoqués au sujet d'un deuxième enfant qui était en train de mourir et qui est finalement mort, lui aussi. Il y a eu de la négligence, c'est le moins que l'on puisse dire. Le lundi, on a tenu notre réunion. Je me souviens, il y avait le président, le vice-président, un conseiller et moi. Je me souviens même exactement de l'endroit où chacun était assis. On a parlé de la mort de ces enfants comme cela, presque négligemment, comme si on avait parlé de notre gâteau au chocolat et de notre glaçage qui avait coulé. Je vous assure, c'était assez incroyable. À un moment donné, je suis devenue très furieuse et j'ai dit clairement : « Ce n'est pas normal que des enfants meurent. Les enfants n'ont pas le droit de mourir comme cela aujourd'hui. Ce n'est pas correct. » J'avais plein de colère contre nous, contre l'organisme et à cause du fait qu'il y avait eu de la négligence de notre part.

[…]

Le président m'avait dit : « Toi, Andrée, tu vas être obligée d'apprendre à faire comme les autres. » J'en étais complètement interloquée. « À faire quoi ? À regarder mourir les enfants ? » Il m'avait alors répondu : « Non, tu vas être obligée d'apprendre à sublimer. » À *sublimer*, je vous jure que c'est la réponse que j'ai eue. J'avais rétorqué : « Moi, je ne peux pas sublimer quand des enfants meurent. Moi, je ne veux pas être complice de ces choses-là. » Cette journée-là, j'ai décidé de partir. J'ai attendu un certain temps et j'ai ouvert mon propre bureau de représentation des droits des enfants. J'ai dénoncé l'incapacité à s'indigner, à se lever, à agir, à crier, le fait qu'on n'était pas libres à cause de nombreuses connaissances politiques, vous comprenez ? Il y a toujours eu un manque d'efficacité à la commission et, à mon avis, il faudrait qu'il y ait un ombudsman. Ça prend une personne qui soit libre de tout pour dire des choses comme : « Cet enfant-là qui est en institution, il lui faut des soins. » J'ai aussi dénoncé le fait que tous se protègent entre eux. C'est la loi du silence.

TheoDone : *À ce point ?*

A. Ruffo : Je me souviens d'une autre histoire justement en lien avec la commission. Je vais vous en parler, mais ce sera la dernière fois que je parle de la commission. Je souhaiterais qu'on ne revienne plus sur le sujet après cela.

TheoDone : *D'accord.*

A. Ruffo : Ce jour-là, il y a une travailleuse sociale qui m'a menti. J'avais placé un enfant sous surveillance dans sa famille sur le conseil de la travailleuse sociale qui suivait et aidait la famille. Elle avait dit : « Bon, jusqu'à la décision, on peut le laisser dans sa famille; son père va le surveiller. » Quand est venu le temps de rendre ma décision, le procureur annonce : « Dossier *sine die, sine die* (sans date). » Alors j'ai dit : « Mais pourquoi ? » On m'a répondu : « Il est mort. » Je lui ai alors dit : « Excusez-moi, mais comment cela, il est mort ? Les enfants ne meurent pas comme ça ! De quoi est-il mort ? »

L'histoire était très simple : la travailleuse sociale ne m'avait pas dit que le jeune avait des problèmes de toxicomanie et que son père l'amenait boire dans les bars. Elle ne me l'avait tout simplement pas dit. Finalement, après une soirée de *beuverie*, le jeune avait pris la voiture de son père pour se rendre à la campagne. Il est mort sur la route. On n'a même pas trouvé de traces de freins, aucune trace. À mon avis, ç'aurait pu être un suicide. Mais cela n'a pas été considéré comme tel. On n'a pas envisagé cela. Quand j'ai appris que la travailleuse sociale m'avait menti ou, si vous préférez, qu'elle avait omis de me dire ce qui se passait dans la famille, j'ai déposé une plainte pour que l'on surveille son travail de plus près et qu'on fasse enquête. À la suite de cela, quelqu'un du comité est venu me dire : « Écoutez, vous exagérez. Vous voulez salir la réputation de cette travailleuse sociale. C'est une femme qui exerce son métier depuis longtemps. » Puis, il n'y a pas eu de suivi. Tout le monde protège tout le monde. C'est pour ça qu'il n'y a personne qui peut être *transcendant* et libre et qui protégera les enfants sans contraintes, sans avoir de lien dans le cercle. Plus tard, j'ai ouvert mon bureau et je n'ai représenté que des enfants. J'ai eu un grand bonheur à faire cela pendant dix ans.

TheoDone : *En ce qui a trait aux contraintes dont vous parlez, est-ce qu'il y a quelque chose que les gens, la société ou le gouvernement pourraient faire ?*

A. Ruffo : Écoutez, quand un gouvernement nomme ses anciens sous-ministres et ses anciens ministres, ses amis, alors on a peu de chance d'en entendre certains dire : « Écoutez, on s'excuse. » Parce que cela signifierait s'élever contre la personne en position d'autorité qui a fait la nomination. Cela reviendrait à critiquer cette personne. Comme les juges en chef sont très, très près des autorités, on ne peut pas parler, comment dirais-je, d'une *indépendance* très marquée. Un juge ne devrait jamais négocier ou décider du salaire d'un autre juge. Pourtant, on a vu cela dernièrement, des juges en chef qui négociaient le salaire de leurs juges avec leurs amis au pouvoir, ceux qui les avaient nommés… Ça donne lieu à des situations aberrantes où le gouvernement contrevient impunément à sa propre loi.

TheoDone : *Est-ce qu'on devrait plutôt élire les juges comme on le fait aux États-Unis ?*

A. Ruffo : Non, parce qu'ils auraient encore moins d'indépendance. Vous savez, l'éthique ne devrait pas être dictée par des règles extérieures. Dans l'ensemble, je pense qu'on devrait miser sur une plus grande intégrité des gens, sur des gens plus indépendants qui auraient moins à *recevoir*, sur des gens plus solides qui ont plus confiance en leur jugement, sur des gens qui sont plus à l'aise financièrement. À mon sens, on a vraiment un problème d'éthique. Je veux bien croire qu'un gouvernement puisse nommer des gens, mais il faudrait que ces gens aient un sens assez développé de l'éthique pour être capables de dire : « Vous m'avez nommé. Je vous en remercie. Mais je ne vous dois rien. » À mon avis, il y a des règles d'éthique que l'on ne devrait jamais outrepasser.

TheoDone : *Rien n'est parfait.*

A. Ruffo : C'est vrai, ni rien ni personne.

TheoDone : *Et rien n'est forcément évident non plus, entre autres dans les situations dans lesquelles quelqu'un vous demanderait : « Écoutez, pouvez-vous me faire passer ça pour telle ou telle raison ? Et si vous me faites ça, je vais être plus compréhensif… » Ne devrions-nous pas développer nos exigences éthiques au fil du temps ?*

A. Ruffo : Oui, mais c'est souvent lorsque l'on accède aux grands postes qu'on fait appel à nous. C'est là qu'on parle de *grandes choses* éthiques. Vous savez, presque tous les partis politiques, pour ne pas dire tous les partis, sont venus me solliciter, que ce soit sur la scène municipale, provinciale ou fédérale. En ce qui concerne plus spécifiquement le secteur provincial, on m'a même déjà dit : « Vous pouvez avoir un ministère et trois dossiers. Vous pouvez faire tout ce que vous voulez. » Vous m'y voyez, vous ? Alors, j'avais répondu : « Eh bien oui, mais ce serait quoi l'idée ? En m'offrant cela, vous me convainquez que l'on n'est pas en démocratie. Vous allez offrir la même chose à l'un et à l'autre. Comment est-ce que, comme ministre, je pourrais avoir des dossiers sur lesquels mes collègues n'auraient pas droit de regard ? »

TheoDone : *On peut parler d'un « retour d'ascenseur » en quelque sorte, n'est-ce pas ?*

A. Ruffo : Je pense que oui, mais il reste qu'on ne peut pas parler de démocratie. Cela n'a aucun sens. Pour nous attirer, on écorche toutes les règles de la démocratie et, en même temps, on soutient qu'on doit mettre en œuvre des principes démocratiques. Chacun a ses valeurs, mais on essaie de faire en sorte que tous partagent sensiblement les mêmes. Il y a des choses qui nous conviennent, qui sont importantes pour nous. On a des idéologies. Mais parfois, tout d'un coup, on nous dit qu'on doit suivre la ligne du parti. Personnellement, jamais je n'ignorerais ma conscience au profit de la ligne du parti. J'ai trop vu de ministres le faire. Je me souviens d'ailleurs du cas d'une ministre qui avait dû vivre une telle situation. À l'époque, elle se promenait à travers le Canada pour exprimer sa position et affirmer haut et fort qu'elle était contre l'avortement. Je pense que, par principe, on est tous contre l'avortement, mais je crois aussi que, parfois, l'avortement peut être un moindre mal, par exemple dans le cas des petites filles de 12 ans qui sont enceintes de leur père…

TheoDone : *Mais, en pareil cas…*

A. Ruffo : Moi, si je m'étais promenée à travers le pays pour faire campagne et que, le jour du vote, le chef de mon parti m'avait dit que mes propos ne cadraient pas avec la ligne du parti et qu'il fallait que je change ma position, eh bien je n'aurais jamais pu accepter cela, pas plus que je n'aurais pu accepter d'être absente à certaines occasions pour éviter de me compromettre.

TheoDone : *Mais là on dit, une personne qui ne change pas d'idée est… je veux dire, avec la connaissance de certaines informations, on doit nécessairement changer d'idée, évoluer.*

A. Ruffo : Oui, on doit changer d'idée. Pour moi, c'est très clair. C'est pour ça qu'on vit en société. C'est pour ça qu'on est dans le domaine des communications. C'est pour ça qu'on doit écouter les autres afin de pouvoir se faire une idée plus articulée et, parfois, changer sa façon de voir les choses. Pour moi, c'est évident. Si on comprend cela… Ici, je fais une allégorie en ce sens-là : quand on est petit, on va à l'école, et tout au long de notre vie on fait en sorte d'acquérir le plus de connaissances, de sagesse possible, ce qui veut dire que chaque jour on devient différent. On devient différent par chaque rencontre, par chaque lecture. C'est sûr et c'est heureux que nos idées changent. Il ne faut pas être têtu. Il faut être ouvert, jusqu'à ce qu'on ait évolué, changé ou même régressé, parce que ce n'est pas toujours une évolution. Bien, on a le droit de promouvoir ce en quoi on croit. Tout n'est pas une question de principes immuables. Ce n'est pas important, si vous voyez quelque chose, que vous disiez que c'est vert et que moi, je dise que c'est vert turquoise et qu'un autre encore dise que c'est vert foncé. Ce n'est pas important. Mais il y a des choses qui sont des questions de principe reconnues par tous. Il faut discuter, mais si on se quitte et qu'on ne pense pas de la même façon, c'est parfait quand même parce qu'on s'est écoutés de bonne foi (ce qui n'est pas toujours le cas). En effet, des fois, il y a des gens qui sont là pour plaider et qui veulent toujours convaincre.

TheoDone : *Il faut croire dans la divergence d'idées et dans l'immuabilité de certains principes…*

A. Ruffo : J'ai une anecdote d'un ami qui… hum ! J'avais un amoureux qui à l'époque était ombudsman pour une grande compagnie à Londres. On sait ce que font les ombudsmans des grosses compagnies : ils essaient de négocier, de faire de la médiation, de protéger les droits des enfants. Finalement, un soir, nous nous rendons chez des amis et là, tout le monde est avocat ou presque, sept personnes sur huit. Quand on termine le repas bien arrosé de vin et que nous sommes sur notre départ, il me demande : « Parlent-ils toujours de cette façon entre eux ? » Je lui réponds : « Excuse-moi ? Parler comme ça ? » Il ajoute : « Il n'y a personne qui parle là-dedans, ils sont toujours en train de plaider. Personne n'écoute personne, c'est tellement fatigant ! Vous êtes tous pareils, c'est insupportable. Moi, je n'irai plus à ces rencontres-là. » Je n'avais jamais réalisé que tout le monde plaidait. Il fallait qu'ils aient raison. Vous savez, il y en a un qui dit que le vin est trop froid, l'autre que le vin est trop chaud, tout porte flanc à la plaidoirie. C'est tout à fait ridicule. La vie, ce n'est pas que ça ! On peut se parler, on peut expliquer, on peut… tout.

TheoD●ne : *Une déformation professionnelle…*

*A. Ruffo :* Je pense que toutes les professions nous amènent à avoir ou à développer des défauts. Il faut s'en prévenir sérieusement. Moi, je sais qu'à la fin, quand cela faisait longtemps que j'avais décidé d'arrêter d'être juge, j'attendais juste d'aller jusqu'au bout. Je me disais : « Oh ! c'est dangereux ce que je fais. » On laisse parler les gens, on met son petit grain de sel et, à la fin, on décide. Dans la vie, ce n'est pas comme ça, ce n'est pas tout à fait comme ça. Finalement, comme juge, on est toujours au-dessus des discussions, de la mêlée. Qu'importe. On peut se laisser convaincre, on peut adhérer, mais, en bout de ligne, il reste que si on n'adhère pas aux idées, on ne se laissera pas convaincre. Nous, on a le sentiment d'avoir la vérité. C'est ça le jugement, c'est de décider. Dans la vie, ce n'est pas normal. Mais au sens disons légal, j'étais très, très attentionnée et très soucieuse d'avoir ce discernement. Comme les professeurs, qui sentent toujours qu'ils doivent nous enseigner quelque chose, c'est la même chose pour les avocats qui, eux, plaident tout le temps.

TheoDone : *Il faut avoir un certain recul, il ne faut pas que l'arbre nous cache la forêt, n'est-ce pas ?*

A. Ruffo : Effectivement. La semaine dernière, on était une quinzaine de personnes à un souper et j'étais assise à côté d'un médecin à qui j'ai dit que j'allais passer un examen de la vue. Alors, il m'a dit : « En effet, cet œil-là est plus gros que l'autre. » Surprise, je lui ai alors rétorqué : « À part ça, vous allez bien ? Oui, c'est mon œil plus gros qui a quelque chose. » Il a repris presque machinalement : « Oui, c'est le plus gros, l'autre est correct. » *(Rires)* En pensée, je me disais : « Mon Dieu ! A-t-il regardé tout le monde et, par la même occasion, fait passer un examen médical à chacun ? »

TheoDone : *Avait-il son bloc d'ordonnances ?*

A. Ruffo : Non, même pas, vous pensez ! On a tellement ri ! Mais il faut faire attention, il faut rester civilisés, conviviaux. Il faut demeurer avec les gens, pas loin d'eux. C'est particulièrement difficile quand, pendant toutes vos années de pratique, il vous a ainsi fallu demeurer très souvent stoïque ou ne pas avoir de relation d'aucune sorte avec les gens alors qu'à l'intérieur de vous-même, vous l'auriez souhaité. Mais dans toutes les professions, c'est comme ça.

TheoDone : *Vous avez mentionné un peu plus tôt que c'est dangereux parce que ce n'est pas comme cela dans la vie. Il y a en quelque sorte une question d'interprétation. Mais votre rôle de juge, c'était ça au fond : essayer de dégager la vérité. Chaque personne présentait les faits comme elle les voyait. Alors, il y a une version, une autre encore et il y a entre tout ça la vérité.*

A. Ruffo : Non, il y a une version et une autre et il y a le jugement du juge. Ce jugement ne sera jamais la vérité : il n'est que la lorgnette par laquelle le juge a vu la réalité. Mais ce n'est pas la vérité, ça n'existe pas. C'est toujours des perceptions de la réalité.

TheoDone : *Une question donc d'interprétation ?*

*A. Ruffo :* Regardez, nous sommes sur un coin de rue et un accident se produit subitement. Vous et moi racontons des versions différentes du même accident. Vous ne mentez pas, je ne mens pas. Il y a du vrai dans ce que vous dites et dans ce que je dis aussi. L'ultime fiction c'est celle du juge, mais elle ne sera jamais la vérité.

*TheoDone :* *Est-ce que cela n'est pas frustrant ? Certains se disent qu'ils vont aller en justice pour montrer qu'ils ont raison et le juge leur dit en quelque sorte : « Non, vous n'avez pas raison. »*

*A. Ruffo :* Non, moi, ce n'est pas comme ça que je le vois. D'abord, ce qui est frustrant, c'est le sentiment de ne pas avoir été écouté. Ensuite, les juges ne prennent pas toujours le temps de bien expliquer ce qu'est le jugement, et le pourquoi, la raison du jugement. Les gens sont fâchés parce qu'ils n'ont pas été écoutés et que les juges ont des *préjugés*. Les gens ont le sentiment de vivre une profonde injustice. Cela, je trouve que c'est très frustrant.

*TheoDone :* *Avez-vous un exemple ?*

*A. Ruffo :* Justement, récemment, on m'a fait état d'une situation ayant trait aux gardes provisoires. Vous savez, c'est un fonctionnement par *affidavit*. Alors, il y a quelqu'un d'absolument grotesque, avec un *affidavit* de soixante pages qui révèle une suite ininterrompue de monstruosités. Puis, il y a l'autre personne, qui est honnête et qui va présenter un *affidavit* d'une page seulement, mais, cette fois, en disant sa vérité. Vous comprenez ? Les juges qui ne sont pas toujours ni sensibles, ni compétents, ni fins psychologues vont prêter l'oreille à celui qui dit le plus d'aberrations. Quelqu'un me ferait ça à moi et je serais inquiète pour en mourir ! De là la pertinence de la question concernant la formation des juges.

*TheoDone :* *Quelle est spécifiquement cette formation ?*

*A. Ruffo :* Moi, je me suis inscrite contre le fait qu'on puisse devenir juge pour enfants du jour au lendemain sans formation et juger de la vie des gens. Je me suis beaucoup fait critiquer à cet égard, surtout par le juge en chef qui disait que ce n'est pas parce que j'étais *surdiplômée* que je devais mépriser mes collègues. J'avais offert d'organiser la formation permanente avant que cela n'existe. J'avais une maîtrise en andragogie, c'est-à-dire en éducation des adultes et j'y croyais vraiment. En effet, il faut le dire sans détour, c'est bien de cela qu'il s'agit. Je n'avais pas hésité une seconde pour dire que, bon, je vais siéger, mais il faudrait qu'on devienne de meilleurs juges. On n'est pas juge pour enfants comme on est juge dans d'autres domaines.

TheoDone : *Quelle nuance apportez-vous sur le plan de la formation ?*

*A. Ruffo* : C'est-à-dire qu'il faut connaître le développement de l'enfant, la sexualité, la délinquance. On aurait tout étudié et on n'en saurait pas encore assez.

TheoDone : *Une formation multidisciplinaire en quelque sorte ?*

*A. Ruffo* : Oui. Je me souviens que, lors d'une conférence, une psychologue nous avait parlé en long et en large des abus sexuels. Il y a vingt ans, comme vous le savez, on n'en parlait même pas. Et cette conférencière parlait donc des enfants qui ne voulaient pas dénoncer un abus sexuel de peur de perdre leurs parents. Il y avait un vieux juge à côté de moi qui s'était impatienté et avait dit : « Mais qu'elle se fasse à l'idée, la petite, elle l'aime ou elle l'aime pas, son père ? » Je l'avais regardé en me disant : « Tu sais, moi, j'ai cinq ans, je ne veux pas perdre mon papa, je ne veux pas perdre ma maman. Ma maman me dit que si je raconte ça, mon papa va aller en prison, mais je ne veux pas que mon papa aille en prison. » C'est très complexe. Il y a des gens qui n'ont jamais entendu d'enfants parler, des gens qui ne savent pas parler aux enfants, des gens qui ne connaissent strictement rien aux enfants.

TheoDone : *Est-ce qu'il y a une formation qui existe, maintenant, pour les juges ?*

*A. Ruffo* : Bien, ils appellent cela la *formation permanente.*

TheoDone : *Et ils suivent combien de cours ? Pendant combien de temps ?*

A. Ruffo : Non, non, ce n'est pas comme cela. Il y a un congrès tous les ans. Ce n'est pas le jour où vous êtes nommé juge que vous avez cette formation, pas du tout. C'est plutôt un processus continu, étalé dans le temps, une actualisation, une forme de mise à jour.

TheoDone : *Mais ne serait-ce pas une bonne idée que d'avoir une formation plus complète ?*

A. Ruffo : Ce serait une très bonne idée, une excellente idée et une nécessité même. Mais moi, je me suis tellement fait critiquer pour avoir osé parler d'une telle formation.

TheoDone : *Quant à moi, je trouverais cela normal, si j'étais nommée juge à la Chambre de la jeunesse. Je trouverais normal et utile de suivre au moins un mois de formation. N'ai-je pas raison ?*

A. Ruffo : Non, un mois, ce n'est pas assez.

TheoDone : *Trois mois, six mois alors.*

A. Ruffo : Oui, pour six mois. Regardez, par exemple, la sexualité des enfants. Je me souviens encore, quand j'étais avocate, les petits enfants qui se masturbaient se faisaient disputer : « Si tu continues, je vais t'envoyer, on va te placer. » Non, mais vous savez, il faut nuancer, mettre les choses en perspective. Vous savez, un enfant qui se masturbe continuellement, c'est peut-être parce qu'il a un problème. Ce n'est pas en lui disant « Arrête ! » que vous allez régler le problème. Puis, s'il le fait normalement… bien, c'est correct. Des folies, moi, j'en ai entendu un grand nombre dans ma vie. Des gens qui avaient en ce domaine les connaissances les plus élémentaires. Vous savez, traiter les enfants avec des problèmes d'apprentissage… eh bien, les traiter d'idiots. Vous savez, aux enfants qui sont très gras et qui ont peu d'estime d'eux-mêmes, dire : « Ah ! Tu es bien trop grosse ! À la place de voler, tu ferais mieux de travailler. » Des enfants laids, horribles, se faire dire par un juge : « Avec la face que tu as, tu peux pas faire autrement que d'être un bandit. » « Avec la face que tu as », vous vous rendez compte ? C'est ça qu'un juge a dit à un enfant. Vous savez, il n'était déjà pas content de sa face, mais là, il sait que sa face va lui servir pour être un bandit. J'en ai entendu, des folies comme ça… si vous saviez !

TheoDone : *C'est un manque de tact, de respect. Comment de tels propos sont-ils possibles ?*

*A. Ruffo :* Il faut une formation, de l'amour, du respect pour les enfants et leur famille. On voit des gens qui ne sont pas capables de s'exprimer, qui sont malpropres. Mais qu'est-ce qu'ils ont eu, eux, comme enfance ? Maintenant, on est rendu à la troisième génération dans certains cas. On a des petites filles de 14 ans ou de 15 ans qui dansent nues, qui se prostituent, qui ont été abusées par leur père. Vous pouvez être certain qu'elles vont faire un bébé dans les années qui suivent et que le bébé va se retrouver à la cour un jour, c'est sûr. Mais qu'est-ce que vous voulez ? Il faut connaître le développement des enfants, il faut connaître les enfants. Autre chose : les juges sont rendus très *carriéristes*. Au même niveau, ils veulent être juges adjoints, juges pour ceci ou juge pour cela, vous voyez ? Ils veulent avoir des *promotions*. Ils veulent changer d'*étage*, c'est-à-dire qu'un juge à la Cour du Québec veut être juge à la Cour supérieure, à la Cour d'appel, etc. Il y a des coups de couteau qui se donnent, c'est inimaginable les servilités ou les bassesses qu'il faut faire pour avoir une promotion. Moi, je ris, parce que cela ne m'a jamais intéressée. Vous savez ce qu'ils peuvent faire pour aller à une petite conférence à la noix je ne sais où… « Bien, vas-y, arrange-toi pour y aller. » Il y a beaucoup de jalousie et moi, j'étais invitée partout dans le monde, en Chine et partout. Qui est spécialiste dans le domaine au Québec ? Vous savez, je n'avais pas grand choix. C'était à un point tel que quand les gens appelaient de l'extérieur ou venaient, on disait : « Ah ! la juge Ruffo doit être quelque part en vacances, on n'arrive pas à la joindre. » Je ne pouvais tout simplement siéger cette journée-là.

TheoDone : *Vous étiez donc là ?*

*A. Ruffo :* Vous savez, j'étais là, moi. J'ai toujours eu une maison ici. Puis encore, les gens qui me critiquaient, c'étaient eux qui me demandaient une faveur après. « Tu connais beaucoup de monde en France, toi, tu pourrais faire entrer ma fille à tel endroit… » C'était un peu embêtant, mais c'était bien spécial ce qui se passait. Pour moi, ce n'étaient pas des gens qui avaient ni gêne ni éthique.

TheoDone : *Je pense que c'est parce que vous étiez au-dessus de la mêlée que vous avez attiré le mépris, si on peut dire, parce que vous étiez au-dessus de tout favoritisme ou de toute manigance.*

*A. Ruffo :* Oui, sur le plan éthique, je n'ai jamais fait de compromis et c'est ce que je disais encore récemment. J'ai prononcé une conférence et, à la fin, il y a eu une période de questions. C'était très beau, très émouvant. J'ai dit : « Quant à moi, après toutes ces années de métier, je peux dire que je n'ai jamais triché, jamais. Je me suis peut-être trompée, sûrement, parce qu'on juge sur des choses qui sont tellement fragiles et on dépend de ce qu'on nous donne comme information, on le sait. Mais volontairement, pour avoir une promotion, pour faire des compromis, pour être aimée, pour faire partie de la gang, jamais. Je peux tous les regarder dans les yeux et leur dire : « Jamais, je n'ai jamais triché. »

TheoDone : *Est-ce qu'il y a des fois où vous avez repensé à des jugements, à des décisions que vous aviez rendus, et avez douté ?*

*A. Ruffo :* Non, ce n'est pas comme cela que ça arrive. Parce que les enfants à la Chambre de la jeunesse reviennent tout le temps devant le juge. Par exemple, si je donne une mesure disciplinaire et que l'enfant revient parce que ça n'a pas fonctionné, la situation s'aggrave. Or, quand on regarde ce qui s'est passé, en révision, ou encore qu'on s'aperçoit qu'il n'a pas eu ce qu'on avait ordonné, il y a problème. Et souvent, ce qu'on m'avait donné comme information n'était pas juste, alors vous imaginez… On avait simplement caché quelques… détails. Par exemple, la mère disait vivre seule, mais elle vivait avec un batteur d'enfants ou un toxicomane qui donnait de la drogue à son fils. Il y a beaucoup de mensonges à la cour parce que les gens se sentent traqués, les gens ont peur. Les gens pensent qu'ils peuvent se protéger en mentant. C'est la réputation des enfants qui est en cause. Ils ont peur aussi qu'on leur enlève leurs enfants. Il faut être très compétent comme intervenant pour remplir sa tâche ou aller au-delà de son mandat, c'est-à-dire établir une confiance. Pour cela, il faut que le juge soit très sensible. Au moment où je rendais une décision, je pensais que c'était la meilleure que je pouvais rendre parce que je ne faisais pas de compromis. Il est possible que dix mois plus tard j'aie pu réaliser que la décision n'était pas appropriée. Par exemple, un enfant supplie de retourner chez lui… Le père est d'accord, la mère aussi, mais on me supplie de l'envoyer chez un autre, un monsieur qui est bien, qui est supposé avoir une ferme… ou quelque chose comme cela. Alors moi, je dis oui. Trois mois plus tard, quand on vient pour m'informer sur le cas, on me dit que le monsieur en question possède un casier judiciaire et qu'il prend de la drogue, etc. Moi, je ne pouvais pas savoir cela au moment de la décision.

TheoDone : *Est-ce qu'on devrait donner le pouvoir au juge de faire une enquête ?*

*A. Ruffo :* Le juge à la Chambre de la jeunesse fait son enquête. L'enquête du juge, je peux la faire à l'occasion, mais je ne peux pas faire une enquête sur tous les gens qu'on me propose pour prendre soin d'un enfant. Par exemple, je peux faire l'histoire d'un enfant qui est très perturbé et qui n'a eu aucune évaluation psychologique. (Moi, on m'appelait la « vache à lait » des psychologues.) Alors, je veux savoir qui est cet enfant-là et de quoi il souffre.

TheoDone : *Cela me semble primordial, évident.*

*A. Ruffo :* J'avais une cliente, quand j'étais avocate, qui devait apprendre à faire un budget, à prendre l'autobus… Vous savez, c'étaient des choses très concrètes et élémentaires, pas des abstractions et des choses complexes, mais elle en était incapable. Donc, on l'enfermait dans sa chambre en isolement jusqu'à ce qu'elle ait fait un *retour*, comme on disait. Intellectuellement, elle ne pouvait pas le faire. Donc, elle perdait son temps, elle rêvassait; elle n'écrivait pas de *retour*, elle en était incapable. Est-ce que vous ne pensez pas qu'au départ on aurait dû le savoir ? Alors, chaque fois, on l'a maltraitée, parce que c'était réellement de la maltraitance que de lui demander de faire des choses qu'elle était incapable de faire. Cela est tout à fait aberrant. Moi, je pense à ces choses vitales dont on ne parle jamais… On parle de code de déontologie, qui est une espèce de code pour protéger les gens de l'institution, du barreau, de la magistrature, des ordres professionnels, mais je pense qu'on ne parle pas ou à peu près pas d'éthique alors que c'est vraiment cela qui devrait nous conduire vers des pratiques qui sont acceptables et utiles.

TheoDone : *Mais le code de déontologie devrait guider les professionnels.*

*A. Ruffo :* Pas du tout. Ça ne veut rien dire, les codes de déontologie; c'est juste des passe-partout pour protéger les gens du système. Non, je pense plutôt que sur le plan de l'éthique… Je vais vous donner un exemple. Les gens de la magistrature et les gens du barreau, il y a quelques années déjà – j'en parle parce que j'en ai déjà parlé, et chaque fois ça me dérange. Ils ont organisé une grande soirée à la Place des Arts. Il y avait des gens qui chantaient, il y avait des sketchs, etc. Alors écoutez, barreau et magistrature ! Ç'a été, à l'époque, largement médiatisé. Ce n'est pas contre le code de déontologie, j'ai vérifié, mais, à mon avis, ça va à l'encontre de l'éthique. Moi, citoyen de Ville Saint-Pierre, je vois des juges et des avocats ensemble, qui dansent, qui chantent et qui font des folies. Je me dis : « Mais, c'est quoi la justice ? C'est tout ensemble, ce monde-là ? » C'est absolument contre toute éthique, ce n'est pas acceptable de faire ça. Par exemple, une juge de la Cour d'appel au conseil d'administration de la fondation du barreau… Elle était vice-présidente de la fondation du barreau. Les grands bureaux d'avocats vont donner cent mille, deux cent mille ou même trois cent mille dollars, mais toutes ces causes-là vont en appel…

TheoDone : *Mais ils devraient récuser, non ?*

A. Ruffo : Oui, et il faut savoir qu'on travaille en collégialité et que même si on ne siège pas on passe des jugements, et que tout le monde a son petit mot à dire. Pour moi, c'est carrément inacceptable, c'est contre le code de déontologie, mais ça va à l'encontre de l'éthique. C'est viscéral pour moi. C'est pour cela que, moi, je fais une différence entre un code de déontologie, qui protège ceux de la gang, et les gens qui se lèvent et qui s'identifient beaucoup plus au niveau de l'éthique. Moi, je suis éthique et je n'ai pas de peine à le dire. Le code de déontologie, c'est autre chose, c'est plus pour les "amis".

TheoDone : *Mais cet événement avait-il été organisé par une fondation ou pour une autre cause ?*

A. Ruffo : Je ne m'en souviens plus. C'était pour fêter quelqu'un, je pense.

TheoDone : *Ce n'était pas organisé dans un but louable ?*

A. Ruffo : Même ça, à ce moment-là, si vous voulez atteindre un but louable… Vous faites juges et avocats, mais il y a le public aussi. Vous dites la société, mais pas les corporations qui dictent aux autres leurs droits. Comment peut-on… Tel juge, main dans la main avec tel avocat, fait un gros spectacle à la Place des Arts. Vous voilà dans les quotidiens… Mais vous, devant moi, aujourd'hui, vous êtes un contribuable et vous voyez cela…

TheoDone : *Je crois que nous étions loin de vos réelles priorités : les enfants. D'ailleurs, sur ce point, quels sont d'après vous les droits des enfants qui vous semblent les plus ignorés ?*

*A. Ruffo :* D'abord, il faut dire, en principe, que les droits des enfants sont indissociables et qu'ils sont inaliénables. Cela est la réponse théorique. Mais je pense qu'aujourd'hui, partout dans le monde, le plus grand droit, c'est le droit d'être enfant, de vivre son enfance. Alors, si on regarde ce qui se passe en Afrique, on voit des petits enfants de sept ou huit ans qui sont pères et mères; leurs parents étant morts de maladie ou lors de guerres. Ils ont là-bas des millions d'enfants qui sont orphelins parce que les parents meurent du sida. Alors, on se demande : « Où est l'enfance ? Qu'est-ce qui en est vraiment ? » Lorsqu'on regarde tous les enfants de cinq ou six ans qui sont obligés de travailler, qui fouillent dans les rebuts, les déchets, on se demande ce qu'il en est de l'enfance. En Asie, par exemple, les enfants sont exploités sexuellement... Où est l'enfance ?

TheoDone : *L'ampleur du problème est immense.*

*A. Ruffo :* Si on regarde même ici, certains enfants sont obligés de revenir de l'école à 15 h 30, seuls; ils ouvrent la lumière et il fait froid. Ils attendent leurs parents. Où est leur enfance ? On demande à nos enfants d'être quasiment des adultes. Dans certains pays, ils assument des responsabilités d'adultes, d'autres adoptent des comportements d'adultes; pour d'autres encore, c'est d'être exploités comme le sont les adultes les plus vulnérables. Je pense que le droit à l'enfance est un droit inaliénable qu'on ignore complètement. Je n'ai jamais entendu quelqu'un dire que le premier droit, c'est le droit d'être enfant. Ça m'attriste infiniment. On regarde leurs visages, on mesure leurs responsabilités, cela n'a rien à voir avec l'enfance. L'enfance, c'est le temps de tous les rêves, c'est le temps d'être en sécurité... Quand je suis allée en Angola, j'ai vu des enfants de quatre à six ans derrière les barbelés, qui avaient l'air de petits vieux, qui avaient l'air presque de bêtes et qui couchaient jusqu'à trois ou quatre par lit, des enfants qui n'avaient pas de nourriture… et à partir du moment où on leur a fait un tour de magie, ils sont redevenus des enfants. L'enfance n'est pas loin derrière, sauf qu'il n'y a pas d'adultes qui ont pris des responsabilités pour s'assurer que ces enfants vivent pleinement leur enfance. On est surpris, après, que ces enfants-là n'aient pas progressé. Ils n'ont pas eu de nourriture pour développer leur cerveau, pour apprendre correctement. On se surprend qu'ils soient blessés dans leur corps. Je pense qu'il faut revenir en arrière et se dire que le plus grand danger, ce n'était pas la bombe atomique, c'était quand les frontières ont éclaté.

TheoDone : *Que voulez-vous dire ?*

*A. Ruffo :* Je pense que nous assistons à l'éclatement des frontières. Non pas les frontières physiques, mais les États, pour plusieurs, ont abdiqué certains de leurs droits pour les remettre à des instances internationales comme l'ONU. Si on pense à l'échelle internationale ou au plan financier, ce ne sont plus les États qui décident. L'État n'a plus de pouvoir à bien des égards et à ce moment-là, je pense, effectivement, qu'on ne peut pas impunément continuer à avoir une population africaine qui ne peut pas se développer adéquatement et qui meurt du sida, qui n'a pas la nourriture qu'il faut et encore moins l'éducation qui convient. On ne peut impunément faire fi de cela dans tant de pays sans penser que ces gens-là pourraient être nos voisins ou les maris ou les femmes de nos enfants. C'est insensé ! Je pense qu'il est temps que des gens responsables sur le plan international fassent en sorte que les droits soient respectés. Ce n'est pas normal que des compagnies pharmaceutiques cessent de faire des médicaments parce que les seuls qui en bénéficient sont les Africains et qu'ils ne payent pas. On ne peut pas être silencieux. On ne peut pas accepter cela. Que nous montre-t-on ? Des entrefilets dans les journaux. Une petite phrase à la télé. Après on continue à manger notre repas, comme si de rien n'était, comme si rien n'avait réellement existé ? Finalement, c'est l'indifférence la plus totale.

[...]

Alors, pour répondre à votre question sur les droits les plus ignorés, le droit à la santé en est un... Ce sont les enfants qui sont la plus grande population itinérante du globe. Oui, ce sont les enfants ! Mais on se dit cela entre nous, on ne se dit rien en société parce que personne ne prend ses responsabilités à cet égard. C'est la faute de personne... de personne. Quand on n'est pas responsable, on peut faire durer longtemps une situation qui nous convient.

TheoDone : *Comment fait-on pour responsabiliser ?*

*A. Ruffo :* Je pense qu'il faut commencer par ici. Je veux dire, commencer par ce qui se passe ici. Moi, je connais des gens qui soutiennent et aident une famille libanaise qui est arrivée au pays. Bon, c'est déjà ça. On est citoyen, et on est citoyen du monde quand on accueille. Je pense aussi que les grandes compagnies doivent arrêter de vouloir accumuler des milliards et des milliards de dollars qui ne servent à rien. Elles n'en ont jamais assez et s'enrichissent toujours sur le dos des plus pauvres. Cela peut sembler cliché, mais il faut arrêter de penser de cette façon-là. On dit que l'accès à la justice, à l'éducation, aux soins de santé, c'est pour tout le monde... Attention ! Quand vous avez un titre plus important, vous pouvez passer plus vite que n'importe qui d'autre. À ce moment-là, on devrait s'assurer que tous reçoivent des soins et ne meurent pas en attente. Par contre, il est vrai que, lorsqu'on se compare à d'autres pays, on est gâtés. Il faut le dire. On devrait être beaucoup plus centrés sur ce qui ne se voit pas, la spiritualité, l'intellect, le développement sur le plan artistique, culturel. Nous devrions aussi être centrés sur des choses qui nous aident en tant que personnes. Qu'est-ce que cela nous donne d'avoir cinq manteaux de fourrure ou une grosse voiture ? Je vous le demande : qu'est-ce que cela nous donne ?

Rien, rien du tout. Qu'est-ce que cela donne d'afficher un tableau de trois cent mille dollars, par exemple, lorsque l'on ne sait même pas qui l'a réalisé, ni dans quelles circonstances, ni quelle a été son évolution ? Moi, je trouve triste notre situation actuelle.

[...]

Cela signifie en clair qu'on n'arrive plus à jouir de notre liberté, à jouir tout simplement de la nourriture, par exemple... Tout est tellement abondant et on est tellement pressé et insensible, que même notre bouche est rendue insensible... on en est rendu à la restauration rapide. Si on dit qu'on ne mange pas des repas rapides, eh bien, on est parfois considéré comme snob. Bien non, peut-être que j'aime mieux manger une tomate de mon jardin qu'une tomate d'un restaurant douteux proposant une restauration rapide. Peut-être que je trouve ça meilleur. J'aime mieux aller chercher des herbes de mon jardin, cela me plaît davantage. Mais qui se lève pour dire des choses comme ça ? Il y a aussi toute la désinformation des médias par rapport aux enfants. On met l'accent sur le scandale, on le plaque sur les premières pages des journaux. On aime le scandale, c'est incroyable. Et puis, tout d'un coup, le lendemain, hop ! c'est terminé. On ne va pas en profondeur; cela serait inutile, ou du moins peu rentable.

TheoDone : *Est-ce dû à notre indifférence ou à notre incrédulité vis-à-vis du système ?*

A. Ruffo : On ne croit plus au système.

TheoDone : *Pourquoi ?*

A. Ruffo : J'entendais un conférencier la semaine dernière qui disait que la solution ne venait plus des institutions, car on n'y croit plus. Moi, je ne crois pas à la magistrature, je ne crois plus aux institutions politiques, je crois à l'éthique des gens. Je crois qu'on verra des sursauts d'éthique émerger des personnalités qui prendront le leadership et, à ce moment-là, on pourra avoir une vie plus généreuse, plus *citoyenne*. Mais ça ne viendra pas des grandes institutions. On n'y croit plus et on a raison de ne plus y croire. Moi, ce que j'ai vu à la magistrature relativement aux enfants et à d'autres domaines, m'empêche absolument d'y croire. Combien de fois ai-je entendu des affaires semblables ? Combien de fois ai-je entendu d'autres juges… ? Quand je suis arrivée à Longueuil, la première chose qu'un de mes collègues m'a dite en parlant de l'indépendance judiciaire c'est : « Ma pauvre petite fille, tu y crois encore, toi ? » C'est la première chose qu'on m'a dite. Je lui ai répondu : « Oui, j'y crois encore. » Mais je n'y crois plus maintenant. C'est grave, cela. On ne croit plus dans les institutions et on a raison.

TheoDone : *Mais si on ne croit plus aux institutions, il faut alors croire aux personnes.*

*A. Ruffo :* Voilà. Les personnes ont été affaiblies par les institutions jusqu'aux années 1980 : l'État était tout-puissant. C'était l'État qui détenait tous les services et le savoir. Bon, l'État a dit : « Je n'ai pas d'argent, je ne sais plus… » Les institutions ont continué en imposant des règles pour se protéger elles-mêmes et s'enrichir. Je pense que cela a dégénéré au point que l'on sait. Nous, on a continué à réfléchir, à regarder et à voir, mais on ne peut plus y croire. On verra peut-être des citoyens prendre la relève. On a des exemples d'actions citoyennes. Je pense à des maisons qui ouvrent, à des grands-parents, à des personnes qui aident les enfants à faire leurs devoirs. Je pense que c'est là qu'il faut regarder. Je pense aussi que l'avenir est là. Ce n'est pas dans les institutions, à moins que les institutions se renouvellent et se *purifient*, et qu'elles retrouvent le sens du civisme.

TheoDone : *C'est ce que j'allais vous demander : ne sommes-nous pas trop égoïstes pour faire cela, c'est-à-dire penser aux autres, à leurs besoins, etc. ?*

*A. Ruffo :* Je ne pense pas que c'est parce qu'on est égoïstes, on a simplement été insensibilisés, on a constamment l'impression de ne pas avoir le pouvoir. C'est bien que vous en parliez… Récemment, on a communiqué avec moi pour que j'intervienne dans une situation familiale. La bataille est arrangée par les plus grands avocats et il y a beaucoup d'argent en cause, etc. Cette nuit-là, je me suis réveillée et je me suis dit : « Je connais les deux parties, pourquoi je n'offre pas mes services ? » Mais je vous jure que jamais… ce n'est plus mon métier et je ne pourrais pas le faire… Je voudrais simplement leur dire : « Écoutez, qu'est-ce que vous faites ? Vous êtes en train de vous détruire, vous êtes en train de détruire votre fils et… bon, voulez-vous qu'on en parle ? » Peut-être qu'ils vont répondre : « Ne viens pas nous déranger ! » Mais vous savez, on vient de se dire que ça ne donne rien d'aller à la cour, on n'y croit pas. À ce moment-là, peut-être qu'il vaudrait mieux, pour les gens, de s'asseoir et de discuter.

TheoDone : *Est-ce que vous l'avez fait ?*

*A. Ruffo :* Non, non, j'ai l'intention de le faire aujourd'hui. J'ai une rencontre aujourd'hui. C'est ce que je vais offrir. Je ne sais pas si cela va se faire. Alors, dégagée d'une institution qui m'étouffait… et c'est pour cela que je ne retournerais pas en cour. Je ne serai plus avocate, c'est fini. J'ai été une bonne avocate, j'aimais cela. J'ai été juge, une bonne juge, je crois. Maintenant, je suis une personne libre. Je vais dénoncer les problèmes qui existent dans les institutions et c'est comme cela que je vais pouvoir agir, je le souhaite, avec plus de compassion, plus de liberté.

*Les parents d'Andrée Ruffo*

TheoDone : *On a déjà parlé de la séparation et du divorce des parents, des diverses négociations et de leurs effets sur les enfants. Souvent, il peut subsister des problèmes même après deux ans, cinq ans et même dix ans. Selon vous, comment voyez-vous cette problématique ? Quels conseils souhaiteriez-vous donner aux enfants ?*

*A. Ruffo :* Oh mon Dieu ! Je ne saurais pas donner de conseils. Je sais qu'il y a des études très approfondies qui ont été faites aux États-Unis et qui démontrent, évidemment, que les conséquences du divorce sont énormes. Par ailleurs, quand les parents demeurent ensemble et se détestent, et que chaque jour il y a des disputes, là aussi, il y a des conséquences. Alors le monde parfait n'existe pas. Je pense qu'il faudrait enseigner aux enfants dès le bas âge, et dans les écoles tant primaires que secondaires, que lorsque, malheureusement, cette situation survient, il leur faut développer une maturité et prendre des responsabilités qui leur manquent trop souvent. Qu'en est-il alors de l'enfant ? Les parents se partagent l'enfant comme si c'était un bien. On ne tient pas compte de son intérêt. Il est évident que dans toutes les lois, les documents d'information et les pratiques professionnelles on parle de « l'intérêt de l'enfant ». Mais qu'en est-il vraiment ? Il est très rare que les divorces se fassent sans amertume, animosité et rancune, et il est difficile de développer un état de stabilité, un état serein permettant de dire : « Bon, je me divorce de toi, mais notre enfant peut continuer à nous aimer tous les deux. » On ne dira jamais assez combien l'enfant doit être rassuré dans cette capacité d'aimer les deux parents. Ce qu'on ébranle, ce n'est pas seulement notre relation avec l'enfant, quand il est tout petit, c'est la relation de l'enfant avec le monde. Comment verra-t-il les femmes si on n'arrête pas de dénigrer les femmes autour de lui ? Comment verra-t-il son père ? Quelle sera sa relation avec les hommes plus tard ? Je pense qu'on n'est pas assez conscient que l'on détruit, dans de pareils cas, l'image des personnes du même sexe ou du sexe opposé, ou la possibilité d'avoir des relations saines avec elles. Je pense qu'il faut être assez adulte et responsable. Vous me direz peut-être que c'est un peu utopique et, lorsqu'on se dispute avec l'autre, que c'est un peu difficile. Mais je pense qu'on devrait aider les gens à devenir plus adultes et plus responsables.

TheoDone : *Mais comment peut-on aider les gens ? Souvent un conjoint veut bien, mais l'autre, lui, ne veut rien entendre.*

*A. Ruffo :* Je pense qu'il faut compter beaucoup sur l'entourage des beaux-parents et des grands-parents pour qu'ils ne jettent pas d'huile sur le feu. Il faut éviter les dénigrements : « Je te l'ai dit, c'est un ingrat et c'est un homme comme ceci… une femme comme cela. » Je pense que l'entourage doit être apaisant, qu'il doit permettre de replacer les événements dans leur contexte, qu'il puisse aussi dédramatiser afin que les gens soient en mesure de passer à autre chose, d'avancer. Mais ce n'est pas toujours possible. Il y a des médiateurs qui le font par profession et qui peuvent aider et, en dernière instance, il y aura certainement la justice qui pourra trancher, mais ce n'est pas l'idéal d'en arriver là.

TheoDone : *Il faut aider les gens à se prendre en main, n'est-ce pas ?*

*A. Ruffo :* Ils devraient être capables de s'asseoir avec une tierce personne objective et indépendante, qui a du recul par rapport à leurs difficultés et qui va vraiment prendre en compte l'intérêt de l'enfant. Ils pourront passer à autre chose après avoir déterminé les moments d'accès à l'enfant tout en l'assurant qu'il sera aimé de ses deux parents. Il y a combien d'enfants qui passent de bons moments chez le père et qui n'ont pas le droit d'en parler à la mère, et vice-versa ? Ce qui se passe chez la mère, c'est secret, et ce qui se passe chez le père l'est également. On n'a jamais le droit de dire qu'on aime ce qu'on a vécu et on n'a pas le droit d'aimer la nouvelle conjointe ni le nouveau conjoint ou leurs enfants. C'est « défendu ». Ce sont des enfants en position de porte-à-faux qui sont toujours inquiets, qui ont peur d'en dire trop et qui ont peur de faire de la peine. Moi, je pense simplement que la communauté doit être près d'un couple qui se défait plutôt que d'entretenir la colère et, souvent, de se déchaîner contre l'autre conjoint. Ici, je pense qu'on a un rôle à jouer.

TheoDone : *Quant aux droits de visite, il y a beaucoup d'ententes qui sont homologuées par la cour, mais après, dans la réalité, elles ne sont pas toujours respectées.*

*C. Ruffo :* Moi, j'ai vu autant, sinon plus, de gens me dire : « Il ou elle a des droits de visite et ne les exerce pas. » Alors, quand on a des droits de visite et qu'une personne nous empêche de les exercer, on peut toujours avoir recours au tribunal. C'est toujours en dernière instance. On peut aussi communiquer avec la belle-famille, on peut toujours essayer. Il y a des gens qui se font la guerre à n'en plus finir. Par ailleurs, il y a aussi des personnes qui se désintéressent de leurs enfants, qu'elles ne voient plus assez. Moi, j'ai vu des pères – parce que souvent, quand les enfants sont en bas âge, c'est la mère qui a la garde –, j'ai vu des pères, dis-je, mourir de peine. Ils voient leurs enfants tous les jours et, ensuite, ils ont le droit de les voir seulement deux jours sur une période de deux semaines. Il y a tellement de souffrance ! Encore récemment, on a côtoyé quelqu'un, mon conjoint et moi, qui nous disait : « Moi, je leur donnais le bain, moi je leur racontais des histoires, moi je m'ennuie de mes enfants. Je ne peux pas les voir. » C'est une peine énorme à ce moment-là. Pour exercer ses droits de visite, on a recours au tribunal. Mais à l'inverse, on ne peut pas forcer un conjoint à s'intéresser ou à aimer ses enfants. On ne peut pas le forcer. J'ai vu des personnes venir en cour et me dire : « Écoutez, ça fait trois ans qu'il ne l'a pas vu. Il ne l'a même pas appelé, il ne lui a même pas envoyé un cadeau de Noël ou d'anniversaire. Puis là, tout à coup, il apparaît, il faut qu'il le voie, c'est urgent, et de préférence, le jour de Noël. » Alors, il y a vraiment des choses qui ne fonctionnent pas et j'en reviens encore à l'éducation.

TheoDone : *La responsabilisation ou l'éducation ?*

*A. Ruffo :* Il faudrait dans les familles et aussi à l'école qu'on apprenne à mesurer la responsabilité d'avoir des enfants. Si avoir des enfants c'est pour longtemps, très longtemps, il faut savoir pourquoi on les désire et avec qui on souhaite les avoir. Il faut savoir qu'il y a là une double responsabilisation, que c'est une responsabilité de tous les jours et qu'il faut éviter de choisir un conjoint ou une conjointe un soir de passion, qui fait un enfant qu'il (ou elle) laissera sans en prendre soin.

TheoDone : *Ce n'est pas idéal pour l'enfant ni pour la société parce qu'un enfant peut développer des problèmes d'attachement. Quand on dit qu'un parent revient voir son enfant trois ans plus tard... L'enfant a toujours espoir et souhaite que ce parent poursuive les gestes d'attachement.*

*A. Ruffo :* Je pense que c'est Elisabeth Badinter et d'autres collaborateurs qui ont démystifié le fait que la mère doit obligatoirement être une femme de nature aimante et généreuse. Ce n'est pas vrai. Il y a des mères qui sont incapables d'aimer, il y a des mères qui aiment mal et il y a aussi des mères qui aiment de façon malicieuse et qui se servent des enfants. Ce n'est pas automatique, l'amour. Il y a des pères, par ailleurs, qui sont des merveilles de tendresse et d'amour. Alors, vous voyez, ce n'est pas une question de sexe. Mais vous avez raison de le mentionner, l'amour doit se construire au quotidien et c'est par la présence et par la continuité que l'on peut développer des liens, ce n'est pas en faisant une petite apparition tous les deux ou trois mois pour donner des cadeaux. Il est faux de penser que cela fonctionne de cette manière.

TheoDone : *Cela peut effectivement créer chez l'enfant de sérieux problèmes d'attachement. Ne devrait-il pas, de façon simple et naturelle, être capable de faire confiance ?*

*A. Ruffo :* Pas toujours, pas toujours. Pourquoi ferait-il confiance ?

TheoDone : *Ce sont ses parents, après tout.*

A. Ruffo : C'est une des problématiques que j'ai souvent soulevées quand, par exemple, à la Direction de la protection de la jeunesse, on permettait que des enfants soient placés plus de trente fois… Ce n'est pas anodin ! Lorsqu'on arrive dans une famille d'accueil, il faut s'adapter : les nouvelles heures de repas, l'alimentation, la communication… À quel moment a-t-on le droit de faire ceci ou de faire cela ? Chaque fois, inévitablement, l'enfant doit s'adapter pour être accepté et aimé. Est-ce qu'on pense qu'il peut faire ça trente ou quarante fois ? À un certain point s'installe une incapacité à s'attacher et le danger est très souvent permanent. On appelle ça un trouble d'attachement. Mais, dites-moi, dans de telles conditions, qui n'en aurait pas ?

TheoDone : *Ne devrait-il pas y avoir une certaine limite à ne pas dépasser ? Que faire pour ces enfants qui sont « placés » de nombreuses fois ?*

A. Ruffo : D'abord, il faudrait arrêter de faire des rêves qui ne conviennent qu'aux adultes. Pourquoi y a-t-il une famille d'accueil qui garde des enfants un mois, une autre qui les garde trois mois et une autre encore qui les garde un an, cinq ans ou plus ? Déjà, dans le système, on les oblige à changer de famille chaque fois. Pourquoi est-ce qu'on n'en prendrait pas la responsabilité une fois pour toutes ? Bien des familles seraient prêtes à le faire, prêtes à dire qu'elles prennent en charge l'enfant et qu'elles en assument la responsabilité jusqu'à ses 18 ans. Mais vous ne pourrez pas changer le système. Ce n'est pas comme cela que ça fonctionne. On s'accommode de formalités astreignantes… et, je dirais, de petites boîtes : il y a

> **❝D'abord, il faudrait arrêter de faire des rêves qui ne conviennent qu'aux adultes.❞**

la « boîte » des 8 à 12 ans et, lorsque l'enfant a 12 ans et 3 jours, vous le changez de boîte, simplement et sans raison, et ainsi de suite. C'est comme cela que ça fonctionne vraiment.

TheoDone : *Même si l'enfant s'épanouit bien dans une famille ? C'est le règlement avant tout ?*

A. Ruffo : Ah, même si l'enfant s'épanouit, même si la famille adore l'enfant, même si ça va très bien, même s'il s'est donné des petits frères et des petites sœurs, même si ça va bien à l'école, on le change parce que cette famille, c'est la boîte 8 ans-12 ans. Je dis 12 ans, mais ça pourrait aussi bien être 8 ans-11 ans. Dans cette famille, c'est cette boîte-là parce que c'est plus pratique ou commode…

TheoDone : *Est-ce du fait qu'il soit adolescent qu'il faut le changer d'endroit ?*

A. Ruffo : C'est parce que ça accommode les adultes, point à la ligne. N'insistons pas sur ce point. C'est la même chose lorsque les enfants suivent des thérapies : ils ont droit à tant de séances de thérapie, c'est tout. Ensuite, on met les enfants sur une liste d'attente, ils iront dans un CLSC et, deux ans après, on les rappellera. C'est bien gentil tout ça, mais à tous les enfants qui ont des problèmes profonds et qui ont besoin de plus de temps de thérapie, c'est ce qui leur arrive. Un pur désastre.

TheoDone : *Donc, ce sont des enfants perdus, finalement.*

A. Ruffo : Eh bien, ce sont des enfants qu'on continue de violenter, qui souffrent souvent davantage parce qu'on leur a promis quelque chose et qu'ils ne le reçoivent pas. Ce sont des enfants qui n'ont plus confiance en eux-mêmes, en leur famille, en l'école, en la société. Quand les juges restent silencieux et qu'ils ne dénoncent pas ce qui se passe, ils perdent aussi confiance en l'autorité, la plus haute autorité qui est le tribunal. Il y a des choses qu'il faut repenser sérieusement. Lorsque le tribunal est à la merci des services sociaux qui donnent ou ne donnent pas les ressources nécessaires, je pense qu'on est en droit de se poser des questions.

TheoDone : *Dans un autre ordre d'idées, dites-nous : de quels gestes êtes-vous particulièrement fière, gestes que vous avez posés au cours de vos années de travail ?*

*C. Ruffo :* Je suis particulièrement fière de ne jamais avoir triché.

TheoDone : *D'avoir été authentique ?*

*C. Ruffo :* Oui, honnête et juste. Je pense que s'il y a un parcours que j'ai toujours suivi à titre d'avocate, de juge ou d'enseignante, du début à la fin, c'est bien d'avoir toujours pris la meilleure décision que je pouvais, dans l'intérêt de l'enfant, non pas pour être populaire ou pour faire plaisir. Non, je n'ai jamais fait de compromis là-dessus.

TheoDone : *Vous nous en avez déjà brièvement parlé, mais pouvez-vous expliciter davantage ?*

*C. Ruffo :* C'est inutile, je crois. C'est une façon d'être et je n'ai pas changé, même quand il y a eu des plaintes contre moi, même quand j'ai subi des pressions, même quand on m'a demandé de cesser de prendre des décisions pareilles. Je n'ai jamais changé.

TheoDone : *Nous aimerions que vous puissiez quand même nous préciser un petit peu un tel contexte.*

*C. Ruffo :* Par exemple, quand j'étais à Saint-Jérôme, on a eu une rencontre avec le directeur de la protection de la jeunesse, qui m'a clairement demandé de changer mes décisions pour les rendre conformes aux ressources qui existaient déjà, de cesser de leur imposer des choses qui n'existaient pas. Or nous, les juges, on n'est pas liés par ce qui existe ou n'existe pas. Nous sommes liés par la loi et par le respect des droits des enfants. Alors, quand un enfant a besoin d'une famille d'accueil, je ne peux pas l'envoyer dans un centre parce qu'il n'y a plus de famille d'accueil et qu'il y a un centre. Cela ne répond pas du tout aux mêmes besoins. Alors, j'ai refusé systématiquement, car ce n'est pas un compromis à faire. Le contraire aurait été pour moi « déshonorant ».

TheoDone : *Mais qu'est-ce qu'on fait s'il n'y a pas de famille d'accueil ? Vous appelez le ministre et vous lui dites : « Il n'y a pas de ressources, on a besoin de... »*

A. Ruffo : C'est ça, il faut le dire aux bonnes personnes. C'est le ministre des Affaires sociales qui est responsable. Il faut le dire au « patron » et faire en sorte que cela se sache publiquement. On va dans les bulletins de nouvelles, on fait un scandale et on dit : « Ces enfants-là ont besoin de ressources, ces enfants-là ont besoin d'aide. » Mais ça ne se fait pas, on reste entre nous, on cache la vérité. On dissimule les difficultés et, dites-moi, qui paie en bout de ligne ? C'est l'enfant, c'est toujours l'enfant. Je n'aurais jamais accepté de faire ça, jamais.

TheoDone : *Parlons de la magistrature, maintenant, si vous le voulez bien.*

A. Ruffo : Bien sûr.

TheoDone : *Les médias ont toujours porté un regard attentif sur votre travail, sur votre mandat, et sûrement même, à certaines occasions, sur votre personnalité. En fait, on peut dire que votre présence, vos valeurs et votre travail ont fait couler beaucoup d'encre au fil des années. Sûrement qu'à plusieurs reprises, même, vous avez dû faire respecter les droits des enfants dans des conditions pouvant ne pas plaire ou convenir à l'opinion publique ou aux institutions qui se consacrent à la protection de la jeunesse. Être juge, et plus particulièrement en ce qui a trait aux causes où des enfants sont impliqués, nécessite sûrement une dose de discernement et de fermeté pouvant parfois ne pas faire l'unanimité dans les milieux concernés, n'est-ce pas ?*

A. Ruffo : Au départ, pour reprendre votre question, je n'ai, je pense, jamais rendu de décision qui allait à l'encontre de l'opinion publique. Que mes décisions dérangent le système établi, dérangent la magistrature, je veux bien, mais l'opinion publique, jamais. La preuve, c'est qu'il n'y a aucune plainte contre moi, ni par les enfants, ni par les parents, ni par les grands-parents. Les plaintes ne viennent que de la magistrature et de la DPJ, ce qui, en l'occurrence, est la même chose en matière de jeunesse, en matière de protection. Je ne parlerai pas de la magistrature au criminel. C'est une juridiction qui m'échappe et où je n'ai jamais pratiqué, que je connais donc mal. Je n'en connais pas la pratique quotidienne, donc je n'en parlerai pas.

TheoDone : *Mais plus spécifiquement, comme juge pour enfants ?*

*A. Ruffo :* Je peux parler du rôle du juge pour enfants, c'est un rôle très particulier. Premièrement, c'est l'enquête du juge, cela on l'oublie toujours. Deuxièmement, par une enquête objective, le juge s'assure que l'enfant a besoin de protection. Le juge doit décider toujours dans le seul intérêt et le respect des droits de l'enfant. Alors, quand on nous vante l'objectivité des juges alors que la loi dit qu'on est là pour l'enfant, alors moi... Quand la loi me dit : « Vous êtes là pour protéger un enfant », je ne suis plus là pour être arbitre des droits des parents, des enfants, de la DPJ. Je suis carrément pour l'enfant et c'est la loi qui le stipule. Ceux qui se targuent d'être objectifs, c'est à mon avis de la foutaise, parce qu'il n'y a personne sur la terre qui est « objectif ». On a une éducation, on a une enfance... il n'y a personne d'objectif. On peut le prétendre, mais faut voir. La neutralité, vous m'en reparlerez aussi ! Alors, quand pendant des années, sinon des siècles, les juges se sont lovés dans ce semblant de neutralité ou d'objectivité, moi je me dis : n'est-il pas temps de démystifier cela ? On peut y travailler fort, on peut le faire honnêtement, mais personne n'est objectif.

TheoDone : *Personne ?*

*A. Ruffo :* Sauf dans le cas particulier des enfants où le juge fait l'enquête, le juge est carrément pour l'enfant. On n'a jamais vu en matière civile, commerciale ou pénale dire à un juge : « C'est votre enquête et quand vous déciderez, vous ne déciderez que dans l'intérêt de telle partie. » La loi de Protection de la jeunesse est une loi très, très spéciale qui donne des pouvoirs et qui donne une mission au juge. Mais, je ne sais pas pourquoi, les gens ne reconnaissent pas cette mission. On a un enfant dont les droits sont lésés, un enfant qui a besoin d'être protégé et mon devoir de juge, c'est de le protéger, point à la ligne. Il me semble que c'est tellement simple à comprendre. On ne peut pas le comprendre parce qu'il y a peu de gens assez libres pour dire : « Je vais ordonner ce qu'il faut pour l'enfant. » Je n'agirais peut-être pas de la même façon, je ne résonnerais peut-être pas de la même façon si j'avais affaire à une société démunie, mais on est une société riche, on a toujours de l'argent pour ce qui est important pour nous. Or les enfants ne sont pas une priorité, les enfants ne sont jamais importants pour les politiciens, et pourtant... Mais on est un pays avec des ressources énormes et on ne peut pas se satisfaire de réponses comme : « Non, on n'a pas d'argent pour les enfants qui souffrent d'autisme ou pour les enfants qui ont un problème d'apprentissage ou de toxicomanie. » Je n'accepte pas qu'on ne puisse pas aider ces enfants-là, parce que je sais qu'il y a un coût social lié à eux.

TheoDone : ... *et un coût humain aussi.*

A. Ruffo : Il y a une souffrance humaine qui est énorme, mais il y a aussi un coût social ou monétaire. On va devoir supporter ces enfants-là pour toujours. Des enfants qui sont mal équipés dans la vie et qui sont en colère, ce sont des enfants qui ne pourront jamais être heureux et devenir des citoyens qui pourront remplir leurs obligations et profiter de la vie.

TheoDone : *Il est dommage que les politiciens et les décideurs ne comprennent pas les conséquences qui en découlent. Un enfant qui est malheureux va devenir un adolescent malheureux et, en bout de ligne, un adulte frustré et malheureux. On le dit tout le temps : « Prévenir ne coûte que 10 % et guérir coûte 100 %. » Mais la prévention ne se vend pas.*

*A. Ruffo :* Elle ne se vend pas parce que les politiciens ont toujours une vision à court terme maintenant. Ils viennent d'être élus, ils font des promesses et les réalisent parfois en partie. Alors, ce n'est pas sérieux. C'est pour cela que nous, la population, qui voyons davantage les conséquences à long terme, avons le devoir d'exiger des bonnes conditions et de rappeler, finalement, à ces politiciens, que c'est nous qui leur donnons le pouvoir qu'ils exercent pour nous rendre la vie plus facile et pour faire ce que les Grecs nommaient « organiser la cité ». Ce n'est pas nous qui sommes au service des politiciens, ce sont les politiciens qui sont à notre service.

TheoDone : *Alors, faut-il organiser une campagne de sensibilisation et de prévention ?*

*A. Ruffo :* Non, non, c'est fini depuis longtemps, ça. Je pense qu'avec tout ce qu'on a pu voir à la télévision, tout ce qu'on a pu entendre, tout ce qu'on a pu lire… Pour moi, c'est fini le temps de sensibiliser. Je pense que, s'il y a encore quelqu'un au Québec qui ne sait pas ce qui se passe dans la prostitution, la pornographie ou la violence, je pense qu'il ne fait pas partie des gens éveillés ou conscients que l'on veut côtoyer. Je pense plutôt qu'il est temps de *mobiliser* et d'agir. Nous sommes maintenant rendus à un niveau supérieur et la mobilisation me semble tout à fait nécessaire, et l'action tout autant. Tenez, par exemple, lorsqu'on a voulu annuler les prestations financières pour les personnes âgées, on a vu ces dernières défiler dans la rue.

TheoDone : *Une force, une solidarité, en quelque sorte.*

*A. Ruffo :* Moi, je n'ai jamais vu ça, des gens se promener dans la rue avec des pancartes pour les enfants. On attend quoi ? À un moment donné, on nous a dit qu'il n'y avait plus de livres dans les écoles pour les enfants, plus de budget et qu'on faisait des photocopies. Est-ce que quelqu'un s'est levé ? Moi, j'étais à l'étranger et j'ai dit : si j'entends ça une fois quand je serai au Québec, alors j'appelle l'Unicef à New York et je leur demande de nous envoyer de l'argent à nous, les pays pauvres. Quand on est rendu qu'on n'a pas assez de livres pour nos enfants au Québec, bien voyons, il y a un sérieux problème. Il y a des choses aberrantes et si on regarde de plus près, cela concerne toujours les enfants.

TheoDone : *Quand on a voulu couper les prestations aux personnes âgées, on a vu des gens faire quelque chose et c'était bien. En Europe, par exemple, dès qu'il y a quelque chose qui ne va pas, comment dire... cela se passe dans la rue.*

A. Ruffo : Les personnes âgées l'ont fait pour elles-mêmes. Moi, j'aimerais que les personnes âgées, les professeurs, les personnes à la retraite, les parents se mobilisent pour les enfants et disent : « Écoutez, ça suffit, soyons sérieux. » Incidemment, je me souviens de m'être arrêtée dans une autre province, dans les Maritimes, où on était très heureux de nous annoncer qu'il y avait maintenant le ministre des Enfants. On avait organisé une soirée extraordinaire et je lui ai demandé : « Vous avez du budget ? » Elle m'a répondu que non et j'ai relancé : « Vous avez du personnel ? » Encore une fois : « Non. » Finalement, ma troisième question était la suivante : « Pourquoi avez-vous accepté le poste ? » J'ai pensé que la ministre allait me frapper. On vous nomme ministre des Enfants et vous n'avez pas de budget, pas de personnel et même pas de pouvoir !

TheoDone : *Mais qu'est-ce qu'elle pouvait faire, dans les faits ?*

A. Ruffo : Bien, on promène ce principe de vertu pour montrer qu'on s'intéresse aux enfants, sans rien faire. C'est pour ça que je lui ai demandé pourquoi elle avait accepté. Elle n'a pas apprécié, je crois.

TheoDone : *Est-ce qu'elle allait faire pression pour obtenir un budget et du personnel ?*

A. Ruffo : Non, elle était très contente d'être ministre, point. Et en plus, c'était une femme. C'était plutôt gênant. Une femme, sans budget et sans personnel, vous imaginez ?

TheoDone : *J'imagine qu'une personne ministérielle à la Défense nationale aurait forcément un budget.*

A. Ruffo : Je le pense bien. Ce domaine-là parle peut-être davantage. Lorsqu'on regarde la Convention pour les droits des enfants, c'est la convention la plus signée internationalement, à l'exception de deux pays, les États-Unis et la Somalie.

[...]

Habituellement, quand on est partie à un contrat, si on ne remplit pas les conditions, il y a des conséquences. Or, dans tous ces pays qui ont signé, si les obligations ne sont pas respectées, qu'est-ce qui arrive ? Rien du tout. Avez-vous déjà vu une convention aussi ridicule ? On me dit que c'est pour la promotion. Très bien ! Et après un certain temps, ces pays-là vont faire un rapport sur la situation des enfants. Avez-vous déjà vu un pays dire : « Nous, on a plus d'enfants pauvres, on a plus d'enfants toxicomanes, on a plus d'enfants itinérants » ? Bien non, au contraire : « Tout va bien, merci » ! Ça obligerait le gouvernement à faire son travail.

TheoDone : *C'est moins difficile de fermer les yeux...*

A. Ruffo : J'ai entendu, lors de conférences internationales, les gens applaudir et dire « Oh ! que c'est merveilleux ! » Je me disais intérieurement : mais est-ce possible ? Moi, j'ai honte. J'ai honte qu'on ose brandir une convention comme cela quand il n'y a pas de conséquences si on n'en respecte pas les clauses pour les enfants. C'est complètement aberrant. Le droit des enfants à la santé... On a coupé les budgets en Afrique, ils n'ont même plus droit aux médicaments parce que c'étaient juste des Noirs et que cela ne rapportait rien financièrement. Mais qu'est-ce que c'est ? Ce sont les États-Unis les vrais responsables… Et les grandes compagnies pharmaceutiques internationales. Est-ce qu'on les a accusées de ne pas être venues en aide à des personnes en danger ? Bien non. Des milliers et des milliers de personnes meurent, et nous savons qu'elles sont en danger. Les médicaments existent, mais les compagnies pharmaceutiques refusent de les donner.

TheoDone : *Mais les États-Unis n'aident pas vraiment leurs propres citoyens. Prenez l'ouragan Katrina, par exemple…*

A. Ruffo : C'étaient juste des Noirs. Pourquoi s'énerver ? Parce que c'est comme ça qu'ils réagissent. En Floride, on pense qu'il va y avoir un ouragan et on est déjà en état d'urgence. Mais les enfants, vous pensez bien ! Qu'a-t-on fait avec l'argent ? On a reconstruit le centre-ville et les casinos. C'est génial, non ?

TheoDone : *On parlait plus tôt de la magistrature. Selon votre expérience, croyez-vous qu'elle est juste et équitable, ou, si vous préférez, adéquate dans sa structure et son fonctionnement ?*

A. Ruffo : Bon, je précise que je ne parlerai que des juges pour enfants, et je ne veux en parler qu'au chapitre de la protection, parce que c'est de compétence provinciale. Donc, ma réponse est « Non ! », assurément. Nous avons déjà estimé que les juges à la Chambre de la jeunesse venaient pour la grande majorité, soit environ 90 %, de la fonction publique. Par exemple, dans les autres juridictions et dans les juridictions fédérales, c'est moins que la moitié. À la Chambre de la jeunesse, je ne sais pas pourquoi, c'est comme cela.

TheoDone : *Diriez-vous qu'il y a des groupes… homogènes ?*

A. Ruffo : Prenez, par exemple, quelqu'un qui est directeur du contentieux de la DPJ, son adjointe, plus un autre chef de contentieux et un autre, disons deux de plus, qui deviennent juges. Est-ce qu'ils vont dire comme moi : « Donnez des ressources ! Faites ceci, faites cela » ? Bien non. C'étaient eux qui dirigeaient déjà cela. Ils sont très compréhensifs entre eux. Ils ont d'ailleurs presque doublé de salaire. Puis, la grande majorité des juges à la Chambre de la jeunesse sont issus de la fonction publique. (Je pense que le taux des recommandations de la DPJ qui sont suivies est de l'ordre de 99 %.) Avez-vous déjà vu quelque chose d'aussi génial ? Tout va très bien, n'est-ce pas ? *(Soupir)*

[...]

Les psychologues qui font les évaluations des enfants sont souvent engagés par une partie et cela s'inscrit dans l'évaluation pour l'ensemble du dossier. Qu'est-ce que vous voulez que l'on fasse ? Multiplier à l'infini ? Maintenant, ce n'est plus « la personne » qui est responsable, c'est celle qui possède sa délégation. D'ailleurs, ce n'est même pas elle qui fait la recommandation, c'est l'équipe. C'est l'équipe, selon les ressources disponibles. Cette personne déléguée et responsable selon la loi n'a même plus le pouvoir de faire des recommandations qui sont les siennes. C'est une aberration légale, c'est une aberration, mais qui en parle vraiment ? Qui en parle ? Personne. D'autre part, le fait qu'on a droit à un certain nombre de visites chez le psychologue... le psychologue qui est engagé par la DPJ. Ça va bien encore ! Il est considéré comme faisant partie du personnel de la DPJ, ce psychologue-là. J'ai d'ailleurs fait une plainte à la corporation des psychologues. On m'a répondu qu'on n'y peut rien. Nous, qu'est-ce que vous voulez qu'on fasse ? C'est quoi, la justice en réalité ?

TheoDone : *Il y a un réel problème de structure et d'équité alors ?*

*A. Ruffo :* Mais il y a des gens extraordinaires, il y a des *saints* là-dedans. Il y a aussi des gens d'une grande compétence et des gens merveilleux, dévoués, généreux. Il y en a encore qui s'arrachent le cœur, qui aiment les enfants et les parents. C'est l'organisme lui-même qui n'a plus de signification. C'est le monopole qui n'a pas de bon sens. C'est l'organisme qui ne permet pas de s'investir dans la continuité. Les travailleurs sociaux changent constamment. Essayez d'avoir des informations ou de faire des signalements… Je vous défie d'essayer. Vous allez passer entre les mains de combien de personnes, croyez-vous ?

TheoDone : *Est-ce que les gens le savent ?*

A. Ruffo : Tout le monde le sait et qu'est-ce que vous voulez qu'on fasse ? Ce n'est pas que j'en ai contre les intervenants sociaux, je les trouve, pour la plupart, merveilleux et généreux. Ce n'est pas non plus que j'en ai contre quelqu'un en particulier dans ce système. Moi, je me suis battue pour être un vrai juge, mais ça n'a pas l'air que c'est la mode d'être un vrai juge à la Chambre de la jeunesse ! C'est plutôt vu comme un échelon supérieur de la DPJ. Moi, je refuse. Si j'avais voulu faire cela, je l'aurais fait. Moi, je voulais être juge. Je voulais être libre de le faire. Mais quand on vous dit : « Ma pauvre petite fille, tu crois encore à l'indépendance judiciaire ? », cela ne vaut même plus la peine. Les gens ont peur, les gens se cachent. C'est complètement insensé. On fait des plaintes qu'on passe en dessous de la porte; on n'a même pas le cœur d'y mettre son nom. Dites-moi, c'est quoi cette façon de faire ?

TheoDone : *Avez-vous déjà reçu une plainte anonyme ?*

A. Ruffo : Je vous raconte une histoire à ce sujet, si vous voulez.

TheoDone : *Bien sûr !*

A. Ruffo : Un jour, j'ai accepté d'être la porte-parole d'un groupe qui allait ramasser des vêtements pour les bébés (moins de deux ans) dans le besoin et qui avaient froid. On était en décembre. J'ai donc accepté avec plaisir puisque j'étais juge pour enfants. Il s'agissait d'amener des vêtements dans certains points de service en différents endroits de la province; c'était une belle initiative. Alors, le juge en chef me dit : « Écoute, Andrée, il faut que je te parle. J'ai eu un appel de plainte contre toi. » Bon, me suis-je dit , qu'est-ce qu'il y a encore ? Le juge a poursuivi : « J'ai une plainte d'un juge qui sait que tu as accepté de faire cela et qui se demande ce que tu vas avoir comme bénéfice là-dedans, tu vois ? » J'ai aussitôt répondu : « Vous ne voulez tout de même pas que je me déplace, que je vous explique pourquoi moi, un juge pour enfants, je ne trouve pas cela correct que des enfants aient froid ? Vous ne voulez pas que, moi, je fasse cela ? Il me semble que tous les juges devraient faire cela, se battre pour que les enfants n'aient pas froid. » Ensuite, il m'a dit : « Écoute, je le sais bien, mais je suis obligé de t'en parler. » Le juge en question, qui avait fait une plainte *anonyme*, l'avait passée en dessous d'une porte. « C'est ça ! ai-je répondu. Laissez-moi vous dire que nous, à la maison, on les jette à la poubelle, les lettres anonymes. C'est de la foutaise ! Et vous me demandez de répondre à une plainte anonyme ? »

TheoDone : *Mais à ce moment-là, c'est effectivement tout ce que vous vouliez faire, aider les gens à ramasser de l'argent…*

A. Ruffo : … des vêtements, pas de l'argent, et pour des bébés.

TheoDone : *Donc, il n'y avait pas de problème de conflit d'éthique, il n'y avait rien…*

A. Ruffo : Il n'y avait rien.

TheoDone : *Alors, où était le problème ?*

A. Ruffo : Possiblement dans la tête du juge. C'est sûr que… c'est sûr que le juge en autorité n'a jamais douté de ce que je faisais.

TheoDone : *Le juge en autorité était d'accord avec vous. Alors, je vous répète ma question : où est le problème ?*

*A. Ruffo :* Ce que je dis, c'est qu'il faut être retors pour faire une plainte anonyme lorsqu'on est juge !

*TheoDone : Est-ce que c'était parce que vous auriez eu, par la suite, de la publicité directe en lien avec cet événement ?*

*A. Ruffo :* Non, je crois que c'était son idée bien à lui.

*TheoDone : Oui, je veux bien, mais moi j'essaie simplement de comprendre pourquoi quelqu'un a fait une telle plainte ?*

*A. Ruffo :* Parce que lui, il était comme ça...

*TheoDone : Voilà certes un problème propre à la magistrature. Il y a des individus qui sont, comment dire...*

*A. Ruffo :* ... oui, comme ça. Mais moi, cela ne m'a jamais arrêtée, je me fous de ce qu'ils pensent. J'ai ma conscience, je respecte l'éthique, et pour le reste, je m'en fous éperdument.

*TheoDone : Et si l'on veut faire des recommandations, qu'est-ce qu'il faudrait pour éviter ce genre de situation ?*

*A. Ruffo :* Il faudrait qu'on nomme un ombudsman pour enfants, quelqu'un d'indépendant qui relèverait du Parlement... pas du gouvernement, du Parlement. Quelqu'un qui tranche vraiment, qui a un budget, du personnel et qui a un pouvoir décisionnel, qui soit courageux et libre.

*TheoDone : Mais là, on parle d'une personne qui pourrait recevoir des plaintes des enfants ou...*

*A. Ruffo :* ... pour que n'importe qui puisse faire des plaintes. Moi, je suis là, et je vois qu'un enfant n'a pas les services qu'il est en droit de recevoir. Moi, la mère ou la grand-mère ou n'importe qui peut faire une plainte. Moi, je suis le voisin et je vois ce qui se passe. J'ai le droit de faire une plainte. Mais, à ce moment-là, il faut qu'il y ait un ombudsman qui ait le pouvoir de saisir le tribunal, qui ait des pouvoirs décisionnels. Je pense aussi qu'il est urgent de changer la structure de la DPJ, de faire table rase pour faire en sorte que, lorsqu'il y a une prise en charge d'un enfant, une même personne le prenne en charge et tienne compte de tous les aspects... de l'orthodontie, du docteur, de tout, et que cette personne puisse créer pendant une bonne période une entente qui convienne et soit adéquate. On ne peut pas créer des liens, devenir responsable et, quelques mois plus tard, partir. C'est pas vrai, c'est de la fraude. C'est pas vrai, ça ! Il faut que les gens soient sérieux et on évitera tellement de situations fâcheuses ! Il faut aussi que cela fasse partie de nos vies, de celle de la *communauté*. Il faut solliciter la communauté. Je l'ai

> **❝L'erreur historique c'est de partir de l'enfant et de remonter directement à l'État.❞**

souvent dit, l'erreur historique c'est de partir de l'enfant et de remonter directement à l'État. Alors que l'enfant et sa famille évoluent dans un milieu qui s'appelle la communauté. Cette dernière a été complètement occultée. Un directeur de la DPJ me l'a dit lorsque je lui ai demandé de me laisser trouver des bénévoles : « Ils ne sont pas syndiqués et n'ont pas de diplôme. » Eh bien, je m'excuse, mais pour faire du bénévolat, on n'a pas besoin d'être syndiqué et on n'a pas besoin nécessairement de diplôme. Pour donner un peu de répit à une mère, par exemple, on peut accomplir diverses tâches très utiles. On peut demander l'aide de la communauté. À tous ces hommes et ces femmes qui n'ont pas de travail, on pourrait leur demander de l'aide. On pourrait se demander aussi si on peut aider quelqu'un à travailler. Il faut revoir notre manière de penser. Ce n'est pas à l'État d'intervenir en premier, c'est à la famille, c'est à la communauté, et en dernier ressort seulement, si nécessaire, c'est à l'État.

TheoDone : *Il faut que la communauté participe, effectivement. Cela constitue toute une organisation à laquelle plusieurs pourraient participer.*

*C. R---ff---:* Je me souviens, par exemple, quand un ministre a instauré « les petits-déjeuners » (pas le club du même nom, simplement « les petits-déjeuners »). Il m'en avait parlé et je lui avais dit : « Votre initiative est louable, vous avez grand cœur, mais une société où les parents ne peuvent pas nourrir leurs enfants, c'est une honte. Il faut faire en sorte que chaque famille, chaque parent puisse nourrir ses enfants. Certains parents ne se lèvent pas le matin, parce qu'ils ne sont pas encouragés, parce qu'ils ont peur. » C'est avec des éléments de réponse semblables qu'il faut repenser la famille. Il faut y repenser complètement et on économisera ainsi des millions sans efforts et qui serviront à bien aider les enfants, là où c'est réellement nécessaire.

TheoDone : *Oui, la prévention, on l'a toujours dit, mais on a dit aussi que cela ne se vend pas bien parce que les politiciens pensent à court terme. En politique, bien souvent, le long terme est… trop long et trop coûteux.*

*C. R---ff---:* Oui, il y en a de l'argent qui se gaspille.

TheoDone : *Dans le cas de la magistrature et concernant plus spécifiquement les droits des enfants, diriez-vous que cette magistrature fait l'objet d'une trop grande rectitude politique ?*

*C. R---ff---:* Eh bien, je n'appelle pas cela de la rectitude politique. Je pense que la magistrature manque à tous ses devoirs. La magistrature n'est pas indépendante du pouvoir politique. Je n'appelle pas cela de la rectitude… c'est plus grave encore. On a prêté serment, on a juré de rendre justice aux enfants et, finalement, on fait des compromis. On ne rend pas justice aux enfants dans les cas actuels parce qu'on est trop soumis à la Direction de la protection de la jeunesse.

[…]

Alors, la magistrature est silencieuse, il n'y a personne qui parle. La magistrature fait des compromis et prend des décisions en tenant compte malheureusement des ressources qui existent ou qui n'existent pas. Je pense que tout cela est bien triste pour nos enfants.

TheoDone : *Cela est une conséquence de…*

*A. Ruffo :* … du manque d'indépendance, pour moi. C'est un manque d'indépendance. Il serait intéressant de voir dans une année où toute la magistrature serait indépendante, dans 90 % des cas, par exemple, ce qu'il adviendrait. L'État, lui, ne suivrait pas, n'obtempérerait pas aux ordonnances des juges. Cela constituerait un scandale qui n'arrivera jamais parce que, plutôt que de rendre justice aux enfants selon leurs besoins, on rend justice en fonction des ressources disponibles. Cela revient à dire qu'il y a trop d'enfants qui n'ont pas ce dont ils ont besoin.

TheoDone : *Finalement, ce n'est pas qu'on manque d'argent, c'est plutôt une mauvaise répartition ?*

*A. Ruffo :* C'est bien sûr. Moi, je n'ai jamais dit en plus de trente ans de profession que l'on manquait d'argent. On choisit mal, on organise mal, on gaspille et, finalement, ce ne sont pas les familles qui reçoivent.

TheoDone : *Vous avez sûrement vu des cas de ce genre.*

*A. Ruffo :* En effet. Je vous donne un exemple : quatre enfants d'une même famille sont placés en centre de réadaptation et cela coûte cent mille dollars par enfant, soit quatre cent mille dollars, plus les intervenants… mettons, pour être honnête, cinq cent mille dollars par année. Et là, je vous parle de gens très pauvres. Pensez-vous qu'on n'aurait pas pu leur donner un beau logement ? Avec une cuisinière pour aider la mère à faire la cuisine ? Et quelqu'un pour aider aux devoirs ? Avec un demi-million, vous vous imaginez ! Et ç'a traîné encore et encore… et ces enfants-là sont tous devenus étrangers les uns aux autres parce qu'ils ont passé une année en centre de réadaptation et, après un certain temps, il n'y a plus eu aucune chance de refaire l'unité familiale, qui s'est rompue à tout jamais. Tout ça, tout ce temps a coûté un demi-million !

[…]

Disons que je suis une travailleuse sociale et que je travaille auprès de la famille Y, par exemple. Je leur montre à faire le ménage et la cuisine. On va aussi chercher des personnes qui ont des talents en musique et en art pour leur montrer autre chose… Bon Dieu ! On va sauver combien ? On va sauver combien ? Ça, c'est juste en termes d'argent… parce que vous me parlez d'argent. Mais on a aussi sauvé un enfant qui avait un trouble d'apprentissage et on va faire en sorte que les autres enfants aient le goût d'apprendre.

TheoDone : *Je vois que l'idée est de créer un processus d'entraînement.*

*A. Ruffo :* À ce propos, je me souviens, quand j'étais petite fille, on avait des vêtements neufs, des étuis, des cahiers, des livres neufs et des crayons neufs… Ma mère y voyait. C'était tellement agréable ! Mes parents nous disaient qu'on allait réussir, qu'on allait bien faire, qu'on allait retrouver nos petites amies et qu'on allait retourner à nos cours de chant… et de tout ce que vous voulez. C'était le bonheur…

[…]

… aussi parce que nos parents avaient du talent et avaient eux-mêmes bien réussi, ainsi que leurs parents. Alors que pour d'autres, qui ont échoué toute leur vie, ils ont toujours été très dévalorisés : « Ah ! encore l'école ! Tu vas encore te faire mettre des leçons tous les soirs ! J'espère que tu ne te feras pas taper dessus. » Écoutez… tout ce qu'on a pu entendre. Alors, l'enfant arrive à l'école avec une grande appréhension et il ne sera pas soutenu par ses parents. Si moi, je suis la travailleuse sociale et que je suis responsable de la famille, j'essaie de remédier aux carences; si, entre autres, l'enfant a des problèmes dentaires, je l'emmène chez le dentiste et je lui montre à se laver les dents.

TheoDone : *Je reviens à l'exemple déjà évoqué. Pourquoi les quatre enfants d'une même famille se sont-ils retrouvés dans un centre ?*

*C. Ruffo* : Parce que au départ les parents n'avaient aucune discipline et peut-être aucun « anticorps à l'échec ». Les enfants faisaient tout ce qu'ils voulaient, ils étaient délinquants, rejetés de l'école. Ils ont commencé à commettre des délits. Il n'y a pas eu de prévention quand ils étaient tout jeunes. On revient donc à notre prémisse : la prévention.

TheoDone : *C'est la clé…*

*C. Ruffo* : Une des plus importantes. Je vous raconte un fait qui est arrivé aujourd'hui même. J'étais avec ma nièce quand une dame m'a interpellée : « Ah ! madame la juge, depuis le temps que je veux vous parler ou vous écrire au sujet de ma fille. Elle était devant vous à la cour et vous lui avez dit que vous aviez rarement vu quelqu'un avec autant de talent et de possibilités. Parce que vous lui avez dit ça, elle a réussi. Souvent on parle de vous et on veut vous écrire. » Quand une famille dévalorisée reçoit en cadeau quelqu'un qui s'occupe d'elle, vous imaginez ? Si c'est un homme, je lui demande : « Qu'est-ce que vous aimez faire, monsieur ? » Il répond : « Ah, moi, j'étais plombier, j'haïssais ça ! » J'ajoute : « Mais je ne veux pas savoir ça, je vous demande ce que vous aimez. » À partir de là, on peut l'aider à obtenir un emploi et à le conserver. La même chose avec une femme. Pourquoi va-t-elle se lever le matin ? Elle n'a rien à faire, elle n'a pas d'argent, pourquoi ? Il y a un grand psychiatre (un Rufo, parent de loin) qui a analysé ce que c'était que d'être dévalorisé et qui a démontré que, lorsqu'on ne s'aime pas, on s'oriente souvent vers la marginalité. Alors lui, il a aidé les adolescents en créant un vestiaire de vêtements signés, de haute qualité. On appelle l'adolescence l'âge ingrat. Souvent, les enfants sont laids à cet âge-là. Ils ont plein de boutons, ils sont grands et maigres, avec des jambes trop longues, etc. Alors lui, ce qu'il a fait, c'est leur prêter des vêtements, jusqu'à quatre fois par jour, du moment qu'ils les rapportaient. Il leur en prêtait jusqu'à ce qu'ils se trouvent beaux. Il a fait tellement de bien en faisant ça !

TheoDone : *C'est une belle idée.*

*A. Ruffo :* Moi, je me disais qu'on pourrait faire ça ici pour les femmes et les hommes. On créerait un vestiaire avec des vêtements, des bijoux, des souliers, pour autant que les personnes les rapportent. Les parents finiraient par s'aimer et les enfants aussi. Qu'est-ce que ça veut dire quand les parents n'ont pas ce qu'il faut ? Vous savez, il y a tellement de gaspillage et pourtant, ça s'organiserait tellement bien.

TheoDone : *Ce sont des gestes simples, mais...*

*A. Ruffo :* ... mais ça change la vie des gens. L'amour et la foi, c'est dans les gestes simples. C'est ça l'amour. C'est ça les vraies déclarations d'amour. Vous savez, la travailleuse sociale, elle peut écrire cinq mille pages de rapport, mais si elle ne l'aime pas, l'enfant... vous comprenez ? Je me souviens justement d'une travailleuse sociale qui parlait d'un jeune homme : déblatérer et dénigrer quelqu'un comme ça, moi je n'avais jamais vu ça ! Il n'y avait rien de bien. Quand elle a fini, je lui ai demandé : « Bon, mais est-ce que Paul a une seule qualité ? » Elle m'a répondu : « Mais vous ne comprenez pas, je l'aime. » Moi, me faire aimer comme ça, j'aurais un peu peur. Elle le vilipendait, rien de moins. C'est horrible, parfois, et qui, dites-moi, veut se faire aimer comme ça ?

[...]

Et il y a aussi cette dame que j'ai rencontrée plus tôt aujourd'hui, comme je viens de vous le dire. C'est un beau cadeau de la vie. Des fois je me promène dans la rue et les gens me disent : « Mon fils était devant vous... » Je trouve ça génial.

TheoDone : *Oui, des fois ça prend juste une personne qui nous dit qu'elle croit en nous. Il fallait juste une personne. Si les travailleurs sociaux faisaient la même chose, on pourrait changer le monde, n'est-ce pas ?*

*A. Ruffo :* On pourrait changer le monde, c'est bien certain. On pourrait commencer par un quartier. Imaginez... changer un quartier, ça serait génial. On monte une équipe et on le fait. Si le gouvernement désignait un quartier et nous disait : « Vous pouvez lancer votre projet pilote. Allez-y. »

TheoDone : *Mais, au fond, on n'a même pas besoin du gouvernement pour faire cela...*

A. Ruffo : Mais oui, on a besoin du gouvernement. Oui, on en a besoin, juste pour qu'il nous fiche la paix. Si, par exemple, vous êtes un professionnel et que vous ne signalez pas le fait qu'un enfant ne va pas à l'école, il vous tape sur la tête. Écoutez, je voulais mettre sur pied un organisme de charité (du type Accueil Bonneau, à Montréal) pour les enfants. Il y en a tellement qui sont en fuite partout. Je voulais faire un accueil pour enfants seulement... leur donner un très bon repas, comme on fait pour les adultes. Même les religieuses ont refusé de nous aider à cause de la DPJ. Elles nous ont dit : « On va avoir du trouble et cela ne se terminera plus. » Moi, dans les circonstances, je leur ai donné raison et j'ai ajouté : « Au moins, on pourrait les accueillir avec les adultes. » Elles m'ont répondu : « Non, on ne met jamais des jeunes avec des adultes dans un centre d'accueil. » J'ai compris. Elles avaient raison.

TheoDone : *Cela peut sembler décourageant, mais il y avait beaucoup de bon sens dans leur raisonnement.*

A. Ruffo : Moi, mon seul espoir, c'est la population. Ce n'est certainement pas le gouvernement. J'ai toujours refusé de m'approcher de ça. Ce ne sont pas les institutions non plus. Après un certain temps, elles se nourrissent elles-mêmes de ceux qu'elles doivent servir. Quand on pense à l'ONU, par exemple, c'est une organisation tellement énorme que, finalement, tout l'argent qui doit aller aux pauvres ne sert qu'à nourrir New York. Il y a quelque chose qui n'a pas d'allure dans tout ce système. Avec les médias qui exercent une pression sur la population et la population qui recherche la vérité... Je me dis que j'ai encore dix ans pour exercer une pression à ma manière.

TheoDone : *Dix ? Non mais au moins… une vingtaine d'années.*

*A. Ruffo* : C'est gentil... J'ai 65 ans. Peut-être qu'à 75 ans je voudrai me reposer.

TheoDone : *On a parlé des collectes de vêtements et d'autres choses. Voilà des initiatives qu'on peut mettre sur pied au niveau de la communauté.*

*A. Ruffo* : Non, parce qu'il faut un esprit. Par exemple, oui, on fait appel à tous les manufacturiers que l'on connaît et on commence le vestiaire demain matin, sauf que l'idée du vestiaire, seule, n'est pas une bonne idée. C'est pour soutenir, pour nourrir. Quand on va être bien habillés, nous autres, dans notre région, on va avoir une bibliothèque, on va y aller, on va s'asseoir pour lire, on va inviter tel chanteur, on va bien s'habiller... C'est un tout.

TheoDone : *Mais si ces personnes avaient, par exemple, à passer une entrevue pour obtenir un emploi.*

*A. Ruffo* : Ça c'est sûr. Mais si ce n'est pas un projet communautaire, les gens vont garder les vêtements ou ils vont les ramener abîmés ou salis. Il faut qu'ils sachent bien qu'ils ont le droit de prendre un vêtement, mais que la personne qui suit a le droit de le prendre après eux. C'est plus vaste que ça. C'est aussi la nourriture, il faut que les gens mangent. Quand j'ai faim, ne me demandez pas de penser, je suis incapable de penser. Il y a des enfants qui ont faim tous les jours de leur vie, vous voyez. Car c'est bien de ça que l'on parle, ce sont des besoins fondamentaux, vous savez. Ne pas se faire crier par la tête, entre autres : « Ah, c'est encore toi, tu es tellement désagréable, tu maugrées tout le temps », mais bien avoir un autre regard qui dit plutôt : « Viens, ma puce, qu'est-ce qu'il y a ? » Vous voyez ?

TheoDone : *Si vous parlez comme ça à une personne pendant toute son enfance, vous imaginez ?*

*A. Ruffo*: À moins... à moins... On n'est pas condamné. Il y a toujours un *à moins*... C'est très rare qu'il n'y ait pas ce *à moins* en question : à moins qu'on le réalise avant... à moins qu'on ait de l'aide... à moins, dans les cas plus difficiles, qu'on aille en thérapie... Parce qu'il y a toujours une rédemption dans tout ça, sinon toutes les personnes qui n'ont pas été aimées et acceptées deviendraient toujours les bourreaux. Moi je pense que non, qu'on peut avoir manqué de quelque chose et qu'on peut dire un jour : « Merci de m'aider, je vais faire en sorte que... » Cela peut commencer par la communauté, quelqu'un qui nous aime et qui nous aide.

*TheoDone*: *Nous vivons à une époque mouvementée et souvent difficile pour les enfants, qui, souvent, paient le prix de nos négligences ou de nos ignorances. Croyez-vous que la magistrature devrait, si on peut dire, « s'ajuster », modifier certaines règles en fonction de cette réalité ? Est-ce que la magistrature devrait s'adapter ?*

*A. Ruffo*: La première règle serait d'avoir des juges moins ignorants de certaines choses, des juges spécialisés en « enfance », qui en connaîtraient beaucoup plus sur tous les aspects de l'enfance, sur la délinquance, la sexualité, la toxicomanie, la psychologie... Ce n'est pas une connaissance innée ou qui s'acquiert par miracle; il faut étudier, travailler et s'intéresser au développement de cette science. C'est la première chose qui devrait changer. Je connais peu de juges qui s'intéressent à la nature même des besoins des enfants. J'en connais très peu. Deuxièmement, je pense qu'il faut exiger que

**"Les lois sont bonifiées, mais les pratiques ne le sont pas."**

tous les juges soient indépendants, et ce n'est pas ici une question de changer la règle, car la règle de l'indépendance judiciaire existe déjà. Il s'agit juste d'être conscient que cette indépendance est en péril. De plus, il s'agit de ne pas avoir un *monopole*. Que l'on puisse avoir des gens provenant de divers horizons, comme en médecine où l'on commence à réaliser que le monopole n'est pas l'idéal et qu'il faudrait avoir recours au secteur privé. Cela vaut sur le plan des enfants aussi; les monopoles ne sont pas bons. Il faudrait aussi pouvoir évaluer les services. Mais qu'est-ce que vous voulez ? Depuis le temps… on a fait une loi, on l'a bonifiée… Les lois sont bonifiées, mais les pratiques ne le sont pas. J'ai demandé à au moins cinquante personnes qui était le « ministre des enfants ».

TheoDone : *Et puis ?*

*A. Ruffo :* Il n'y a personne qui sait qui s'occupe des enfants au Québec, personne. Il y a des ministres délégués, il y a des sous-ministres, mais un ministre qui s'occupe juste des enfants, il n'y en a pas. Il n'y en a jamais eu. Si on change ça, on a des chances d'avancer, mais il faut surtout que les juges soient mieux équipés dans leurs connaissances et qu'ils fassent preuve de plus d'audace pour être vraiment indépendants. Ça veut dire aussi de modifier le processus en ce qui a trait au choix des juges. Ensuite, qu'on nomme un ministre qui ne s'occupera que des enfants. Les gens ont une peur bleue de la DPJ. Les gens ont tellement peur ! Ils ont peut-être raison. On entend de ces choses ! Moi, il n'y a pas une journée qui ne se passe sans que j'entende des choses vraiment horribles. Toutes sortes de choses inimaginables. J'en ai vu, surtout, et je peux en témoigner.

TheoDone : *Est-ce un manque de pouvoir ou de ressources ? Est-ce que l'on attend trop longtemps ?*

*A. Ruffo :* On attend que les jeunes commettent des délits et se jettent dans la drogue.

TheoDone : *Mais c'est trop tard alors ?*

*A. Ruffo :* Bien sûr que c'est trop tard. Il y a aussi un abus de pouvoir. On est là pour aider et non pas pour imposer nos valeurs. Ce qui est propre dans la maison de l'un n'est pas nécessairement propre pour l'autre, et ce n'est pas pour autant que l'enfant n'est pas en difficulté. Nous, par exemple, on a passé toute notre vie au régime. Ça ne veut pas dire que c'est l'idéal pour les autres. On avait trop de nourriture, on mangeait trop. Mais ça ne veut pas dire que j'imposerais mes valeurs à quelqu'un d'autre. Il y a d'autant plus de changements dans la mentalité et le respect qu'il y a de cultures différentes qui vivent maintenant ensemble. Que signifient la famille et les enfants pour quelqu'un qui vient de tel ou tel pays ?

[...]

Je me souviens d'une famille chinoise où la différence de traitement entre les filles et les garçons était assez épouvantable. La DPJ est intervenue de façon musclée. On avait demandé le placement et la protection des enfants, et le père avait dit : « Vous pensez que je fais mal, vous croyez faire mieux ? Je vous donne mes filles, je ne les veux plus. » Il est sorti et ne les a jamais revues. On a été utile, n'est-ce pas ? On a été très utile ! Alors il faut aussi s'informer sur les cultures. Moi, mon conjoint est arménien, d'origine syrienne, et je peux vous dire que j'ouvre grand les yeux parfois quand j'entends certaines choses. Ma grande amie est indienne et musulmane, et c'est autre chose aussi ! Mais à force de connaître du monde de différentes cultures, on est moins… fermé.

TheoDone : *On est moins fermé. Mais on en revient toujours à la même chose, on veut aimer et être aimé. C'est ça, fondamentalement...*

A. Ruffo : On veut être accepté pour soi. Pour moi, les grandes caractéristiques de l'amour, c'est d'abord l'acceptation, puis la croyance inconditionnelle en ce que l'autre peut devenir. Alors, si moi je regarde un enfant du Maroc ou de l'Inde, si je l'accepte tel qu'il est et si je crois en ce qu'il peut devenir, alors, ça va. Mais si je ne l'accepte pas et si je lui dis : « Tu devrais être comme ceci ou comme cela », si je ne crois pas en ce qu'il peut devenir… Que voulez-vous ? Je lui impose mes valeurs, mon style de vie, ma façon de voir les choses. Les gens qui s'arrogent le pouvoir de décider en entrant dans une maison alors qu'ils ne sont jamais allés dans le pays d'origine de ses habitants, je ne sais tout simplement pas comment ils peuvent avoir du discernement.

[...]

Quand on y regarde de près, on s'aperçoit vite qu'il y a plus de personnes provenant de diverses autres cultures que de Québécois à Montréal. Il faut peut-être s'ouvrir les yeux. Chez nous, on a un Anglais d'Angleterre, un Syrien, un Libanais, un Italien, un Allemand... Ce n'est pas difficile à ce moment-là d'avoir du discernement, sinon essayez donc d'amener quelqu'un manger des mets indiens ou syriens : « Quoi ? Tu manges ça ? » Ils ne savent même pas où est la Syrie ! Ou encore, parlons des religions ! À un moment donné, des gens parlaient contre les musulmans et ma meilleure amie est musulmane. Elle-même ne parle jamais contre les autres. Elle n'est pas comme ça. « Oh ! Tu côtoies une musulmane ! » Je réponds : « Bien sûr, c'est une grande amie, puis après ? » Quelle idée ! C'est l'ignorance, c'est toujours l'ignorance.

TheoDone : *On reproduit un stéréotype : nous croyons que tous les musulmans sont des extrémistes.*

A. Ruffo : C'est qu'on pense que nous, on les connaît plus que les autres. Quand j'étais petite fille, j'ai appris un dicton qui disait : « Hors de l'Église, point de salut. » Il fallait le dire et le chanter. Avec une de mes grandes amies, on y repense maintenant et on se dit que nous étions bien naïves. On le disait avec tellement de sincérité ! Aujourd'hui, il y a des conférences sur le bouddhisme qui ont lieu dans nos églises et on est assis par terre... C'est fort bien. Il y a aussi des juifs et des catholiques qui se marient ensemble et...

TheoDone : *Où se situe le Canada sur le plan de la magistrature (en comparaison avec celles que vous connaissez dans d'autres pays) en ce qui concerne le droit des enfants et leur environnement ?*

A. Ruffo : En matière de protection, je ne peux pas vous répondre avec beaucoup de certitude parce que au Canada ce sont des juridictions provinciales. Alors, c'est difficile, je ne connais pas les lois, je ne peux pas répondre à ça.

TheoDone : *Et en comparaison avec d'autres pays, pouvez-vous comparer le Québec avec ce que vous avez vu ?*

*A. Ruffo :* J'ai de la difficulté à répondre à cette question et je vais vous expliquer pourquoi. À un moment donné, il y a eu une grande conférence et la vice-présidente avait dit à quel point cela fonctionnait bien au Québec où c'était merveilleux. Pendant la pause, il y a quelqu'un qui a décidé d'aller voir un centre de réadaptation de la région et quand il est revenu il était tellement outragé qu'il a appelé les journaux et a fait fermer le centre. Alors, les gens qui représentent le gouvernement et les instances institutionnelles de l'État vont à l'étranger et nous rapportent que tout va bien et que c'est parfait dans le meilleur des mondes. Moi, j'ai déjà été dans la salle quand ils disaient de telles choses et je me disais : « Mais c'est pas vrai, je ne suis pas obligée d'entendre ça. Je sais que c'est faux. » Je me suis dit que je vais donner le bénéfice du doute aux autres. C'est très rare, les gens honnêtes.

TheoDone : *Mais rien n'est parfait, nulle part.*

*A. Ruffo :* Oui, mais il y a des juges qui vont dans les pays étrangers pour leur montrer ce que c'est que l'indépendance judiciaire. Je leur dis : « Vous n'avez pas honte ? » Il me semble que moi (évidemment ils ne m'ont pas demandé d'y aller), mais si j'allais dans ces pays-là, je partagerais mon inquiétude et mes difficultés. Je n'irais pas leur dire quoi faire quand; moi-même, je ne sais pas ce qu'il faut faire. Ils y allaient pour expliquer aux autres ce que l'indépendance judiciaire était selon eux. Alors que moi, quand j'étais dans d'autres pays (et je peux vous dire que je suis allée dans beaucoup d'endroits… en Asie, en Afrique), ce que je faisais, c'était d'essayer de « partager ». Je leur disais : « Nous, vous savez, on croit en telle chose, on a tels moyens, ce n'est pas parfait… Et selon vous, qu'est-ce qui serait utile ? » C'est comme ça que je vois le partage avec les étrangers, pas des leçons. On n'a pas de leçon à donner à qui que ce soit.

TheoDone : *Il y a plusieurs raisons, mais une des raisons pour lesquelles on sollicite souvent votre présence, c'est que vous ne faites pas que prêcher. Vous avouez que parfois vous essayez des choses et que cela peut fonctionner ou non. Vous n'agissez pas en figure d'autorité qui sait tout et vous le faites dans le respect des autres cultures qui peuvent s'inspirer de votre expérience et la partager.*

A. Ruffo : Oui, il faut se demander quel est le but de la vie. C'est d'aller aussi loin qu'on peut en étant ce que l'on est. Moi, je ne pourrai jamais faire votre chemin, car je ne suis pas vous, et vous, en contrepartie, vous ne pourrez aller sur mon chemin, car vous n'êtes pas moi. Mais en tant qu'être humain et avec l'esprit qu'on a, nous avons la responsabilité d'aider. Moi, en vous rencontrant, je dois vous aider à aller jusqu'au bout et à être le meilleur intervieweur, par exemple. Inversement, de votre côté, vous m'aidez en m'écoutant et en me permettant de dire ce en quoi je crois. Ainsi, en étant des êtres sincères, quand on aura fini notre livre, on sera des

> **"Mais en tant qu'être humain, nous avons la responsabilité d'aider."**

êtres encore un peu plus sincères. Et cela est vrai pour tout et pour chaque personne. On appelle cela la *connaissance*. Le mot connaissance c'est *con* et *naissance*, donc, étymologiquement, cela signifie *naître avec*. Chaque fois que je connais quelqu'un et que je prends le risque de naître avec l'autre, je deviens à la fois différente et un peu plus moi-même.

[…]

Il y a certaines personnes qui me demandent comment je fais pour ne pas être déprimée et je dis que je prends le temps de *connaître* les enfants : écouter leurs souffrances, connaître leurs souffrances, *naître avec*, n'est-ce pas, et après, en tant qu'autorité judiciaire, naître aussi avec leurs espoirs en leur donnant des éléments qui les encouragent. L'enfant me communique sa souffrance et donc, moi, je deviens plus moi et meilleure juge, et l'enfant devient plus enfant puisqu'il souffrira un peu moins. Les choses se sont gâtées quand je n'y ai plus cru.

TheoDone : *Mais vous portiez le message aux enfants tout de même.*

*C. Ruffo :* Oui, je leur communiquais ce message et je les faisais naître à l'espoir, mais quand ils revenaient devant moi et que rien n'avait été fait, j'avais l'impression de les avoir trompés. J'avais l'impression d'être complice d'un système qui méprisait les enfants au point de les tromper.

TheoDone : *Mais, vous n'étiez pas responsable de cela.*

*C. Ruffo :* C'est pour ça que je suis partie, pour ne pas cautionner le système.

TheoDone : *C'est ça, vous ordonniez des choses et ce n'était pas exécuté.*

*C. Ruffo :* L'enfant savait que je n'avais pas triché.

TheoDone : *Est-ce que vous pouvez donner des exemples de gens en Afrique, en Asie, qui vous ont dit quelque chose qui vous a marquée ? Pouvez-vous donner des exemples de ce partage d'expériences ?*

*C. Ruffo :* Je dois y réfléchir, cela ne me vient pas tout de suite. Je peux vous donner un exemple de quelque chose de négatif. J'étais allée dans un pays où on m'avait amenée voir des enfants dans une institution. Les enfants étaient tous sur le bord d'un mur, très sagement assis et, de toute évidence, ils attendaient la visite. Ils ne m'ont pas parlé. Puis on m'a dit : « En haut, ce sont les chambres, ça ne vous intéresse pas. » J'ai répondu : « Bien sûr que ça m'intéresse », parce que quand on me dit que ça ne m'intéresse pas, c'est qu'on ne veut pas que je voie. Mais comme je ne comprends pas ce langage diplomatique, je dis que ça m'intéresse. Alors, je suis arrivée dans une salle en ciment, dans un pays très chaud. Les enfants étaient tous couchés par terre. Vous savez, quand une maman chienne donne à boire à ces chiots, elle se couche comme ça et les petits sont là tout autour. Il y avait un petit garçon couché et les autres petits étaient tout autour de lui, cordés comme des animaux. Ces enfants-là étaient très malades et avaient les yeux purulents. Avec étonnement, j'ai dit : « Mais qu'est-ce que c'est ? » Ils ont expliqué : « Ce sont des enfants malades, ils aiment bien être au frais. » J'ai alors constaté que là-bas, comme ici et partout ailleurs, on cache des choses. C'était comme la fois où j'ai fait sortir *in extremis* deux enfants qui avaient passé deux mois en isolement et dont l'un était sur le point de mourir de dépression. C'était la même chose. Partout, il y a des mauvaises pratiques, des choses qu'on cache. Eux, au moins, ils avaient l'excuse d'être pauvres. Ce n'est pas vraiment une excuse, la pauvreté, mais c'est la réalité.

[...]

J'avais de bonnes relations avec les autorités cubaines et on m'a invitée là-bas. On m'a dit de façon très ouverte ce qui manquait en me demandant comment je pourrais les aider. Après vérification, c'était exactement ce qui se passait, c'était comme ils nous avaient dit. Juste pour l'enregistrement des enfants, vous savez, on pense que tous les enfants sont enregistrés dès leur naissance, mais ce n'était peut-être pas le cas. Et il fallait aussi un nouveau système d'éducation, etc. On avait vraiment partagé en tant qu'humains et je reconnais que cela avait été une expérience très positive. Cependant, souvent, quand on visite, les ministres affirment les plus grandes aberrations. Par exemple, dans un grand pays d'Afrique que je ne nommerai pas, on m'a déjà dit : « Ici, il n'y a pas de délinquance et il n'y a pas de drogue. » Foutaise !

TheoDone : *Vous avez été témoin de mensonges à peu près partout ?*

*C. Ruffo :* Oui. C'est comme quand j'étais à la commission Fraser et qu'on était dans une province où le chef de police nous a dit : « Ici, il n'y a pas de prostitution d'enfants. » Je lui avais répondu : « Écoutez, à qui croyez-vous parler ? J'ai rencontré des *pimps* d'enfants, pourquoi me dites-vous qu'il n'y en a pas ? » J'ai rencontré des parents d'enfants et les *pimps* en question. Il faut se dire la vérité. Par contre, quand on est dans un contexte de confiance, on peut partager et je trouve ça génial.

TheoDone : *Vous avez parlé des centres de réadaptation, pouvez-vous nous en parler encore un peu ?*

*A. Ruffo :* Bien sûr ! Parmi les centres de réadaptation, il y a des centres fermés qui offrent une sécurité qui peut être autant physique que psychologique. C'est-à-dire que oui, il peut y avoir des barreaux et c'est fermé à clef. Ça veut dire aussi qu'il y a plus de monde qui peut intervenir. Il y a également des centres ouverts, les enfants peuvent aller à l'école à l'extérieur et chez eux la fin de semaine. Il y a aussi des foyers de groupe et des familles de réadaptation où les familles ont une formation particulière. Il y a toutes sortes de centres qui ont été aménagés. Autrefois, on appelait cela « centre d'accueil » plutôt qu'« institution ». Il y a une gamme de centres différents et ils changent évidemment au fil des réglementations, au cours des années; c'est toujours en changement.

TheoDone : *Et ça ne fonctionne pas avec tout le monde ?*

*A. Ruffo :* Bien sûr que non. On s'est vite aperçu qu'il y avait une grande proportion de la clientèle qui était des enfants en dépression. Alors, il y a eu un grand conflit entre les personnes du centre qui pensaient pouvoir régler ça sans l'aide des psychiatres qui devaient intervenir. Or ils n'appelaient pas les psychiatres. Les enfants en dépression étaient « déposés » au centre. Ainsi, plutôt que de soigner la dépression, on les privait de liberté. Les enfants en dépression n'avaient pas besoin d'être privés de liberté; ils avaient besoin d'une bonne dose d'amour, d'une bonne médication et de soutien. On se souviendra qu'un enfant coûte cent mille dollars en centre alors que s'il était chez ses parents, avec une médication et un psychiatre, il serait aidé, et ce, sans stigmatisation. C'est un grave problème de ne pas prendre en considération la stigmatisation des personnes dans les centres.

[...]

Autre chose, souvent on n'a pas compris les messages suicidaires des jeunes, leurs cris d'alarme, en disant que c'étaient juste des délinquants qui nous manipulaient. On n'a pas compris leur détresse profonde quand ils disaient qu'ils ne voulaient plus être là. Finalement, il y a beaucoup d'enfants qui ont besoin de soins physiques, psychologiques et médicaux, mais qui se retrouvent plutôt dans des centres.

TheoDone : *Est-ce que c'est à la suite d'un mauvais diagnostic ?*

*A. Ruffo :* Il n'y a pas du tout de diagnostic. Il n'y en a pas. Le jeune dérange, il prend de la drogue, donc il a besoin d'orientation. Moi, j'ai souvent voulu aller plus en profondeur et je l'ai fait quand j'en sentais le besoin. Vous savez, avoir une évaluation psychologique, c'est une chose, avoir une évaluation sociale ou une évaluation psychiatrique, c'en est une autre. Souvent, quand on a des enfants qui sont très souffrants, je pense qu'on peut aller en profondeur pour trouver où se loge la souffrance… et finalement, c'est moins coûteux ainsi.

TheoDone : *Le problème de la drogue est très important. Ça fait peur.*

*A. Ruffo :* Oui, les problèmes sont importants. Beaucoup de parents ont appelé la DPJ en disant : « Mon jeune se drogue », mais ce n'était pas assez grave à ce moment-là, et quand il a eu 14 ans, il était alors accusé en vertu de la Loi des jeunes contrevenants : il était déjà habitué à la drogue et avait commis des délits. On n'est pas assez conscient de tout ce qui est associé à la drogue. On dit : « Il fait partie d'un gang. » Bien oui, mais qu'est-ce qu'il faut faire pour être accepté ? On est d'abord rejeté de l'école parce qu'on est turbulent ou autre chose. Puis il faut faire des gestes pour être accepté du gang; on les fait et on s'embarque. On connaît bien le processus, mais quand on dit cela à un jeune qui est rejeté de l'école à huit ou neuf ans et qui ne sera pas accepté à nouveau dans la commission scolaire…

TheoDone : *Et qu'est-ce qu'on fait pour eux ? Il y a des expériences de drogue, par exemple, si marquantes qu'elles laissent des traces de souffrance indélébiles. Que devons-nous faire pour éviter cela ? De la prévention ?*

A. Ruffo : Il faut en parler, mais souvent il s'agit d'enfants qui ont déjà des difficultés. Je sais qu'il y a un groupe, LOVE *(Leave Out Violence)*, qui est très bon et qui travaille dans les écoles pour démystifier certaines situations. Mais il y a aussi une intransigeance de la part des écoles. On met des enfants à la porte en octobre en leur disant de revenir à Noël. Mais qu'est-ce qu'ils vont faire, eux, jusqu'à Noël ? On sait que dans beaucoup de familles les deux parents travaillent. J'ai vu des enfants de huit ou neuf ans se faire mettre à la porte de chez eux. Ils pouvaient avoir des problèmes particuliers. Et si les parents viennent d'un pays étranger et qu'ils doivent apprendre la langue, il faut s'occuper d'eux. Il faut prendre en compte chaque enfant, chaque situation. Ils ne sont pas des numéros et il faut discuter de chaque cas.

*Réunion d'amies lors d'un anniversaire*

TheoDone : *On a parlé récemment de vos expériences dans d'autres pays et vous avez dit que vous souhaitiez revenir sur le sujet. Que retenez-vous principalement de vos visites à l'étranger ?*

*A. Ruffo :* Ce que je voulais ajouter à ce sujet c'est que, quel que soit le pays où l'on allait, on avait toujours infiniment à apprendre. Par exemple, quand on a eu des audiences publiques au Brésil, la première chose que j'ai apprise et que j'ai vue a été qu'il y a des enfants qui se prostituent. Le Brésil, c'est un pays d'extrêmes où pauvreté et richesse se côtoient. Comme dans tous les pays, on trouve la vérité telle qu'elle existe, mais, en même temps, on trouve aussi une vérité que les gens bien pensants, comme des membres des gouvernements et des intellectuels, tentent d'aseptiser. Je pense que peu importe qu'on parle du Brésil, du Sri Lanka, du Canada ou des États-Unis, c'est toujours la même chose. Je me dis qu'il y a quelque chose d'universel dans cette volonté de cacher la vérité. On n'arrive pas à la connaître vraiment. On peut nous communiquer des statistiques ou des situations aberrantes, entre autres par rapport au sida ou à la prostitution, et être bien en dessous de la vérité, parce la vérité, on ne veut pas la connaître. On fait des recherches, on élabore des théories, mais, en bout de ligne, la connaissance profonde de l'être passe toujours par les mécanismes d'État, par la perfidie de ceux qui gagnent leur vie sur le dos des plus démunis, par l'obscurantisme des gens qui sont trop ignorants et par l'intellectualisme des gens qui élaborent des théories à n'en plus finir. Je pense que c'est à cause de cette difficulté d'accéder à la réalité des enfants et à la vérité sur leur situation, et peut-être parce que cela est trop douloureux, qu'on ne réussit pas vraiment à atteindre une grande partie de la population pour qu'il y ait une vraie révolution qui rende aux enfants la place qui leur revient, une place de choix. Par ailleurs, sans baisser les bras, on peut comprendre, en s'intéressant à l'histoire des enfants partout dans le monde et dans les divers États, qu'ils n'ont jamais vraiment eu la place de choix que j'ai toujours chèrement réclamée pour eux.

TheoDone : *Il semble donc s'être installée une forme d'indifférence.*

*A. Ruffo :* Que ce soit en France où dans les pays arctiques, en Inde ou en Chine, les enfants n'ont jamais eu cette place qui aurait fait en sorte qu'on puisse compter sur la bonne volonté et la force des grands dirigeants et des parents pour assurer leur survie et leur éducation. Quand on confiait des enfants à des nourrices en France à une certaine époque, la très grande majorité mourraient sans jamais revenir. À notre époque, quand on réalise qu'il y a des centaines d'enfants victimes de l'absence de médicaments et des dizaines de milliers qui meurent, on s'aperçoit que, finalement, les enfants ne sont jamais importants. Comment changer ça ? Je ne sais pas.

TheoDone : *Pouvez-vous nous donner des exemples ? Vous êtes allée dans beaucoup de pays du monde et vous avez rencontré des hauts dirigeants d'organismes communautaires, entre autres.*

*A. Ruffo :* Une des situations qui m'a impressionnée et qui m'impressionne toujours se rattache à la fois où je suis allée en Louisiane. Je donnais une conférence sur les adoptions internationales. Je disais qu'avant de penser à aller chercher des enfants dans les autres pays il faudrait peut-être travailler très fort pour faire en sorte que les parents dans ces autres pays puissent garder leurs enfants, même si c'est sûr qu'il y a des situations familiales qui justifient que ça finisse autrement.

TheoDone : *Donc, vous souhaiteriez une réunification des familles ?*

*A. Ruffo :* Après la conférence, à un moment donné, on a présenté quatre photos grandeur nature d'enfants qui étaient mis en adoption, un peu comme s'ils étaient mis aux enchères. On a dit des trucs du genre : « Voici Barbara, 14 ans. Regardez sa photo : elle est parfaite. Ses dents sont belles, elle a de beaux cheveux, elle est jolie… » On a aussi montré à ce moment-là un carton plus grand et un plus petit des frères et sœurs qui, eux aussi, étaient en adoption. Il y avait une sénatrice qui était là et elle garantissait qu'on allait donner dix mille dollars à chaque famille qui adopterait. J'avais l'impression d'être dans une enchère d'animaux où il fallait payer pour des enfants. J'avais fini par dire : « Je m'excuse, je ne comprends pas. Il n'y a que des enfants blancs. » On m'avait répondu : « Ici, on n'adopte pas les Noirs. » En Louisiane, on n'adopte pas les Noirs ? Je m'étais dit que c'était incroyable. Non seulement on traitait les enfants comme des animaux, mais on n'adoptait pas les Noirs et, en plus, on payait les familles. Et tout semblait correct pour les gens. C'était inimaginable. Moi, j'étais tellement outrée. Il y avait aussi des affiches avec des photos d'enfants, comme s'il s'agissait d'objets. En fait, ils auraient peut-être eu plus de respect pour des objets. En tous les cas, ça m'avait fort impressionnée.

TheoDone : *Pouvez-vous élaborer davantage sur votre expérience au Brésil ?*

*C. Ruffo :* Quand on était au Brésil, je me souviens qu'on était allés dans des *favelas*, vous savez, ces petites banlieues où on trouve souvent des maisons ou des habitations précaires faites de carton et qui se multiplient et se développent comme des excroissances des villes.

> **❝Il faut comprendre qu'il n'y a pas de jugement moral dans ce que je dis, juste une infinie tristesse.❞**

Une de ces *favelas* était à côté de la ville et la ville s'est agrandie, alors on a fini par détruire la *favela*. On est passé avec la machinerie sans même que les gens puissent récupérer leur maigre butin. Ces gens pauvres ou très pauvres finissent par grandir, ils s'établissent ailleurs et une autre excroissance se greffe à la ville agrandie. Les gens que j'ai visités avaient pu déménager trois fois. Leurs enfants, de sept ans, huit ans et dix ans, devaient marcher pendant une heure et demie pour aller se prostituer en ville et une autre heure et demie pour revenir. Quand je dis « se prostituer », c'est bien ce que je veux dire. Quand je me promenais dans la rue, les enfants me harcelaient, moi qui suis une vieille dame. Je ne dis pas qu'ils me parlaient. Ils me harcelaient, garçons et filles de tous âges, pour que j'aille avec eux. Il faut comprendre qu'il n'y a pas de jugement moral dans ce que je dis, juste une infinie tristesse parce que c'était la seule façon que ces enfants-là pouvaient se nourrir et nourrir leur famille. Moi, je n'ai jamais vu autant d'enfants de ma vie. Il y avait des enfants et encore des enfants, des petites filles de 12 ans avec un gros ventre... Je me suis intéressée à eux, de même qu'à ceux qui étaient avec moi, des gens du bureau international des droits des enfants.

TheoDone : *Y avait-il une occasion spéciale ?*

*A. Ruffo :* C'était à l'occasion d'une audience du tribunal. Où allaient ces enfants-là, qui les prenaient quand ils naissaient ? Pour obtenir des réponses, on est allés voir des organismes. Il n'y avait pas d'enfants dans les centres. Tout ce qu'on pouvait nous montrer, c'étaient des albums avec des photos d'enfants. Ce qu'on a su et qu'on disait très ouvertement, c'est que les enfants étaient soit vendus, soit envoyés en adoption... Écoutez, ces enfants-là poussaient comme des champignons. Ils avaient 10 ans ou 12 ans et ils faisaient de la prostitution. Au Brésil, quand j'y suis allée, 80 % des clients de ces enfants qui se prostituaient étaient des ressortissants du pays. Il y a seulement une petite partie des clients qui étaient des étrangers. La situation est semblable à celle d'ici, à Montréal; la plupart des clients ne sont pas des étrangers, ce sont des Québécois. Il y en a bien quelques-uns qui viennent d'ailleurs, mais la majorité viennent d'ici, et c'est comme ça dans chaque ville. C'est comme ça partout.

TheoDone : *Que valent les lois adoptées de manière à pénaliser les personnes qui vont à l'étranger pour encourager la prostitution juvénile ?*

*A. Ruffo :* On pourrait vérifier, mais je crois qu'une seule personne a été accusée jusqu'à présent, et je ne sais même pas si l'accusation tient toujours. S'il n'y a pas de condamnation, c'est signe qu'il n'y a pas réellement de volonté de pénaliser les fautifs.

TheoDone : *Mais ce phénomène existait même chez nous.*

*A. Ruffo :* Je me souviens que, quand j'ai commencé comme avocate, il y avait une loi (je ne sais même pas si elle existe encore) qui défendait aux enfants de travailler la nuit. Mais, dans tout le Québec, il n'y avait qu'un inspecteur. C'est facile de faire des lois, mais si on n'a pas la volonté de les faire respecter… C'est comme ça qu'on a trouvé des petites filles de 12 ans ou 13 ans qui dansaient nues dans tous les petits villages du Québec. Après des périodes de deux ou trois jours, on les faisait changer de village. Nous, à la cour, on a vu des enfants qui faisaient cette vie-là et qui n'en pouvaient plus. Certaines petites filles ont tenté de se suicider. Mais à quoi peut-on s'attendre de jeunes de 12 ou 13 ans qui dansent nues et qui, en plus, comme c'est souvent le cas, se prostituent ? Les enfants dont je vous parle ne pouvaient pas descendre pour aller boire un verre avec les clients ni se promener au bar parce qu'elles se seraient fait repérer. Donc, on les enfermait dans les chambres en haut. Ces enfants-là n'en pouvaient plus d'exercer leurs activités de village en village. Elles étaient connues, mais personne n'arrêtait ce manège.

TheoDone : *C'étaient des enfants abandonnées ?*

*A. Ruffo :* Ces petites filles n'avaient pas nécessairement été abandonnées. Beaucoup d'enfants fuguent et ne sont pas nécessairement abandonnés. Il y a des parents qui le savaient aussi. Je me souviens, quand j'étais à la cour, une des petites qui faisaient de la prostitution s'était présentée à nous pour être protégée. Sa mère portait un vison somptueux que la petite, généreuse et prodigue, lui avait acheté. Ces enfants-là sont généreux. Elle m'avait même dit : « Toi, si tu étais capable, tu ne ferais pas la même chose ? »

TheoDone : *Qui vous a dit cela, la mère ou la fille ?*

A. Ruffo : C'est la mère qui me l'a dit. Puis la petite fille m'avait expliqué qu'elle n'était pas bonne à l'école et que, si elle travaillait, elle devrait travailler dans une usine et coucher avec le patron. Donc, elle aimait mieux se prostituer et faire plaisir à tout le monde. C'était une petite fille très généreuse. Elle faisait vivre sa famille et elle comblait ses proches de luxe. Et tout le monde l'acceptait.

TheoDone : *Qu'est-ce qui est arrivé à la petite fille ?*

A. Ruffo : Je n'en ai aucune idée.

TheoDone : *Vous n'étiez pas son avocate ?*

A. Ruffo : Non, j'étais avocate à la cour, pas son avocate. C'est fou, une mère qui dit à une avocate : « Si tu pouvais, tu ferais pareil… » Bon nombre de petites anecdotes comme celle-là montrent bien la complexité de la situation.

TheoDone : *Ça nous dépasse.*

A. Ruffo : Bien oui, ça nous dépasse, mais on ne pouvait pas dire cela dans le cas de toutes ces audiences et de toutes ces conférences internationales auxquelles j'ai participé. Justement, parlons-en ! Dans ce genre d'événements, chacun se donne le titre d'expert. Il faut voir ça ! Il y a des experts dans tout ce qui touche aux enfants, mais certains ne voient jamais les enfants de près et ne font qu'élaborer des rapports et des statistiques. Quand on s'intéresse à des cas et qu'on demande aux personnes concernées si elles connaissent les enfants et si elles leur ont parlé, on se rend compte qu'il y en a beaucoup qui ne se sont jamais approchés des enfants. Moi, c'est un point qui m'énerve beaucoup. Je sais qu'il n'est pas nécessaire d'être dans des extrêmes pour éprouver de la compassion, mais il ne faut pas non plus se trouver tellement loin qu'on en perde le sens de la réalité ni se trouver dans des sphères éthérées qui ne reflètent pas la réalité. Des fois, j'entends un de ces experts à la télévision ou lors d'une conférence et je me dis : « Mais ça ne va pas ? D'où sort-il celui-là ? » J'en ai même entendu certains affirmer que les enfants prenaient plaisir à se prostituer pour pouvoir se payer des choses ! Il ne faut vraiment rien connaître pour dire cela.

TheoDone : *Moi, je ne suis pas un expert, mais jamais je n'oserais même penser qu'un enfant, un homme ou une femme puisse se prostituer pour le plaisir.*

*C. Ruffo :* Pourtant, combien de fois j'ai entendu cela de ces soi-disant experts… Combien de fois j'ai entendu dire des choses comme : « Il faut arrêter de penser qu'ils sont des victimes, ils ont fait des choix, ce sont des enfants gâtés. » C'est ridicule, mais, malheureusement, on voit quand même de tels *experts* à la télévision. Il faut donc qu'on fasse attention. Moi, je ne regarde à peu près jamais la télévision, mais quand j'entends des trucs comme cela, je suis ahurie et je me sens complètement prisonnière dans mon salon. Quelqu'un entre chez moi par le biais des médias et je ne peux même pas lui dire : « Cesse de dire des folies ! »

TheoDone : *De toute façon, même si vous changiez de poste, il continuerait quand même à dire ce qu'il a à dire.*

*C. Ruffo :* Effectivement. Il n'y a rien qu'on puisse faire. On ne peut pas dire non plus : « C'est un mauvais invité, il dit des folies, il raconte des faussetés. » Tous les enfants du monde, comme tous les humains du monde d'ailleurs, veulent aller au bout de ce qu'ils veulent être. Tout le monde souhaite être heureux, tout le monde veut faire des belles choses, tout le monde veut rendre les autres heureux. Mais qu'est-ce qui fait, dans le cas de certains, que quelque chose se soit arrêté dans leur cheminement ? Est-ce que ça s'est produit parce qu'ils n'ont pas voulu, parce qu'ils étaient affamés, parce qu'ils ont été bafoués ? Parfois, ils arrivent à la cour en colère en disant : « Moi, j'en ai marre. » Je le dis avec mes mots, mais eux, ils le ressentent vraiment. Il y a des silences et des gestes qui parlent aussitôt qu'on fait attention aux jeunes. En fin de semaine, j'étais dans un restaurant. Je m'y suis arrêtée pour prendre un morceau de pizza et une boisson. La fille au comptoir m'a dit : « Vous êtes la juge Ruffo ? Tu as été ma juge. J'étais blessée, on m'avait mise dans un centre d'accueil et tu t'étais fâchée et tu m'avais fait sortir de là. C'est toi qui m'a aidée. » Des rencontres comme ça, c'est super. Mais si elles se produisent, ce n'est pas parce que j'ai été géniale, c'est parce que j'ai su écouter.

TheoDone : *Qu'est-il arrivé à la fille après sa sortie du centre ?*

A. Ruffo : Je l'ai envoyée se faire soigner.

TheoDone : *Vous avez dû en voir un certain nombre, des cas comme celui-là, au fil des ans.*

A. Ruffo : Effectivement. Je me souviens entre autres du cas d'une autre jeune fille que j'ai revue. Même après avoir eu 18 ans, elle m'avait dit qu'elle avait compris que, toute sa vie, elle ne pourrait avoir confiance en personne, jamais ! Sa mère était enseignante. Quand je l'ai revue, elle m'a raconté que tout le monde parlait à la cour quand elle s'était présentée, mais que moi, je l'avais regardée dans les yeux et lui avais demandé : « Mais qu'est-ce que vous avez au poignet ? Vous vous êtes blessée ? » Apparemment c'était la première fois que quelqu'un s'intéressait à elle et à son poignet. Les marques découlaient d'une tentative de suicide. Parce que je l'avais regardée, elle avait compris que je serais « sa » juge.

TheoDone : *Prêter attention à des petits détails peut faire toute la différence, cela peut constituer une forme d'écoute, et les détails peuvent permettre à deux personnes d'établir une forme particulière de communication.*

A. Ruffo : Une autre fois, un jeune homme que j'avais déjà vu à quelques reprises est arrivé. Il était pâle, tellement pâle et si maigre. Je lui ai dit « Mais qu'est-ce qui se passe avec vous ? Vous êtes malade ? » Et, tout d'un coup, j'ai dit : « Vous avez faim ? » Son père était parti depuis des semaines et sa mère, elle, l'avait carrément abandonné définitivement, pas seulement pour quelques semaines, sans nourriture et sans argent.

TheoDone : *Quel âge avait-il ?*

*A. Ruffo :* Il devait avoir 14 ans ou 15 ans, je ne sais plus. Quand je lui ai demandé s'il avait faim, il m'a répondu qu'il n'avait rien à manger depuis plusieurs jours. Alors j'ai simplement ajouté : « Eh bien on va commencer par vous faire manger. »

TheoDone : *Mais pourquoi est-ce qu'il était là, devant vous ?*

*A. Ruffo :* Il avait commis un délit avec des amis, pas nécessairement pour manger, mais plutôt par colère. Il y a des enfants qui ont faim au Québec. Ils peuvent même habiter dans de belles maisons. Ils ne sont pas nécessairement issus de familles pauvres, il faudrait arrêter de penser cela. En fait, les gens pauvres vont souvent se priver de nourriture pour en donner à leurs enfants. Donc, en réalité, les enfants qui ont faim sont souvent issus de familles aisées au sein desquelles il peut régner une certaine indifférence et où l'on trouve parfois des serviteurs, qui ne sont pas nécessairement attentifs aux besoins des enfants ou qui peuvent carrément faire preuve d'hostilité envers eux. Combien de fois est-ce qu'on a vu des enfants maltraités par des nourrices ! Vous savez, ça existe encore, des nourrices, surtout en Europe. Combien de fois a-t-on vu des enfants qui ont une peur bleue du noir parce que leur nourrice ou leur nounou leur a fait peur ! Ce ne sont pas des histoires d'enfants pauvres, ça.

TheoDone : *Ce garçon-là, comment l'avez-vous aidé ?*

*A. Ruffo :* Il me semble que j'avais demandé à une travailleuse sociale de s'en occuper, que j'avais ordonné d'ouvrir une enquête en présence des parents. Je crois que l'un d'eux devait revenir cette semaine-là. Je pense que c'est comme ça que je l'avais aidé. Vous savez, les parents nous disent parfois : « Pourquoi s'énerver ? Il n'a pas à se plaindre ! » Pourtant, dans le cas du jeune homme, il n'avait ni argent ni nourriture. Quoique vous et moi, on aurait sûrement réussi à en trouver, de la nourriture, dans la maison. Moi, je suis une ménagère expérimentée. J'ai cuisiné bien des choses dans ma vie et je sais me débrouiller avec une pâte ou n'importe quoi d'autre. Mais le jeune homme dont je vous parle, il n'avait pas de connaissances en cuisine et il ne savait pas se débrouiller. En fait, son cas est comparable à celui de jeunes à qui on donne un budget et qu'on envoie vivre en appartement supervisé. On dit « supervisé », mais on se demande de quelle manière et par qui les appartements sont supervisés. En fait, les travailleurs sociaux rendent visite aux jeunes une fois par mois. Très souvent, les jeunes commettent des délits, font des tentatives de suicide ou fuguent pour ne pas rester seuls. Comment des jeunes peuvent-ils se retrouver seuls à 17 ans alors qu'ils vivent déjà des difficultés ? Comment peut-on les laisser à eux-mêmes ? Comment est-ce possible ? Comment peuvent-ils être seuls quand ils ont besoin de parler à quelqu'un et qu'ils n'ont pas d'argent ? Comme les jeunes en appartement ont le goût de bien manger, aussitôt que leur chèque arrive, ils se mettent à trop dépenser et, par la suite, ils manquent d'argent, c'est évident. Il faudrait qu'ils soient soutenus et qu'ils soient accompagnés par un mentor quotidiennement. Et le mentorat, vous savez, ça peut très bien être confié à des personnes qui n'ont pas d'expérience en la matière. On peut être un mentor sans être un expert. On n'a vraiment pas besoin d'être diplômé pour aider ! C'est de l'amour, de la sagesse et de l'attention que ça prend.

TheoDone : *Qu'est-ce qui est arrivé à cette jeune fille qui a fait une tentative de suicide ?*

*A. Ruffo :* Je l'ai suivie longtemps. Elle se débrouille, elle est vivante. Vous savez, quand des enfants sont mal pris en charge, quand on ne fait pas le suivi nécessaire auprès d'eux ou quand ils sont mal aimés, ils restent captifs de leurs problèmes, ils tombent malades, ils font une dépression, ils font de la prostitution ou encore ils retournent à l'enfer de la drogue, mais ils ne sont jamais stables.

TheoDone : *Il faut les soutenir, les appuyer.*

*A. Ruffo :* Effectivement, il le faut. Parfois, on entend parler d'enfants qui ont fait l'objet d'un grand nombre de placements, jusqu'à 32 dans certains cas. J'en ai connu de ces enfants-là. J'en ai aussi vu qui ont eu à affronter pas moins de cinq travailleurs sociaux dans une même année. Ensuite, on ose dire des choses comme : « Il n'a pas confiance. » C'est évident ! Mettez-vous à leur place ! Ce que je dis, c'est qu'en en bout de ligne cela n'a pas de sens. Quand on prend en charge un enfant, on devrait aussi prendre en charge sa famille. On devrait s'occuper de tous les aspects de sa vie. S'occuper de tout, ça inclut

**"Quand on prend en charge un enfant, on devrait aussi prendre en charge sa famille."**

gérer les médecins, les yeux, les maux. Une fois, il y a un enfant qui s'est présenté à la cour et qui m'a dit : « Ça fait trois mois que je n'ai pas de lunettes. Ma travailleuse sociale m'a dit qu'on n'avait pas de budget. » Je n'en revenais pas. J'ai alors ordonné qu'on aille s'occuper de cela la journée même. Eh oui, de nos jours, on trouve des enfants qui n'ont pas de lunettes. Je vois d'ici les travailleurs sociaux me répondre : « Ça ne se peut pas. » En réalité, quand on dit qu'on n'a pas de budget, cela ne veut pas nécessairement dire qu'on n'en a pas. Il peut y avoir des cas de négligence de la part des travailleurs sociaux. Il faut savoir nuancer.

TheoDone : *Il faudrait que certaines personnes réalisent l'impact de leurs gestes…*

*A. Ruffo :* Par exemple, il existe un budget pour que les enfants puissent s'acheter des vêtements pendant le temps de Noël. Il est là, le budget. Si les travailleurs sociaux sont trop occupés à préparer leur propre Noël, ils peuvent finir par ne pas acheter la robe à l'enfant. Moi, j'ai vu une adolescente arriver en pleurant à la cour en janvier, en me disant : « Je n'ai pas eu ma robe neuve, la travailleuse sociale n'a pas voulu me la donner. » Dans des cas comme cela, je demandais à la travailleuse sociale : « Vous aviez l'argent, pourquoi vous n'avez pas acheté la robe à la petite ? Pourquoi vous ne lui avez pas fait plaisir ? Pourquoi vous n'avez pas porté votre vieille robe, vous ? » C'est bien plus important de faire plaisir à un enfant qui n'a pas de famille et qui attend sa mère alcoolique qui ne reviendra jamais. Moi je me dis qu'il doit y avoir des grosses greffes de cœur qui se perdent quand des incidents comme ça se produisent. Mais on ne peut pas donner du cœur à ceux qui n'en n'ont pas. Par contre, pour être tout à fait honnête, il faut dire qu'il y a aussi des gens qui sont absolument merveilleux. Des avocats qui se sont trouvés à court de ressources m'ont déjà dit au sujet d'un enfant : « Je vais l'emmener chez moi, laissez-moi l'emmener. » J'avais trouvé cela tellement touchant.

TheoDone : *Vous, est-ce que vous l'avez déjà fait ?*

*C. Ruffo :* Oui, absolument, je l'ai déjà fait. Il y a des choses tout à fait merveilleuses qui se passent, mais il y en a aussi qui sont horribles. C'est lorsque cela ne va pas qu'il faudrait le dire, mais on est réticent parce qu'on ne veut pas que les autres sachent ces choses-là. Mais il faut le dire, c'est essentiel.

TheoDone : *Dans un autre ordre d'idées, vous aviez proposé, précédemment, de parler d'un sujet particulier. Alors, si vous nous parliez maintenant des squeegees ?*

*C. Ruffo :* Moi, j'aime les *squeegees*. Par rapport à ma connaissance des enfants, je trouve que, souvent, quand ils lavent des vitres dans la rue, ils posent un geste pour s'intégrer dans la société, pour tenter d'en faire partie. Un jour, j'étais avec un ami et on marchait dans la rue très gentiment. C'était un homme un peu plus âgé que moi et très bien de sa personne.

À un moment, on est arrivés au coin des rues Saint-Denis et Maisonneuve à Montréal, quand soudainement j'ai entendu : « Ah ! Tu es la juge Ruffo, tu as été ma juge ! Te souviens-tu de moi ? »

TheoDone : *Saviez-vous qui était cette personne ?*

*A. Ruffo :* J'ai été surprise et je lui ai dit que je ne me souvenais pas. Mais il faut comprendre que, parfois, on voit les jeunes pour la première fois quand ils ont 10 ans, puis on les revoit seulement lorsqu'ils en ont 17 ou 18. Je lui ai demandé de me dire quelques mots sur lui, sur ce qu'il avait fait. Je l'ai aussitôt reconnu. Lorsque je l'avais rencontré la première fois, tout le monde pensait qu'il était pour mourir. Il se piquait à l'héroïne. C'était vraiment terrible. Mais quand je l'ai revu dans la rue, il m'a dit : « Tu sais, maintenant je fais un travail honnête. » Il était *squeegee*. « Je prends juste des drogues douces et tout va bien. » Il a aussi crié à tous les autres *squeegees* qui se trouvaient sur le bord de la rue : « Venez voir ma juge ! » À ce moment-là, mon copain m'a dit : « Tu leur parles ? » Après l'avoir regardé en silence, je lui ai dit : « Mais ce sont mes enfants ! Bien sûr que je leur parle. » Alors là, il a répliqué : « Il faut que tu ailles à Toronto. Là-bas, ils font un gros nettoyage dans les rues. Il faut que tu fasses quelque chose. Il faut que tu en parles au maire. »

[...]

En tout cas, ce jeune a été vraiment très content de me voir au coin de la rue ce jour-là, et moi je lui ai dit que j'étais bien heureuse qu'il soit encore vivant, car on s'était vraiment inquiété à son sujet et que je parlerais au maire de Montréal.

TheoDone : *Vous avez vécu en quelque sorte des retrouvailles.*

*A. Ruffo :* Ma sœur, qui n'est vraiment pas proche des enfants de la rue, et c'est le moins qu'on puisse dire, me dit chaque fois qu'on se voit à quel point ils lui font peur. Quand elle me dit cela, je lui réponds : « Mais c'est parce que tu es un peu naïve, ma pauvre enfant. Pourquoi ne leur souris-tu pas, tout simplement ? Tout ce qu'ils demandent, c'est que tu leur souries et que tu leur parles. C'est tout. » Moi, j'ai normalement un porte-monnaie avec moi et, parfois, quand je passe par le centre-ville, je peux faire nettoyer mes vitres jusqu'à trois fois ! Et je dis merci, merci, merci !

TheoDone : *Vous parlez de gestes d'une grande simplicité. Dans le fond, tout le monde veut être aimé et reconnu pour ce qu'il fait.*

C. Ruffo : Mais la plus belle histoire de *squeegee* que j'ai vécue, ç'a été avec une jeune fille à une intersection de la rue Maisonneuve. Elle est venue me demander si elle pouvait nettoyer mes vitres. Je lui ai dit oui, mais j'ai réalisé après coup que je n'avais pas de monnaie avec moi. Alors je lui ai dit bien candidement : « Écoutez, j'ai juste un billet de vingt dollars, alors si vous voulez aller demander de la monnaie au restaurant, je vais attendre ici. » Elle est là, debout, avec le billet de vingt dollars dans les mains, et elle me dit : « Tu me fais confiance ? » Je lui ai répondu en souriant : « Bien sûr que je te fais confiance, pourquoi je ne le ferais pas ? Allez, vas-y. » Alors, elle a couru jusqu'au restaurant et elle est revenue. Je lui ai donné ses sous et elle m'a dit, en penchant la tête : « Tu m'as vraiment fait confiance ! » Je lui ai répondu : « Bien sûr, je n'avais pas de raison de ne pas vous faire confiance. » Elle m'a alors dit : « Tu es bien fine ! » Ça devait faire longtemps que quelqu'un ne lui avait pas dit qu'il lui faisait confiance. Cela lui a donné des ailes. Moi, je suis partie avec un sourire et j'étais contente. Elle était tellement contente tout simplement parce que je lui avais fait confiance. Vous savez, c'est juste un petit vingt dollars que je lui ai confié. Ce n'est pas beaucoup, mais ça a quand même été important.

TheoDone : *C'est une belle histoire.*

C. Ruffo : Effectivement, et il en existe bien d'autres, des histoires comme celles-là. Une fois, alors que je sortais pour aller chercher du lait, j'entrais dans mon auto quand deux femmes assises dans une grosse voiture noire juste à côté de moi ont klaxonné. L'une des deux a alors sorti la tête par la fenêtre. Elle voulait juste me dire bonjour ! Combien de fois j'ai rencontré des gens qui m'ont dit qu'ils m'avaient déjà croisée en cour ou tout simplement qu'ils m'avaient déjà vue et qu'ils étaient d'accord avec moi ! Les gens ont besoin de quelqu'un qui parle pour leurs enfants et de quelqu'un qui parle pour eux avec leurs enfants.

TheoDone : *L'autre garçon, celui qui vous a reconnue et qui a appelé ses amis, et dit qu'il prenait seulement des drogues douces, est-ce que vous lui avez parlé de sa consommation ?*

A. Ruffo : Non, pourquoi je l'aurais fait ? Je n'ai rien à dire là-dessus. Il a consommé de l'héroïne, puis il est peut-être passé à la cocaïne et là, il était rendu à la fin. Tout ce que je pouvais faire c'était de le féliciter et de lui dire : « Bravo ! Vous êtes vivant. » Mais, en toute honnêteté, le jeune était juste content d'interpeller tous ses amis pour leur montrer « sa juge ».

TheoDone : *Ainsi, il faut nuancer les types de reconnaissance.*

A. Ruffo : À une autre occasion, j'ai fait la première page de la revue *L'Itinéraire*, vous savez, ce journal produit par des itinérants. Moi, j'achète le journal un peu partout, et la fois où je me suis retrouvée en première page, alors que je traversais la rue, le vendeur qui m'avait vendu le journal m'a reconnue et a rassemblé tous les autres vendeurs autour pour leur dire : « Regardez, c'est elle en première page ! »

TheoDone : *Cela devenait une reconnaissance, celle d'une personnalité reconnue.*

A. Ruffo : Une fois, on m'a invitée à participer à une émission du matin et je devais être là très, très tôt. Il fallait que je parte vers 6 h 30, normalement. Je ne recevais pas de rémunération; je participais à l'émission simplement pour le plaisir de parler aux enfants. Un matin, je me suis trompée et je suis arrivée plus tôt que prévu. J'ai garé ma voiture pour aller chercher un beigne et j'ai vu deux jeunes garçons de 15 ou 16 ans devant le commerce. Ils étaient gelés, d'une part au sens propre du terme parce que c'était l'hiver et, d'autre part, parce qu'ils avaient pris de la drogue. Ils m'ont dit : « Est-ce que tu as de l'argent ? » Je leur ai répondu : « Oui, mais est-ce que vous voulez qu'on prenne un café ensemble ? Entrez avec moi. » Alors, ils sont entrés, bien contents, parce que sans moi on ne les aurait pas laissés faire. La situation avait l'air louche parce que j'étais habillée avec mon gros manteau de vison et que je faisais très chic dans un tel contexte. Alors je leur ai dit : « Prenez ce que vous voulez, ça n'a pas d'importance. » Alors un des jeunes a pris deux verres de lait et trois beignes. Moi, j'ai pris mon café, puis on s'est assis et on a commencé à parler. Je leur ai demandé d'où ils venaient, ce qu'ils faisaient et pourquoi. Ils ont commencé à parler. On a eu une conversation amicale. J'ai eu de la peine, je dois l'avouer, parce que j'aurais voulu les bercer, ces enfants-là. À la fin, jamais je n'oublierai cela, un des deux jeunes m'a dit : « Tu nous poses des questions, mais toi, tu es qui ? Qu'est-ce que tu fais, toi ? » Ça m'a paru tellement, comment dire, inusité.

TheoDone : *Inusité, c'est un terme qui me semble effectivement bien décrire la situation.*

A. Ruffo : Ensuite, l'un d'eux m'a demandé : « As-tu encore de l'argent ? » Je lui ai dit : « Oui, j'en ai. » Il a alors ajouté : « Est-ce que tu m'en donnerais encore un peu ? » Surprise, j'ai dit : « Oui, oui. » Alors je lui ai donné cinq dollars. Et l'autre m'a demandé : « En as-tu encore ? » Je lui dis : « Oui, vous en voulez vous aussi ? » (Il faut savoir que je dis tout le temps « vous ».) Je lui ai donc donné un billet de cinq dollars à lui aussi. On a passé environ 25 minutes ensemble. Ils m'ont demandé avant qu'on se quitte : « Mais qui est-ce que tu es, toi ? » Je leur ai dit : « Moi, je suis Andrée Ruffo et je suis juge pour enfants. » Un des deux m'a alors dit : « Mais tu ne peux pas être juge, toi. » Je lui ai demandé pourquoi et il m'a répondu : « Tu ne peux pas être juge, tu es bien trop "fine" pour être juge. Nous autres, on en a vu, des juges… » *(Rires)* Inutile, je crois, d'en rajouter.

TheoDone : *Il faut se défaire d'une conception bien ancrée, d'une image qui ne reflète plus exactement la réalité.*

A. Ruffo : Je garde aussi comme souvenir de ces deux jeunes drogués qu'ils n'ont pas pris un seul verre d'alcool pendant le temps qu'on a passé ensemble, seulement deux verres de lait. Étrangement, ils n'ont pas pris de cola ni d'autres sodas. Ils ont bu des bonnes choses. Combien de fois on voit des gens comme eux à l'entrée des restaurants et ils ne peuvent pas entrer parce qu'ils n'ont pas d'argent ou à cause de leur comportement ? Vous savez, depuis qu'on a sorti des institutions des personnes souffrant de problèmes psychiatriques, certaines se retrouvent maintenant à la rue. Elles ont parfois des comportements inacceptables, j'en conviens, mais il reste que ce sont des personnes très malades.

TheoDone : *Qu'est-ce qu'ils vous ont raconté, ces jeunes gens ? Quelle était leur histoire ?*

A. Ruffo : Je ne me souviens plus de leur histoire, mais je me rappelle qu'ils avaient parlé longtemps. Il est difficile pour moi de me rappeler toutes les histoires vécues que j'ai entendues, parce que, en tout, j'ai passé des milliers et des milliers d'heures à écouter des histoires.

TheoDone : *Est-ce que vous pourriez obtenir des témoignages écrits pour appuyer vos propos ?*

A. Ruffo : Non, je ne peux pas solliciter cela.

TheoDone : *Entre autres, la jeune fille qui travaille dans ce restaurant, ne pourriez-vous pas lui demander qu'elle témoigne ?*

A. Ruffo : Je me rappelle très bien du restaurant où elle travaille et je sais où il se trouve, mais j'ai fait exprès de dire *un restaurant*. Je ne voudrais pas qu'une sollicitation passe par moi.

TheoDone : *Ça serait quand même bien si on pouvait lui demander de préciser certaines choses.*

A. Ruffo : Oui, mais pour la trouver, il faudrait que vous passiez par moi.

TheoDone : *Il le faudrait, effectivement, mais ce serait vraiment intéressant d'avoir des témoignages écrits.*

A. Ruffo : Peut-être, mais ce ne serait pas éthique.

TheoDone : *Comme je vous l'ai dit précédemment, j'ai bon nombre de questions de nature différente à vous poser.*

A. Ruffo : Je n'y vois pas d'inconvénient.

TheoDone : *Très bien. Alors je voudrais maintenant que vous me parliez de l'homosexualité. Quel est votre point de vue en ce qui concerne la position adoptée par nos politiciens à l'égard des droits des homosexuels ?*

A. Ruffo : Je pourrais commencer par vous parler d'un homme que j'ai rencontré, un homme qui était camionneur et qui ne pouvait absolument pas supporter que son fils soit homosexuel.

TheoDone : *Quel était le type de relation qu'entretenaient le père et le fils ?*

A. Ruffo : Depuis son enfance, le fils avait toujours eu des manières, il avait toujours affiché certains comportements et il lui arrivait de faire des choix de vêtements particuliers. Le père l'a tellement battu et tellement malmené qu'il a bien sûr fini par quitter la maison. Et il s'est mis à faire de la prostitution. C'est comme ça qu'il est arrivé devant moi, non pas parce qu'il était homosexuel, mais parce qu'il faisait de la prostitution. En les voyant, lui et son père, j'ai compris tout de suite la situation. Le petit est devenu très agressif et a dit : « J'ai bien le droit d'être homosexuel. » Je lui ai dit : « Bien sûr, mais ça ne vous donne pas le droit de vous prostituer. On va faire la différence entre les deux. Vous pouvez être un bel homosexuel, un beau citoyen, vous pouvez faire ce que vous voulez, mais vous ne pouvez pas vous prostituer, vous êtes un mineur et ce n'est pas possible. » Le père était furieux qu'une juge dise que son fils avait le droit d'être homosexuel. Finalement, on a travaillé longtemps ensemble et le père a fini par comprendre que son fils n'avait pas choisi l'homosexualité, tout comme on ne choisit pas d'être blond ou d'être grand, d'être un homme ou une femme. Les homosexuels souffrent tellement de leur rejet de la société. C'est un rejet plus ou moins subtil, mais il n'en demeure pas moins que c'est un rejet. Vous savez, les homosexuels, on les invite souvent lors d'occasions, mais je crois qu'il n'est pas rare qu'on le fasse pour montrer qu'on est évolué. En ce sens, je pense que ça peut être insultant pour eux. Enfin, à force de recevoir des explications et un soutien de la part d'une bonne travailleuse sociale et d'une excellente psychologue, le fils est finalement retourné chez son père et le père l'a accepté. Dans le fond, le père était un homme très bien.

TheoDone : *C'est un bel exemple de réconciliation et d'ouverture.*

*A. Ruffo :* Je me souviens aussi d'un père qui est devenu travesti après s'être séparé de la mère. Cette dernière ne voulait plus rien savoir de sa fille, et elle l'avait confiée au père. La grande fille avait 16 ans. Le soir, le père se déguisait et sortait. Les intervenants ne voulaient pas qu'on laisse l'enfant avec lui. Les évaluations psychologiques montraient pourtant qu'il n'y avait aucun risque, que l'identité sexuelle de la petite était vraiment impeccable et que son père avait vraiment un travail masculin. Il était camionneur. Malgré l'incompréhension de sa fille, la conduite du père était irréprochable.

[...]

Je me souviens que, cette fois-là, mon père était venu à la cour. À ce moment-là, il était très malade. Je me souviens que je lui avais dit : « Écoute, papa, tu peux rester, mais il faudra que tu me promettes que tu ne parleras pas. » Il est venu s'asseoir à la cour et il a assisté à l'audience. Du haut de ses 70 ans, il a donc écouté sa fille confier l'enfant à son père travesti. Quand on est sortis de la cour, il m'a dit : « Écoute, ma fille, je ne t'ai pas fait instruire pour que tu travailles avec des fous comme ça ! » Il était incapable de comprendre.

TheoDone : *Il y a parfois des choses qui nous paraissent plus difficiles à comprendre, mais c'est sans doute normal.*

A. Ruffo : Ç'a été épouvantable pour mon père, cette fois-là. Il s'est demandé si je n'étais pas tombée sur la tête. Mais je lui ai dit : « Écoute, papa, tu ne veux quand même pas que j'envoie la petite dans un centre d'accueil ? Qu'est-ce que tu voudrais que je fasse avec elle ? Elle va bien, son père l'adore, elle adore son père, elle a une vie normale, elle va à l'école et elle est suivie par un psychologue. La petite est parfaite et son père est un bon père. » Alors mon père m'a répété : « Je ne t'ai pas fait instruire pour que tu travailles avec des fous ! » Quand j'y pense, j'en ris encore. En fin de compte, j'avais clos la discussion en emmenant mon père manger.

TheoDone : *L'homosexualité, il est difficile d'en parler sans faire des nuances.*

A. Ruffo : C'est un fait. Et à ce sujet, j'aimerais préciser que s'il y a beaucoup de petits garçons qui sont homosexuels, il n'y a pas beaucoup de petites filles qui semblent l'être. Par ailleurs, je n'ai pas vu de petites filles qui faisaient de la prostitution avec des femmes, mais j'ai vu beaucoup de petits garçons qui avaient des hommes plus vieux comme clients. Mais dans ce cas, il ne faut pas confondre : ce n'est pas l'homosexualité qui est en cause.

[…]

J'ai vu des mères venir à la cour avec leurs enfants, accompagnées de leur conjointe. Elles étaient divorcées et avaient chacune leurs enfants, mais elles étaient maintenant en couple avec une femme. J'en ai vu un certain nombre, de couples de femmes, mais je n'ai pas eu l'occasion de voir de couples d'hommes.

TheoDone : *Et quelles sont vos opinions personnelles là-dessus ?*

*C. Ruffo :* Mon opinion personnelle est la suivante : on devrait essayer d'aider les gens à découvrir qui ils sont le plus tôt possible. Il y a eu un temps où l'hypocrisie des sociétés et des cultures faisait en sorte qu'on ne pouvait pas être homosexuel. On avait des enfants pour pouvoir prouver qu'on n'était pas homosexuel. Mais moi, je me dis que, dans une société plus juste et plus acceptable, on devrait aider les gens à

> **"On devrait aider les gens à devenir plus autonomes et plus conscients."**

devenir plus autonomes et plus conscients; on éviterait ainsi les mariages bidon et les hypocrisies. Si on faisait cela, tout le monde pourrait vivre en s'épanouissant au maximum. Au sein de nouvelles unions, dans la plupart des cas, les gens disent qu'ils ont toujours su. Ça, ça me chagrine beaucoup parce que ça signifie qu'ils ont dû mentir à une autre personne, une personne qu'ils aimaient bien pourtant. Ils ont dû faire croire des choses, ils ont dû faire mal à d'autres. C'est pour éviter cela que les jeunes reçoivent maintenant une éducation sexuelle à l'école. Malgré tout, il reste encore beaucoup à faire. En somme, ce qui me déconcerte c'est que les jeunes ne puissent pas accepter plus tôt qui ils sont, qu'on ne les aide pas à le faire et qu'ils soient contraints de mentir à leur père et à leur mère.

TheoDone : *Qu'est-ce que vous pensez des personnes homosexuelles qui prétendent qu'elles peuvent faire ce qu'elles veulent et entraîner des enfants dans de telles relations ou unions ?*

*C. Ruffo :* Des recherches ont permis de démontrer que les enfants n'ont pas de problème d'identité sexuelle quand les choses sont claires. D'ailleurs, si je me souviens bien, il me semble qu'il y avait plus d'enfants qui fonctionnaient bien dans les couples où tout était clair.

[…]

Vous savez, le raisonnement est le même que lorsqu'on dit : « Ce ne sont pas des gens de la même race ou la même religion ! » Moi je ris de cela parce que je me dis que si ça allait si bien au sein des couples qui sont de la même race ou qui ont la même religion, il n'y aurait pas autant de divorces ! Donc, il est compréhensible que certains décident de former des couples hétéroclites. Ma sœur est avec son mari depuis 45 ans, et il est allemand. Quand on aime, on se fout éperdument d'être avec un Juif, un Arabe, un protestant, un musulman, etc. Quand on aime quelqu'un, on le respecte, c'est ce qui compte. Les difficultés existent. Avec l'amour et le respect, on peut les surmonter.

TheoDone : *Il faut accepter les différences, et celles-ci peuvent être très constructives et stimulantes.*

A. Ruffo : Effectivement. Moi, j'ai une amie qui a épousé un Juif issu d'une famille de rabbins. Son fils a été élevé dans la religion catholique autant que dans la religion juive. Je me souviens de sa *bar-mitsvah* : on a assisté à une première, je crois : son père disait les prières en anglais, sa mère les disait en français et lui les récitait en hébreu. C'était très beau ! C'était magnifique même, et c'était bien que les choses se passent ainsi. Quand on est plus vieux, on peut faire des choix éclairés. Il ne faut pas dramatiser les choses. Il faut faire preuve d'ouverture et respecter l'autre. Et en ce qui a trait à la langue, écoutez, dans le cas de mon beau-frère, je ne sais pas combien de mots il a pu inventer du fait qu'il est allemand. C'est absolument charmant.

TheoDone : *Être juge et avoir une liberté d'expression, est-ce possible ?*

A. Ruffo : En fait, on pourrait peut-être dire qu'on ne peut pas être juge *sans* liberté d'expression. Toute personne a des droits fondamentaux, et le droit de parole en est un. On est des êtres de parole, alors on ne peut pas, même dans quelque dictature que ce soit, empêcher l'exercice de ce droit-là de façon absolue. Lorsqu'on accède à la magistrature, comme quand on accède à n'importe quel travail, il y a des conditions spécifiques à respecter. Et quand on accepte d'être juge, on accepte de se voir imposer un devoir de *réserve*, mais un tel devoir ne va pas à l'encontre de la liberté d'expression. Ce que je veux dire c'est que, quand on est juge, on doit afficher une certaine réserve dans notre vie, par le biais de nos paroles et de nos gestes, une réserve qui fera en sorte que le citoyen aura plus confiance en la magistrature. Alors ce devoir de réserve, il constitue en quelque sorte un moyen efficace pour faire en sorte que la justice soit bien comprise. Mais, au fil des années, on a créé une magistrature silencieuse, neutre, une magistrature qui se pare de sa toge pour clamer haut et fort qu'elle est indépendante.

TheoDone: *Diriez-vous qu'on conçoit la justice de façon trop traditionnelle ou trop autonome, ou encore qu'on manque d'objectivité ?*

*A. Ruffo :* Personne ne peut être objectif. Ça ne se peut pas. On peut tendre vers l'objectivité dans un souci d'honnêteté, mais, dans le fond, on n'est pas objectif ni neutre. Quand j'ai commencé à dire les choses telles qu'elles étaient dans la réalité, on m'a ramené en pleine figure ce devoir de réserve, qu'on associait malheureusement à une obligation de silence, voire au mutisme. Mais on sait très bien que lorsqu'on se tait on est toujours complice, complice par le silence... On est toujours du côté du pouvoir. Quand un juge voit un enfant dont on n'a pas résolu la situation ou qui n'a pas été pris en charge par l'État, qui en a la responsabilité, le juge est du côté de ce pouvoir étatique, certainement pas du côté de l'enfant. Il l'est également quand il ne dénonce pas les cas d'enfants qui ont des besoins particuliers qui n'ont pas été comblés, vous comprenez ?

TheoDone: *N'est-ce pas là un mutisme dangereux ?*

*A. Ruffo :* Interpréter le devoir de réserve comme étant un devoir de silence, c'est précisément aller à l'encontre de ce devoir et se faire complice d'une situation qui doit être dénoncée. C'est ce que je reproche à beaucoup de juges, d'être silencieux. Le devoir de réserve n'a rien à voir avec ça.

TheoDone : *Ils blessent les enfants secrètement ?*

*A. Ruffo :* À votre avis ? Pensez-vous qu'on parle de ces choses-là ? On sait très bien qu'il n'y a pas de droit absolu et que les droits s'interprètent les uns par rapport aux autres. Autrement dit, nos droits à nous ne sont pas absolus et les droits des autres non plus. Il faut tenir compte à la fois de la mission et de la vérité des enfants; il faut tenir compte des obligations des uns et des autres pour décider. Moi, j'ai décidé de dénoncer la situation des enfants parce que la société m'a chargée de rendre justice. Si je devais être silencieuse, je manquerais à mes devoirs, et pour moi, cela, c'est très clair.

TheoDone : *Comment les enfants perçoivent-ils les juges ?*

*A. Ruffo :* Je ne sais pas. Je n'ai jamais vu d'enfants qui se sont montrés irrespectueux envers moi. Les enfants me disent *tu* parce qu'ils ne savent pas dire *vous*, mais ils le font de façon respectueuse. J'ai souvent entendu des formulations comme « Si tu voulais, madame la juge… » Moi je leur dis *vous* parce que je leur porte un infini respect. Je pense que les enfants ont toujours senti l'amour que j'ai pour eux. Je pense aussi que, parce que je leur ai toujours bien expliqué mes jugements, ils ont

> **❝Je crois que les enfants ont toujours compris que j'étais de leur côté.❞**

compris que je cherchais à être juste. La meilleure façon dont je les ai aidés, je crois que c'est en cherchant la justice en tout et en n'ayant pas peur. Je crois que les enfants ont toujours compris que je n'avais pas peur qu'on me fasse du mal et que j'étais de leur côté.

TheoDone : *Cette franchise et cette honnêteté vous ont permis de vous rapprocher d'eux et d'arriver à de meilleurs résultats.*

A. Ruffo : On m'a souvent dit que les enfants voulaient paraître devant moi, que des avocats étaient allés devant d'autres juges avant et qu'ils me demandaient. Cela a insulté certains autres juges. Pourtant, en ce qui me concerne, si on s'était présenté à moi et qu'on m'avait dit : « Je veux aller devant un autre juge », eh bien j'aurais dit : « Bien sûr, si vous avez confiance, allez-y. » Mais il régnait souvent un climat malsain. Il n'y a rien de plus désagréable que de se faire répondre : « Moi aussi je suis un bon juge. » Un juge en autorité m'a même déjà dit : « On est pas mal exaspérés que les gens pensent qu'il y a juste toi qui puisses guérir les enfants. De toute façon, pour autant que je sache, ils ne sont pas malades ! »

TheoDone : *Donc, vous faisiez des jaloux, et on ne reconnaissait pas que votre approche était plus humaine.*

A. Ruffo : Moi, je sais que les enfants qui se présentent en cour ont mal, qu'ils ont besoin que leurs souffrances cessent. Je pense qu'ils sont conscients que, lorsqu'on explique bien nos jugements et qu'on les explique en profondeur, ils sont tout à fait en mesure de les comprendre. C'est cela la justice. Je ne leur donnais pas nécessairement ce qu'ils voulaient, je leur donnais ce que je croyais dans leur intérêt. Quand je rendais une décision qui ne plaisait pas aux enfants, ce n'était pas eux qui étaient fâchés lorsqu'ils sortaient de la cour. C'étaient plutôt les intervenants. Eux, pour certains, ont beaucoup triché, ont beaucoup recommandé des choses en fonction des décisions de leur institution.

TheoDone : *Il faut connaître la personne, l'écouter, savoir ce qui lui convient.*

A. Ruffo : Je pourrais vous donner un autre exemple. En cour, j'ai eu l'occasion de rencontrer une jeune Amérindienne qui avait été battue et molestée par sa famille d'accueil, qui était blanche, et ce, à cause de ses origines. Quand elle s'est présentée devant moi, elle m'a montré ses ecchymoses. J'ai alors ordonné qu'elle change tout de suite de famille. L'intervenant social était tellement furieux qu'il a frappé la table. Le lendemain matin, il est venu me trouver et m'a demandé de revenir sur ma décision parce qu'il n'y avait pas d'autres familles de libres. Je lui ai demandé s'il était conscient qu'il demandait à un juge de rendre une ordonnance pour qu'une enfant continue d'être battue. Lui, il s'en lavait les mains, mais moi, je lui ai dit que je refusais de changer mon ordonnance. J'aurais manqué à tous mes devoirs si j'avais fait ça. En tout cas, ç'avait été toute une histoire. Mais le cas n'était pas unique. On avait déjà vu d'autres enfants battus à cause de leur origine amérindienne. Les intervenants recommandaient des choses conformément à ce que les institutions leur disaient de faire, mais les recommandations n'étaient pas toujours réalistes et on ne les faisait pas nécessairement en se souciant des enfants.

TheoDone : *Il n'y avait pas d'autonomie ? Pas de prise de responsabilités ?*

*A. Ruffo :* Je vais vous donner encore un autre exemple. Une fille qui avait été violée pendant une fin de semaine par un gang s'est présentée en cour le lundi suivant. Quand elle est arrivée, j'ai demandé à son intervenante : « Lui avez-vous fait voir un médecin ? » Elle m'a répondu que non mais qu'elle avait obtenu un rendez-vous dans la semaine. Je lui ai alors dit : « Et si c'était votre fille, madame, qu'est-ce que vous auriez fait ? »

TheoDone : *La plupart des plaintes contre vous étaient à ce sujet ?*

*A. Ruffo :* Effectivement, et on me reprochait mon attitude aussi. Je ne faisais pas de compromis, et quand quelqu'un mentait, je le savais. Je trouvais cela inacceptable que quelqu'un puisse manquer à son devoir en se ralliant à la décision d'un groupe et en allant à l'encontre de ses convictions professionnelles alors que la loi commandait que ce soit la personne qui décide. Par exemple, quand je voyais qu'on accordait à un enfant seulement cinq séances de thérapie parce que la DPJ en avait décidé ainsi alors qu'il en avait besoin de dix, je hurlais. Pourtant, apparemment, il aurait fallu que je sois silencieuse. Mais qui alors aurais-je protégé ?

TheoDone : *Je me souviens d'avoir entendu parler au bulletin de nouvelles du cas d'un petit garçon qui voulait divorcer de ses parents. Qu'est-ce que vous pensez de cette histoire-là ?*

*C. Ruffo :* Je me souviens très bien de cela. On a fait preuve de sensationnalisme dans cette histoire-là. À la cour, j'en ai vu souvent des enfants qui avaient été battus à la maison et qui disaient ne pas pouvoir retourner chez leur père ou leur mère. J'en ai vu, des cas, en trente ans, et croyez-moi, ce genre de cas se présente très souvent. L'histoire dont vous parlez n'avait en apparence rien pour faire la une des journaux.

TheoDone : *Mais il me semble que le jeune était allé jusqu'à présenter une demande à la cour, qu'il avait en quelque sorte entrepris des démarches formelles...*

*C. Ruffo :* Oui, c'est vrai, mais la Chambre de la jeunesse reçoit très souvent des demandes de jeunes qui ont été victimes d'abus ou qui se sont fait battre par leur mère, par exemple. Cette affaire dont vous me parlez, elle a juste servi à faire vendre des journaux.

TheoDone : *Qu'est-ce qui arrive dans des cas comme ceux-là ?*

*C. Ruffo :* Eh bien, on fait enquête et on tient compte de ce que l'enfant dit. L'enfant peut très bien dire qu'il ne veut plus rester chez lui et la mère peut dire que c'est vrai qu'elle est toxicomane depuis l'âge de 15 ans et qu'elle va aller en thérapie. Chaque situation est différente. Il ne m'est pas arrivé de voir des enfants dire cela par caprice, même si certains l'ont dit alors qu'ils étaient émotifs et que d'autres ont peut-être exagéré. Très souvent, les parents acceptaient les réprimandes qu'on leur faisait et reconnaissaient la négligence reprochée. Certains enfants ont été retirés de leur famille, mais, dans d'autres cas, les enfants disaient que si leur mère était malade mais qu'elle se faisait soigner, à ce moment-là, ils étaient prêts à y retourner, mais il fallait qu'elle se fasse soigner. Vous savez, il y en a des enfants qui trouvent une mère alcoolique en revenant de l'école et qui sont obligés de tout nettoyer dans la maison. Ça arrive, ces situations-là. Mais les enfants disent souvent : « Si ma mère se fait soigner, je vais retourner avec elle. »

TheoDone : *Mais même si une mère se fait soigner, il y a fort à parier que la situation problématique se reproduira, non ?*

A. Ruffo : Oui, mais on leur donne des moyens pour s'aider. Par exemple, on leur demande d'appeler leur avocat ou leur travailleuse sociale la prochaine fois. On leur explique aussi qu'elles ne sont pas obligées de rester au stade où elles en sont, qu'elles peuvent s'en sortir.

TheoDone : *Et les enfants savent que vous leur donnez de tels moyens ?*

A. Ruffo : Bien sûr, et, souvent, on leur dit qu'ils doivent se protéger. J'ai déjà dit à des enfants battus : « Vous êtes trop beaux pour subir ça. Ni votre père, ni votre mère, ni personne d'autre sur terre n'a le droit de vous toucher. Vous êtes importants comme personnes, et si on tente de vous faire du mal, vous devez hurler, sortir dehors, appeler votre grand-maman. Vous n'avez pas le droit de vous laisser battre. »

TheoDone : *Qu'est-ce qu'ils vous disaient quand vous leur disiez ça ?*

A. Ruffo : Ce sont leurs yeux qui me répondaient. Je sentais qu'ils comprenaient, qu'ils comprenaient bien. Dans leur regard, je pouvais lire : « Oui, madame la juge. » Les parents aussi comprenaient. Je leur disais : « Vous savez, madame, j'ai lu votre histoire. Vous avez été battue toute votre vie et vous n'aimiez pas ça. Alors je vous dis que vous n'avez pas le droit de battre votre fils. Est-ce clair ? Vous n'avez pas le droit d'y toucher. »

TheoDone : *Ils reconnaissaient avoir subi eux aussi des violences ?*

*A. Ruffo :* Dans certains cas, oui. Mais quand ç'en était trop, je pouvais dire : « Monsieur, je ne vous crois pas, c'est votre fils que je crois. Vous mentez à la cour, vous tentez d'induire la cour en erreur. » Ces choses-là, il faut les dire. Il ne faut pas faire semblant qu'on comprend et qu'on croit tout le monde. Vous savez, les enfants sont capables de nous dire dans quelles circonstances les marques qu'ils ont sur le corps sont apparues, ils peuvent nous parler de leurs problèmes et de leurs difficultés, et si les maux et les insultes varient d'une famille à l'autre, on peut quand même comparer la réaction des parents et on le voit quand ils disent vrai. On le voit nettement.

TheoDone : *Comment les choses se déroulent-elles pour les enfants à la cour ? Est-ce qu'ils sentent qu'ils ont un droit de parole ?*

*A. Ruffo :* Les enfants ont droit à un avocat à la cour. Mais le fait que les avocats ne connaissent pas très bien leurs clients peut poser un problème. J'ai souvent entendu des enfants dire qu'ils voulaient parler et se faire répondre de se taire. Il y a des choses, parfois, qui ne sont pas nettes, et, dans ces cas-là, je voudrais bien que l'on creuse pour voir ce qui se passe. Il y a des avocats extraordinairement généreux et préparés sur le plan juridique, mais il y en a d'autres qui ne sont pas préparés du tout.

TheoDone : *L'enfant est là tout le temps, même quand il ne témoigne pas ?*

*A. Ruffo :* Il peut être là tout le temps. À Longueuil, notamment, on fonctionnait comme ça. Je me rappelle le cas d'un jeune contrevenant. Quand j'avais demandé pourquoi on fonctionnait comme ça, l'avocat m'avait tout simplement répondu que c'était comme ça. Je lui avais demandé de se pousser pour faire asseoir son client à côté de lui. À quoi ça sert, un avocat, si son client ne peut pas lui parler ? Alors les deux gardes qui surveillaient le jeune m'avaient dit : « Ici, ça ne se fait pas comme ça. » Je leur avais alors répondu : « Ici, c'est ma cour, et ça se fait comme cela maintenant. Vous vous mettez de chaque côté de l'enfant si vous voulez, mais il doit être à côté de son avocat. »

TheoDone : *Est-ce qu'on s'était plaint de vous, à ce moment-là ?*

A. Ruffo : Non, pas à ce moment-là.

TheoDone : *N'est-ce pas surprenant ?*

A. Ruffo : Oui, en effet, mais s'il n'y a pas eu de plainte, en réalité, c'est sans doute parce que les choses se sont passées en cour et qu'il aurait été difficile de formuler une plainte.

TheoDone : *On parle d'enfants qui sont des victimes et d'enfants délinquants. Dans le cas spécifique des victimes, est-ce qu'on devrait avoir un système particulier ?*

A. Ruffo : Pas nécessairement, parce qu'on aurait un système qu'on nomme *contradictoire*. Par exemple, prenez le cas d'une petite fille de 12 ans qui dit que son père couche avec elle et qu'elle est enceinte de lui. En cour, sa mère tient la main de son père et lui, il affirme : « Je ne lui ai jamais touché. » C'est un système *contradictoire*. Et, très souvent, sans être à ce point contradictoires, il y a des choses qui sont difficiles à dire. Le juge a toujours le loisir, parce que l'enfant est représenté par l'avocat, de le faire patienter à l'extérieur. Je n'étais pas pour cela parce que c'est l'enfant qui vit le problème. Il sait ce qu'il vit. Mais, bon, je le demandais parfois, par exemple quand un enfant semblait trop fragile ou qu'il avait des problèmes psychiatriques. On parle d'une cour un peu spéciale, alors je pouvais aussi permettre à un témoin de rester assis, inverser l'ordre des témoins, interrompre un témoignage. En vertu de la loi, une enquête est menée par un juge, c'est son enquête et c'est lui qui décide s'il doit faire preuve de souplesse. Moi, je le voulais bien. Si une personne me demandait de faire entendre son client en premier ou en dernier, j'étais habituellement d'accord. Je ne me souviens pas que les autres avocats aient fait objection.

TheoDone : *C'est certes une question de respect.*

*A. Ruffo :* Oui, mais là où j'ai été d'une extrême sévérité, c'est dans les cas où les gens haussaient le ton. Ça, je ne l'acceptais pas. On ne pouvait pas faire ça en ma présence, ce n'était pas permis. Quand ils haussaient le ton, je leur disais : « Maître, vous êtes dans une Chambre de la jeunesse, ici; ce n'est pas approprié, baissez le ton, je vous prie. » Et quand cela se reproduisait, je disais alors : « Maître, je crois que vous n'avez pas compris. Vous êtes dans une Chambre de la jeunesse. Il n'est pas acceptable de hausser le ton. Ici, on est respectueux. Baissez le ton. » Une fois j'avais même dit : « Maître, je pense que vous êtes fatigué, je vous reverrai à 14 h. » Vous savez, je ne tolérais pas non plus que les enfants disent des trucs comme : « Tu es juste une maudite vache » à leur travailleuse sociale. Non ! Je ne tolérais pas ça. Je leur disais qu'ils pouvaient tout me dire, mais qu'ils devaient me le dire poliment, que jamais on ne traitait personne comme ça dans ma cour.

TheoDone : *Il fallait donc faire preuve d'un minimum de civilité en votre présence; il y avait un code à respecter.*

*A. Ruffo :* Parfois des mères disaient à leur fille : « Tu es juste une petite chienne. » Surprise, je leur répondais : « Madame, on ne dit pas des choses comme ça ici. On va recommencer. C'est à votre fille que vous parlez ! » C'était comme viscéral, je ne pouvais pas supporter cela, surtout quand les parents étaient devant leurs enfants. Mais je ne parle jamais plus fort que cela. Même dans les conférences devant plus de deux mille personnes, je ne parlais pas plus fort que cela. Si les gens veulent m'entendre, ils n'ont qu'à se taire. S'ils ne veulent pas m'entendre, c'est leur problème. Normalement, après environ cinq minutes, on a un silence complet. Je considère que je n'ai pas à m'égosiller pour que les autres m'entendent. C'est quelque chose que je ne fais pas, tout simplement. À la cour, plus les gens s'énervaient, et plus je parlais doucement. C'est un truc que j'ai appris. Sinon, on finit par s'épuiser. J'en ai vu qui l'ont fait. Moi, je n'ai pas eu le goût de faire cela. Ce n'aurait pas été dans ma nature de le faire. À l'Assemblée nationale, il y a des gens qui crient tellement ! Je me demande pourquoi ils ne parlent pas, à la place. Ce serait tellement plus rafraîchissant et plus doux de les entendre, et peut-être plus crédible.

TheoDone : *La responsabilité des parents, on en a glissé un mot, mais…*

*C. R-ff :* Eh bien, je pense qu'on ne comprend pas toujours suffisamment bien ce que ça comporte, la responsabilité des parents, entre autres dans les cas où des jeunes se retrouvent avec des bébés. Je me souviens de toutes ces jeunes mères célibataires à qui j'ai demandé pourquoi elles avaient décidé de garder leur enfant. Vous savez ce qu'elles m'ont toutes répondu sans exception ? Elles ont toutes répondu : « Enfin, quelqu'un va m'aimer. » Je l'ai vérifié, c'est toujours ça, la réponse. Quand les jeunes ont des bébés, ils ont vraiment l'impression que ça va marcher pour eux, même s'ils ont des difficultés, parce qu'ils ne feront pas vivre à leur petit ce qu'ils ont vécu. Ils le pensent vraiment, mais ce qu'on observe souvent c'est un genre de phénomène *transgénérationnel*, des répétitions sans fin, à moins que les jeunes ne soient aidés.

TheoDone : *On parle donc d'une forme de désespoir.*

*C. R-ff :* C'est très triste de voir les parents parce qu'ils ont toujours vécu comme ça. J'ai vu trois générations de filles abusées sexuellement. J'ai vu les petites filles et leur grand-mère me montrer ses cicatrices et dire : « Moi aussi, j'ai été abusée et battue. On n'en meurt pas, qu'elles arrêtent donc d'en faire des histoires ! » C'est pour cela que je n'arrête pas de dire dans les conférences qu'il faut s'occuper des parents. Il faut faire en sorte qu'ils soient fiers d'eux-mêmes, qu'ils aient une bonne estime d'eux-mêmes, qu'ils aient un peu d'argent, qu'ils puissent avoir une meilleure éducation, qu'ils puissent être capables d'organiser leur vie. À ce moment-là, les enfants vont mieux se porter.

TheoDone : *Et si les parents ne demandent pas d'aide ?*

*A. Ruffo :* Eh bien il faut être là pour leur offrir cette aide et il faut aussi parler du rôle de la communauté.

TheoDone : *Pouvez-vous préciser le rôle que la communauté a à jouer ?*

*A. Ruffo :* Les parents ont de la difficulté à demander de l'aide parce qu'ils sont humiliés. Dans bien des cas, ils se sont eux-mêmes fait prendre en charge par la cour quand ils étaient petits parce qu'ils avaient des problèmes. Ils ne veulent pas que leurs enfants vivent les mêmes choses qu'eux. Puisqu'on peut constater l'humiliation des parents quand ils ne sont pas capables d'assumer leurs responsabilités, il faut anticiper les problèmes. Autrement dit, il faut faire de la prévention. Et c'est justement dans ce contexte que la communauté entre en jeu. La communauté peut aider à prévenir la pauvreté, les difficultés et les souffrances.

TheoDone : *Donc, la prévention, c'est essentiel.*

*A. Ruffo :* Oui, mais il y a plus. Qui est-ce qui fait de la prévention ? Et que fait-on par la suite ?

TheoDone : *Il y a la communauté. On pourrait s'entraider…*

*A. Ruffo :* Qui permet aux gens de reconstruire leur estime d'eux-mêmes ? Qui fait en sorte qu'on puisse offrir une panoplie de possibilités ? Je pense que, dans la réalité, c'est plutôt le contraire qu'on observe. On se méprise ou on se compare. Par exemple, les filles comparent leurs petites robes ou leur nouvelle bicyclette. On fait tout ce qu'il faut pour faire en sorte que ceux qui ont de la difficulté s'enfoncent, pour les empêcher de s'en sortir. Je pense que les gens ne devraient pas avoir à quêter dans la communauté. C'est la communauté qui devrait être patiente, compatissante, prévoyante. C'est la communauté qui devrait être là quand il le faut. Je suis certaine qu'en ce moment il doit y avoir une dizaine de personnes qui souffrent autour de nous et qu'on le sait, mais on ne fait rien. Juste à titre d'exemple, combien de fois a-t-on vu des petits enfants regarder avec envie d'autres enfants se promener à bicyclette ? Moi, ça me chagrine beaucoup ce genre de situations. Vous savez, il y a beaucoup de jeunes qui n'ont pas de bicyclette, ici même, à Montréal. Pourtant, combien de bicyclettes voit-on dans les ordures ?

TheoDone : *Il faudrait qu'on soit plus attentifs, plus ouverts, et qu'on pose des gestes d'entraide simples.*

*A. Ruffo :* Par exemple, quand on a des enfants qui ne sont pas doués pour le sport, pourquoi est-ce qu'on leur signifie qu'on ne veut pas d'eux dans notre équipe et qu'on leur fait comprendre qu'ils vont nous faire perdre ? Pourquoi est-ce qu'on ne peut pas les accepter comme ils sont ? Pourquoi est-ce qu'on ne peut pas accepter tous les enfants ? Pourquoi est-ce qu'on ne peut pas être dans une équipe au sein de laquelle les joueurs s'accepteraient mutuellement ? Pourquoi faut-il tout le temps être dans une équipe qui doit absolument gagner, une équipe qui est prête à rejeter des joueurs et même à tricher ? Pourquoi est-ce que, dans les cercles de femmes, il faut être bien vêtue et mince, de préférence ? Pourquoi est-ce qu'on n'est pas capable d'accepter les autres ? C'est de cela qu'il est question quand on parle de la communauté. Prenez les gens qui n'ont pas de travail, par exemple. Si la communauté commençait par leur en offrir, les enfants en bénéficieraient grandement. Combien y a-t-il d'enseignants à la retraite ? Combien y a-t-il d'enfants qui ont des problèmes d'apprentissage ? Pourquoi ? Combien y a-t-il de femmes célibataires qui n'ont jamais assez d'argent pour sortir, qui n'ont personne pour garder les enfants et qui n'ont nulle part où aller ? Pourquoi n'aurait-on pas un groupe d'hommes ou de femmes qui seraient plus libres et qui pourraient s'occuper de ces choses-là ? En somme, pour moi, c'est vraiment la communauté qui doit être présente. Il y aura toujours des gens qui ont besoin de plus d'aide et la communauté devrait être en mesure de les appuyer avant que l'État ne s'en occupe.

TheoDone : *Il est vrai que si on s'entraidait plus, l'État aurait moins à intervenir.*

*A. Ruffo :* C'est tout à fait cela. Mais regardez ce qu'on a fait sur le plan juridique. Dans le Code civil, on prévoit que, quand un enfant a besoin de protection, l'État doit intervenir. On est complètement passé à côté. C'est une erreur historique, ça. Ç'en est vraiment une parce qu'on passe directement de l'enfant à l'État. On ne fait pas de cas des *intermédiaires* entre les deux que sont la famille proche, la famille élargie et la communauté. C'est après les intermédiaires qu'on devrait trouver l'État dans le système, parce que si l'État passe le seuil de votre maison, alors attention, jamais il ne s'en ira. Il sera là pour toujours. Il imposera ses valeurs. Par exemple, moi, ça ne me dérange pas qu'on se brosse les dents à 23 h dans ma maison, mais si l'État s'imposait, il pourrait bien décider qu'il faut se les brosser à 20 h. Ça ne me dérangerait pas non plus si on mangeait le dessert avant la viande, mais l'État, lui, il pourrait décider qu'il faut faire autrement. Moi, je peux très bien discuter et parler à table parce que j'ai été élevée comme ça, mais encore là, l'État pourrait trouver qu'on ne doit pas faire cela. Bref, à mon avis, l'État nous impose ses valeurs plutôt que de simplement se faire discret et réservé. Il a des façons d'agir que je ne souhaite pas qualifier et qui, à mon sens, doivent changer.

*Andrée Ruffo*

TheoDone : *On a déjà parlé de l'engouement parfois excessif lié aux sports de même que de la relation entre les parents et les enfants qui pratiquent un sport. Vous nous aviez dit que vous aviez d'autres commentaires à nous livrer à ce sujet.*

A. Ruffo : Est-ce que je peux aborder ce sujet dans un sens plus large ?

TheoDone : *Absolument; vous pouvez donner des exemples ou raconter des anecdotes.*

A. Ruffo : En fait, le sport devrait viser à aider les jeunes à se développer. Par ailleurs, certains parents qui n'ont pas pu réaliser leurs rêves ou, à tout le moins, se développer comme ils l'auraient souhaité, projettent leurs rêves sur leurs propres enfants. Cela peut donner lieu à des situations vraiment dramatiques. Par exemple, un père qui n'a pas réussi à devenir un bon joueur de hockey peut *pousser* son fils de cinq ans à jouer dans une équipe pour qu'il devienne un champion. Dans des cas comme celui-là, malheureusement, l'enfant est sacrifié et parfois même maltraité pour que le parent puisse réaliser son rêve à lui et cela bien inconsciemment.

TheoDone : *On parle donc, en quelque sorte, d'une certaine forme de transfert.*

A. Ruffo : Je me souviens d'un enfant qui était vraiment devenu un champion de patinage et qui avait remporté toutes les médailles possibles et inimaginables. Mais le rêve de patiner, c'était celui de sa mère. La vie de toute la famille tournait autour de l'enfant. La mère pouvait se lever à 5 h le matin pour conduire son petit en voiture, parfois même à l'extérieur de la ville. Finalement, à la suite d'un vilain accident, l'enfant a été obligé d'arrêter de patiner malgré ses débuts prometteurs et sa jeune carrière. L'enfant avait environ 12 ans à ce moment-là. À la suite de cela, la mère s'est retrouvée subitement sans but, sans raison de vivre, et ce, à la même période où son mari venait d'accéder à des fonctions importantes. La tragédie l'a tellement frustrée et blessée qu'elle a jeté toutes les médailles et tous les trophées de son fils. Elle l'a même frappé, maltraité et harcelé.

TheoDone : *C'est un manque d'amour envers elle-même et, par voie de conséquence, envers son enfant.*

*A. Ruffo :* Je pense que, quand on aime vraiment nos enfants, il faut croire inconditionnellement en eux et en ce qu'ils peuvent devenir puisqu'ils sont porteurs de talents, porteurs d'infini et d'absolu, comme nous tous. On a chacun des talents à développer. Il faut permettre à nos enfants de trouver les leurs et les aider à les développer. Si on veut être généreux avec nos enfants, plutôt que de leur imposer nos rêves, on devrait plutôt jouer franc jeu. On devrait leur dire : « Moi je n'ai pas réalisé tous mes rêves, et il y des choses que j'ai dû changer. » Je trouve qu'il est important de permettre aux enfants de devenir eux-mêmes, de réaliser leur propre potentiel.

TheoDone : *En somme, il faut les amener à une forme de dépassement afin qu'ils aillent encore plus loin que nous. C'est une forme de prolongement de l'amour.*

*A. Ruffo :* C'est comme ça, je pense, que l'on peut véritablement aider nos enfants à découvrir qui ils sont vraiment. Cela demande une introspection ainsi qu'une grande dose de générosité et de compréhension de ce qu'est réellement la vie. Je pense que, d'abord et avant tout, il faut aider les parents à découvrir le sens de leur propre vie. Quand notre vie a un sens, c'est facile de laisser vivre les autres et de les accepter. Si notre vie n'a pas de sens, on ne sait pas pourquoi on existe, on ne sait pas à qui rendre service et, à ce moment-là, on voit nos enfants comme des *possessions*, on tente de faire en sorte qu'ils se conforment à nos idées et à nos idéaux, et cela, je pense que c'est extrêmement dangereux.

TheoDone : *C'est parfois très difficile de mettre de côté nos convictions, de ne pas imposer nos visées. Comment fait-on pour ne pas imposer nos rêves et nos aspirations à nos enfants ?*

*C. Ruffo :* Je dois dire que votre question est particulièrement intéressante. À mon avis, la seule façon d'y arriver, c'est en s'accomplissant soi-même. À partir du moment où l'on donne un sens à notre vie, où l'on a un bonheur infini à vivre, où l'on se sent aimé, où l'on est capable d'aimer, où l'on a quelqu'un à qui confier nos rêves et où, finalement, notre vie veut vraiment dire quelque chose, eh bien à ce moment précis, on n'a plus besoin de s'imposer aux autres. Il faut se faire confiance, car, au fond, c'est principalement de cela qu'il est question. Il ne faut pas avoir peur pour notre enfant, il faut avoir confiance en sa capacité de trouver lui-même un sens à sa vie.

TheoDone : *Il faut donc donner aussi à l'adulte les moyens qui lui permettront de devenir autonome.*

*C. Ruffo :* Effectivement, et c'est quelque chose qui est assez troublant et touchant à faire. Récemment, je donnais une conférence et lors de celle-ci, il y avait du temps de prévu pour faire un tour de salle et demander l'avis des gens sur des sujets particuliers, comme le sens de la vie. À un moment donné, après que j'ai eu laissé quelques minutes aux participants pour réfléchir, je leur ai dit : « Il y en a combien ici qui ont pu réaliser leurs rêves ou qui

> **❝Il y en a combien ici qui ont pu réaliser leurs rêves ?❞**

sont présentement en train de le faire ? » Les participants étaient tous des personnes âgées, alors j'ai été particulièrement touchée par leur réponse. J'ai vu des vieux couples qui murmuraient ou qui bougeaient dans leur fauteuil, des gens qui hochaient la tête, d'autres qui avaient un air songeur. À d'autres occasions, j'ai même vu des gens pleurer quand ils réalisaient que ce qu'ils étaient devenus n'avait rien à voir avec ce qu'ils avaient voulu être.

TheoDone : *Les choses ont bien changé depuis disons trente ou cinquante ans, n'est-ce pas ?*

A. Ruffo : Imaginez le scénario. On dit des choses comme : « Tu pourras devenir ce que tu veux devenir à condition que tu fasses ton droit ou telle ou telle chose avant. » Qui essaie-t-on de satisfaire ? Ne serait-ce pas nous-mêmes ? Nos parents ?

TheoDone : *Des conditions préétablies…*

A. Ruffo : C'est là qu'on s'aperçoit qu'on est souvent piégé, que les autres se servent de nous pour réaliser leurs rêves, mais c'est fait de façon si subtile. Moi, je dis qu'il faut laisser aller, qu'il faut laisser vivre. On commence très tôt à avoir des attentes. Par exemple, quand on a un bébé dans le ventre, on commence déjà à dire des choses comme : « Je veux un garçon. Il faut que ce soit un garçon pour assurer la survie de la lignée ou pour si ou pour cela. » Et si c'est une fille qui se présente, on la trouve belle, mais c'est une fille. La même chose peut se produire avec un garçon. Et supposons qu'on a une enfant qui est, comment dire, un *garçon manqué*, un peu maniérée et brusque, on se dit à soi-même : « J'aurais donc aimé avoir une petite fille féminine. Elle a les cheveux raides, je pensais qu'elle serait frisée. Elle est colérique, mais j'aurais aimé avoir une petite qui est douce. »

TheoDone : *On n'est jamais content, finalement. On attend toujours autre chose. C'est une seconde nature quand on est axé sur la performance.*

A. Ruffo : Et on commence à dire très tôt à l'enfant : « Tu n'es pas vraiment comme on aurait voulu que tu sois, ce n'est pas ce qu'on attendait de toi, tu ne fais pas ceci ou cela comme il faut, alors corrige-toi. » Finalement, on dit aux enfants de devenir qui on veut qu'ils soient. En matière d'obéissance, il y a des règles. C'est notre être qui obéit, qui se conforme, qui se module et qui se moule. L'autre est le parent important dans sa suprématie et quand, en principe, il est *aimant*, il ne peut pas nous obliger ni se tromper. C'est facile d'adhérer à ce modèle, de satisfaire aux attentes des parents.

TheoDone : *On veut qu'ils soient une copie conforme de nous en quelque sorte.*

A. Ruffo : Oui, et c'est tragique. De cela, il peut découler des crises d'identité, de la révolte, de la colère et de la violence. En fait, je pense que tout se décide dans le ventre de la mère. C'est un être qui a sa destinée. Moi, il y a une comparaison que je fais toujours. Vous allez me dire que toutes les comparaisons sont fausses et vous aurez probablement raison. Mais je vais vous la faire quand même. Je compare un bébé à un livre. Le livre, on l'écrit, et celui qui lui donne vie passe par une période de gestation. Quand le livre arrive à terme, il a sa propre vie. On ne peut même pas décider de la vie d'un objet comme un livre. Comment se fait-il alors qu'on se permette de diriger la destinée d'un autre être humain, même s'il s'agit de notre enfant ? Il faut écouter les gens parler pour s'apercevoir que cela se produit souvent. Le langage est très symbolique et révélateur. Par exemple, quand on se promène dans la rue avec son fils et qu'on rencontre quelqu'un, on va souvent dire : « Voici mon fils, Pierre. » Pourtant, les gens savent d'avance qu'il est votre fils. Parfois on oubliera même de dire son nom !

TheoDone : *C'est important, le nom. Pourquoi ne pas le mentionner ?*

A. Ruffo : Moi, je demande toujours aux gens de me dire leur nom. À la cour, on voyait les travailleuses sociales qui, parfois, arrivaient avec des stagiaires et avec autorité. J'entendais des trucs comme : « Oui, madame, il y a quelqu'un dans la salle… » Les stagiaires me répondaient aussi : « Oui, je suis sa stagiaire. » Dans ces cas-là, je demandais : « Excusez-moi, mais vous devez avoir un nom ? » J'étais snob à cet égard-là. En fait, j'ai toujours été très particulière sur ce plan du fait que je demande toujours le nom des gens. J'ai aussi souvent entendu les gens me répondre : « Je suis son mari ou je suis sa femme. » Vous avez peut-être un nom fabuleux, vous pourriez peut-être le dire. Mais, que voulez-vous, c'est comme ça. On s'identifie par notre relation avec quelqu'un, pas en fonction de qui nous sommes.

TheoDone : *On s'identifie donc plus instinctivement par notre filiation plutôt que par notre être.*

A. Ruffo : Une situation du même genre que celles que je vous ai décrites est arrivée à un moment donné, à une autre époque. Laissez-moi vous raconter.

TheoDone : *Oui.*

A. Ruffo : Alors, c'est le docteur T…, ou c'est Maître…, je ne sais plus qui. Mais on s'identifiait alors par notre pratique professionnelle. Maintenant, très souvent dans les conversations, les gens disent, par exemple : « Je suis Sophie T… » et une question suit souvent une telle présentation : « Et que faites-vous … ? Cela m'apparaît normal comme question. Mais avez-vous déjà entendu quelqu'un demander : « Mais qu'est-ce que vous êtes » ? Dans le fond, ce que les gens font, on s'en contrefout. Qu'ils soient plombiers ou cordonniers, moi, cela ne m'intéresse pas. C'est ce qu'ils sont qui m'intéresse au plus haut point. Moi, j'ai plus envie de leur poser les questions suivantes : « Qui êtes-vous ? Quelles sont vos valeurs ? Êtes-vous heureux ? Qu'est-ce que vous faites dans la vie dans la mesure où cela a à voir avec votre être ? » Essayez de poser ce genre de questions lors d'un cocktail, juste pour le plaisir, et vous verrez ! Je pense que si on arrivait à valoriser l'être au lieu de mettre l'accent sur ce que les gens font, sur leur façon de paraître et sur ce qu'ils ont, à ce moment-là on s'entourerait de gens qui nous ressemblent, quels que soient leur profession, leur statut et leur richesse, on aurait beaucoup plus l'impression de se retrouver entre êtres humains et, en somme, ce serait infiniment plus agréable.

TheoDone : *Cette distinction entre ce que les gens sont et ce qu'ils font est particulièrement intéressante. Les gens se définissent par leur rôle et par leur travail, comme pour exercer un genre de pouvoir sur le monde. Il faut plutôt prendre le temps d'être soi-même, de vivre. Aujourd'hui, quand on s'intéresse au côté de nous qui correspond à ce qu'on fait, ça nous rend nerveux, stressés, hyperactifs. Il faut toujours en faire plus. Pourtant, les choses n'ont pas toujours été comme cela.*

A. Ruffo : En plus, quand on est trop occupé à faire des choses, on oublie qui on est, on se perd, parce que la société est organisée de telle sorte qu'on fait toujours ce que le patron ou les autres personnes avec qui on a un lien d'autorité demandent. On a abdiqué sur tout et c'est cela, selon moi, qui est immensément triste. Il faut garder un certain sens des responsabilités et nous dire que, oui, on travaille pour telle ou telle personne, mais que les gestes qu'on pose, on les assume. »

TheoDone : *Cela est notamment arrivé à certains Américains en Irak lorsqu'on leur a montré la photo de la femme militaire, vous savez, celle qui avait dit : « On m'a commandé de… »*

A. Ruffo : Tout à fait. En ce qui me concerne, il y a eu des gens qui se sont présentés devant moi en cour et qui ne connaissaient pas leur client, des gens qui n'avaient pas lu les informations qui avaient été consignées au dossier. Je me souviens du cas de quelqu'un qui avait dû remplacer quelqu'un d'autre. Elle s'était levée et avait commencé en disant : « Écoutez, madame la juge, je viens juste d'avoir le dossier et mon patron m'a demandé d'être ici pour le remplacer ce matin. » Je lui avais dit : « C'est bien. Vous représentez bien votre patron. Dites-lui qu'il revienne quand il aura le temps, moi je ne vous écouterai pas. Premièrement, vous ne connaissez pas votre client. Vous ne l'avez jamais vu. Deuxièmement, vous ne connaissez pas le dossier. Troisièmement, je vais vous conseiller de refuser de venir ici la prochaine fois et de plutôt demander une remise. Vous n'avez pas le droit. Vous avez un code de profession, un code de déontologie que je sache. »

TheoDone : *Comment peut-on se présenter ainsi en cour sans connaître la personne...*

A. Ruffo : Je l'ai dit mille fois : une telle chose est inacceptable. Par exemple, si une avocate se levait et disait qu'elle pensait que sa cliente allait être d'accord, je répondais à cela : « Maître, me dites-vous que vous ne l'avez pas rencontrée ? » Si elle me disait qu'elle ne l'avait pas fait, par exemple parce qu'elle était en centre d'accueil, alors j'ajoutais : « Veuillez vous asseoir, vous n'avez pas de mandat. »

TheoDone : *Cela me semble à moi aussi tout à fait sensé.*

A. Ruffo : J'ai même parfois vu des avocats arriver à la cour sans dossiers physiques, sans aucun document. Mais je me demandais alors comment ils avaient pu étudier le cas, établir un lien de confiance avec le client et préparer une défense, dans certains cas, et comment ils pourraient offrir des solutions de rechange au tribunal. Ça me paraissait impossible.

TheoDone : *Il faut que la situation nous touche de près pour s'y intéresser vraiment.*

A. Ruffo : Si un enfant souffre d'autisme, qu'il est toxicomane ou qu'il a des troubles d'apprentissage, il se sentira honteux, affaibli et peut-être humilié, et il ne sera pas capable de se lever et d'exiger des choses. Dans des cas comme cela, je me dis que j'ai confiance et qu'il va falloir qu'on s'unisse, tout le monde ensemble, pour trouver des solutions à des grandes problématiques plutôt que pour résoudre des cas particuliers. Il va falloir qu'on regroupe nos forces, qu'on voie plus loin que notre situation personnelle et qu'on exige des ressources pour les enfants. Mais qui peut le faire ? Il faudra que les grands-parents participent à leur façon. Ce sont eux qui ont le pouvoir. Il va falloir que les parents s'y mettent, eux aussi. Et il va falloir que les enseignants s'y mettent également. Il va falloir qu'on s'y mette tous.

TheoDone : *Je vous ai interrompue lorsque vous souhaitiez parler de Nuremberg. Est-ce que vous voulez dire quelque chose à ce sujet ?*

*A. R....ff.*: Non, je disais juste qu'avant Nuremberg on pouvait invoquer l'obéissance, et je pense que le droit international le permettait comme défense, mais qu'après Nuremberg on ne pouvait plus se défendre en disant : « J'obéissais. » L'obéissance n'est plus une défense parce que l'on garde notre capacité de juger et on doit refuser de commettre des crimes au nom de l'obéissance. C'est tout ce que j'ai voulu dire.

TheoDone : *Mais ça existe encore…*

*A. R....ff.*: Ça existe encore des crimes de guerre, des aberrations, des envahissements de territoire, des meurtres dans la population. Tout cela existe encore. Mais il n'y a aucune autorité actuellement qui est capable de mettre un frein à cela au moment où ça se passe. À la place, on attend et on fait des discours. Il n'y a personne qui a assez d'autorité pour intervenir et dire : « C'est assez. »

TheoDone : *Personne ne souhaite s'engager.*

*A. R....ff.*: C'est une notion que Bernard Kouchner a avancée. Selon lui, le *pouvoir d'ingérence* se transforme en *devoir d'ingérence*. Ce dernier existe à l'échelle de l'individu. Par exemple, si je vois un enfant se faire violer dans la rue, j'ai le devoir de *m'ingérer*. De façon plus générale, cela existe aussi à l'échelle des nations, par exemple dans le cas d'un génocide. Or ce devoir d'ingérence a été confié à l'ONU, qui est un acteur impuissant à la merci des États-Unis, sans aucun pouvoir réel et dont les injustices sont flagrantes, notamment en ce qui concerne l'Afrique. Pourquoi a-t-on perdu confiance en nos politiciens, en des organisations telles que l'ONU ? On ne parle pas de lâcheté, de malversation ni de fraude. On parle d'une crise de leadership. On n'a pas de grands leaders capables de volontés politiques à l'échelle nationale et internationale qui pourraient nous inspirer et motiver les gens à devenir meilleurs et à renoncer à certains de leurs droits au profit du droit supérieur. Je pense que tous les êtres humains accepteraient de faire des sacrifices s'ils pouvaient vraiment servir à quelque chose qui en vaut la peine. Dans l'état actuel des choses, on sait que, même si on fait des sacrifices et qu'on choisit d'aider, il peut y avoir un honteux gaspillage et on ne peut avoir la certitude que nos efforts ou nos dons seront dirigés nécessairement aux endroits où les besoins se font sentir.

TheoDone : *Mais je crois que les gens deviennent plus conscients de cette urgence et de cette nécessité d'intervenir.*

*A. Ruffo :* Pourtant, il y a encore des millions d'enfants qui meurent chaque année. Mais on devient effectivement de plus en plus critique. Quand on pense à tous les gens qui travaillent et qui ne paient pas d'impôt, parce qu'ils travaillent au noir ou qu'ils font du troc… Tant qu'on aura des gouvernements qui gaspillent impunément et qui commettent toutes sortes de malversations, on ne se surprendra pas que le citoyen se protège. Suffit !

TheoDone : *Malheureusement, je pense que c'est pareil partout dans le monde.*

*A. Ruffo :* En effet, ce genre de chose se produit à l'échelle internationale. Pourquoi est-ce que l'on contribuerait si c'est pour servir les intérêts de quelques personnes, pour enrichir encore une petite minorité ? On ne veut plus le faire, car on est informé, on est indigné, et on dit non à toutes ces choses. On dit non à notre façon, mais on dit non quand même. Et je pense qu'on a raison de le dire.

TheoDone : *On cherche ces leaders qui pourraient transformer l'indignation des gens en projets constructifs.*

*A. Ruffo :* On attend de voir qui va se lever, on attend de trouver quelqu'un qui nous inspirera ou qui aura cette autorité morale sur nous. On a besoin de ces personnes et on les cherche désespérément. Parce que, quand on s'interroge pour essayer de trouver quelqu'un qui nous inspire actuellement, on peut chercher longtemps. Moi, je cherche encore. Les leaders inspirants, c'est une denrée rare, vous savez. Moi, j'ai malgré tout un modèle, un héros. Il s'agit de Jean Vanier. C'est un homme absolument admirable qui a consacré sa vie aux personnes handicapées mentalement et physiquement. Il est d'une humilité, d'une sagesse, d'une intelligence. C'est quelqu'un qui m'inspire, mais ce n'est pas quelqu'un qui prendrait la parole et qui agirait publiquement sur la scène politique. Il ne ferait pas cela.

TheoDone : *Ne croyez-vous pas que, au lieu de chercher une personnalité inspirante sur la scène nationale ou internationale, les gens devraient plutôt essayer de développer les qualités qui les inspirent chez les leaders ?*

*A. Ruffo :* C'est vrai. On peut aussi faire cela. En ce sens, je pense qu'on peut aider autour de nous. C'est très important de poser un tel geste. Il faut que des gens organisent la cité. Maintenant que les États ont abdiqué un certain nombre de prérogatives au profit des organismes internationaux, on a également besoin de gens qui ont confiance pour définir une *vision* internationale. Il faut organiser notre vie intérieure, notre famille, notre communauté, la société dans laquelle on vit. Ensuite, on peut faire la même chose à l'échelle internationale. Mais

> **❝On a également besoin de gens qui ont confiance pour définir une *vision* internationale.❞**

les gens sont de plus en plus dépourvus. Ils ne reçoivent pas de soutien et ne sont pas inspirés. Mais, pour pouvoir se lancer, on doit d'abord avoir quelque chose à l'intérieur de soi; on ne doit pas vivre dans la pauvreté, dans un climat de violation, dans la maladie ou dans l'ignorance. On a besoin d'une *organisation de cité*. Par exemple, il y a quelques années, quand on nous avait informés que l'on n'avait plus de livres pour les enfants du Québec, comment est-ce qu'on a pu supporter cela sans descendre dans la rue, brandir des pancartes et hurler ? Ça n'a aucun sens qu'un territoire aussi riche que le Québec ne puisse pas offrir de livres à ses enfants, vraiment. Mais on a accepté ce qu'on nous a dit à l'époque. Moi, je dis que, dans des cas comme celui-là, il faut vraiment s'indigner. Je trouve que, bien souvent, l'acceptation, c'est de la lâcheté. Moi, je n'accepte pas l'injustice, la méchanceté, la délation, l'hypocrisie. Je ne l'accepte pas, cela m'est impossible, et je le dirai, je m'élèverai contre cela.

TheoDone : *J'aimerais revenir sur un thème précis : SOS Jeunes. Dès que les enfants arrivent à la fin du primaire, il est possible pour certains parents et pour les enseignants spécialisés de déceler chez eux des signes ou des comportements susceptibles de pouvoir être considérés comme divergents ou encore des symptômes qui pourraient dépasser les normes établies. Quel genre d'écoute les enfants qui se sentent mal ou qui, à leur façon, envoient des signes, des SOS, peuvent-ils avoir ?*

A. Ruffo : Dès leur plus tendre enfance, vers un an ou deux, certains petits montrent déjà qu'ils ne veulent pas être là. Ça peut être le cas, notamment, d'un enfant qui a été *nourri* d'alcool ou de drogue pendant les neuf mois de la grossesse. Malgré son jeune âge, il peut déjà se sentir négligé et on peut aussi le bousculer ou le maltraiter. Il y a des enfants qui vivent des rejets, des abandons alors qu'ils sont tout petits. Dans ces cas-là, quand ils arrivent à l'école, tout ce qu'ils veulent faire c'est mordre les autres, les frapper, montrer leur agressivité. Ils agissent comme cela parce que c'est ce qu'ils ont subi toute leur vie. Donc, même en bas âge, les enfants peuvent déjà nous dire, à leur façon, qu'ils ont besoin d'aide ou se demander si quelqu'un veut bien d'eux.

TheoDone : *Ils lancent des cris d'alarme en quelque sorte, mais leur langage semble difficile à comprendre pour bon nombre de personnes.*

A. Ruffo : En fait, on est porté à isoler les jeunes qui présentent certains symptômes et à les réprimander. On fait cela pour protéger les autres. Mais il reste que ces enfants-là demandent de l'amour et que, malheureusement, ils n'en reçoivent peut-être pas assez. À cause de choix politiques, les psychologues et d'autres personnes qui leur offraient un soutien ont été retirés des écoles. Prenons le cas d'un enfant qui a la migraine, par exemple. Quand il dit : « J'ai mal à la tête », il faut l'écouter. Il dit qu'il a mal physiquement, mais son mal de tête pourrait bien découler du stress. À qui est-ce que cela n'est jamais arrivé ? En somme, les enfants parlent, mais, malheureusement, les parents ne savent pas toujours décoder leur langage.

TheoDone : *Pourquoi cela, vous pensez ?*

*A. Ruffo :* À mon avis, la première raison pour laquelle ils ne le décodent pas, c'est qu'ils ne s'y attardent pas. La deuxième raison, c'est que, dans bien des cas, ils sont habitués de ne pas exiger qu'on les respecte eux-mêmes.

TheoDone : *On ne peut pas donner ce que l'on a pas reçu.*

*A. Ruffo :* Mais, dans la réalité, quand est-ce qu'on peut dire : « Excusez-moi, j'en ai assez, je suis fatigué » ? Est-ce que j'aurais fait cela à 35 ans ou à 40 ans ? Jamais. Je me souviens d'avoir eu des points dans le dos, d'avoir éprouvé pas mal de fatigue, mais jamais je ne me serais permis de dire cela. Quand on ne se permet pas d'être fatigué soi-même, d'avoir faim ou de ne pas manger ceci ou cela, à ce moment-là, est-ce qu'on peut permettre cela à son enfant sans considérer qu'il fait des caprices ? Pour ma part, si mon enfant me dit qu'il ne peut pas ou ne veut pas manger quelque chose, je ne considère pas cela comme un caprice. Mais on ne se permet pas ça quand on est parent.

TheoDone : *Donc, il faut qu'on ait un libre choix d'agir et d'être qui on est.*

*A. Ruffo :* En effet. Je me souviens, quand j'étais petite, ma mère aimait beaucoup les pommes. Elle nous disait constamment : « Mange ta pomme, mange ta pomme ! » Elle m'en a tellement fait manger, des pommes. Souvent, j'avais l'impression d'avoir une pomme tout entière qui restait accrochée dans mon estomac jusqu'au lendemain.

TheoDone : *Vous ne teniez pas à manger autant de pommes, donc vous l'avez fait contre votre volonté ?*

*C. Ruffo :* Non, pas vraiment. En fait, c'est la pomme qui ne m'aimait pas ! À mon âge, je ne digère plus les pommes, quoique je puisse en manger cuites, dans des tartes ou en compote, par exemple. J'avais mal quand je mangeais des pommes. Je l'ai dit maintes fois, je l'ai répété, mais je n'ai pas été entendue à l'époque. Pour ma mère, je faisais des caprices.

TheoDone : *Elle pensait vraiment que c'était un caprice de votre part ? Elle s'est probablement dit que les pommes étaient bonnes pour la santé et qu'il fallait en manger une par jour. Ça devait être une question de principe pour elle, je présume.*

*C. Ruffo :* Elle, elle avait ses croyances et moi je disais ce que je pensais. J'avais mon langage d'enfant et elle, elle avait sa capacité de parent à écouter, à prendre en compte ce que je disais. Un enfant qui ne veut jamais se coucher ou qui fait des crises, c'est souvent un enfant qui souffre d'insécurité. Il faut en parler, de cela. D'ailleurs je me souviens du cas d'un jeune homme que j'avais beaucoup apprécié et qui était venu me trouver en disant : « J'ai trois enfants. Le plus vieux, c'est un garçon, et il a commencé l'école. J'ai aussi deux petites filles. » Je connaissais le petit garçon. C'était un enfant adorable, merveilleux. Mais, lors de sa première journée d'école, il avait commencé à avoir mal au ventre, à hurler. Il ne voulait pas y aller. Il avait tout fait pour ne pas y aller. Après une semaine ou deux, l'homme m'avait dit : « Madame la juge, je ne sais vraiment pas quoi faire. » Je lui avais répondu, je m'en souviens très bien : « Je ne sais pas pourquoi vous m'en parlez à moi. Je ne vais pas à l'école. J'ai fini mon école et je n'ai pas de problème. » Il avait alors répliqué : « Vous ne comprenez pas, Maître. » Je dis alors : « Vous ne comprenez pas, ce n'est pas moi qui vais à l'école. » J'avais finalement ajouté : « Ce que vous allez faire c'est retourner chez vous ce soir et prendre une marche avec votre fils. »

TheoDone : *Il faut dédramatiser ce moment important dans la vie d'un enfant qu'est l'entrée à l'école.*

*C. Ruffo* : Effectivement. Dans le cas dont je vous ai parlé, le père a suivi mon conseil. Vous savez pourquoi le petit ne voulait pas aller à l'école ? Parce qu'il pensait que sa maman ne l'aimerait plus s'il n'était pas avec elle tout le temps. Il se disait aussi qu'il manquerait toutes les activités que sa mère pourrait faire avec d'autres pendant le jour s'il allait à l'école. Il ressentait une insécurité et avait peur que sa famille le délaisse. Pourtant, il avait des parents qui l'adoraient, lui et ses sœurs.

TheoDone : *Ainsi, comme bon nombre d'autres enfants, il ressentait une peur bien justifiée d'aller à l'école. Mais par contre, pour ce qui est du fait que sa maman ne l'aimerait plus s'il n'était pas là avec elle, c'est autre chose… ?*

*C. Ruffo* : En effet. Une semaine après notre rencontre, il est revenu me voir. Il avait vraiment changé. Il rayonnait comme un soleil quand je l'ai vu. Il était resplendissant. À la maison, c'était le bonheur absolu. Le petit était maintenant content d'aller à l'école. Il adorait cela, même. Alors, vous voyez, il a suffit que quelqu'un soit attentif aux signes de l'enfant, que quelqu'un lui parle, l'écoute et le rassure : c'était son papa.

TheoDone : *Il n'y a rien de plus naturel et de plus sécurisant pour un enfant de cet âge.*

*C. Ruffo* : En effet, et je peux vous en dire encore davantage sur le sujet, si vous voulez.

TheoDone : *Bien sûr.*

*C. Ruffo* : Poursuivons donc cet exemple. Le temps passe et ni son père, ni personne au fait n'écoute plus vraiment ce jeune. En février ou en mars d'une certaine année, quelqu'un m'avait dit : « L'enfant a des troubles d'apprentissage; on va le mettre dans une classe spéciale. » On disait de lui qu'il faisait mal aux autres, qu'il ne montrait pas de bonne volonté et qu'il pouvait très bien tomber malade. Lui, il disait qu'il aimait beaucoup sa maman, ses petites sœurs, et qu'il avait peur de les laisser. C'est incroyable comment le langage des enfants peut être important. Sauf que, si les parents courent tout le temps et qu'ils ne sont jamais là, ils peuvent difficilement être à l'écoute. Et il est clair que le temps libre la fin de semaine ne sert plus à essayer de comprendre le langage des enfants. On les inscrit plutôt à des cours de patin, au hockey. Le matin, le jeune pourra écouter ses émissions pendant que les parents dormiront…

TheoDone : *Les parents sont trop occupés. Ils n'ont pas le temps de reprendre leur souffle et ils n'ont pas le temps de s'occuper des petits…*

*A. Ruffo :* Vous savez, des études ont démontré que les parents n'arrivent même pas à passer quelques heures par semaine avec leurs enfants. La télévision occupe beaucoup de temps, les repas aussi, et ceux-ci sont parfois pris devant la télévision. On veut des enfants, on gère leur temps, mais on ne les voit pas. Prendre du temps avec eux sans rien faire de particulier, pour jouer ou pour bricoler, cela ne se fait plus beaucoup de nos jours. Je disais souvent aux enfants qui souffraient de troubles d'apprentissage : « Ce n'est pas vous qui avez un problème, ce sont les adultes. Nous, les adultes, on a un énorme problème parce qu'on n'est pas assez intelligents et qu'on n'a pas fait assez de recherches pour pouvoir comprendre comment vous apprenez. Vous savez, vous êtes aussi intelligents que nous, sinon plus, mais vous apprenez d'une façon différente, et on ne comprend pas votre façon d'apprendre. »

[…]

Pendant longtemps on a pensé qu'il n'y avait qu'une seule façon d'apprendre. On ne comprenait pas la théorie de l'apprentissage présentée par Howard Gardner, par exemple, sur les intelligences multiples. Je me souviens d'une enfant qui avait justement des problèmes d'apprentissage et qui n'était pas capable d'apprendre le français par la voie traditionnelle. À un moment donné, sur son ordinateur, elle a découvert les signes chinois et elle s'y est intéressée. En l'espace de quelques mois, elle a appris la langue. Je ne sais pas si vous connaissez cette langue, mais elle comporte, quoi, quinze mille, vingt mille signes peut-être ?

TheoDone : *Pour percevoir ces différents types d'intelligences, il faut donc que les parents et les éducateurs soient à l'écoute.*

C. Ruffo : Effectivement. Je vous ai peut-être parlé de ce jeune qui n'avait jamais réussi une année scolaire, pas une seule. Lorsque je lui avais demandé ce qu'il faisait pour se faire plaisir, il m'avait répondu : « Je lis des livres de mathématiques. » C'était un génie, mais personne ne s'était jamais vraiment arrêté à essayer de voir ce qu'il aimait vraiment.

TheoDone : *On croyait qu'il n'y avait qu'une façon de faire jusqu'à récemment, jusqu'à la nouvelle Réforme de l'éducation, et on traitait tout le monde pareil. L'enseignement était compartimenté : on enseignait le français, l'anglais, les sciences, les mathématiques, etc. On devait tout apprendre et tout mémoriser.*

C. Ruffo : On ne tenait pas compte du fait qu'il pouvait y avoir d'autres façons d'apprendre, d'autres genres de cerveaux. On considérait que, si on n'était pas comme tout le monde, on ne pouvait pas faire ce qu'on désirait. Encore aujourd'hui, quand un enfant ne fait pas d'efforts pour réussir à l'école, on l'empêche de dessiner, de jouer du piano ou de faire du sport. On le punit dans ce qu'il aime, dans les domaines où il a du talent, pour le rendre semblable aux autres, ce qui peut, dans bien des cas, ne pas lui convenir. Il y a beaucoup de façons de faire. Quand les enfants changent, parfois on exprime certains regrets. Je me souviens d'ailleurs d'une mère qui m'avait dit : « J'ai une fille, c'était la plus gentille des filles. Elle réussissait bien, entre autres à l'école, elle était toujours propre, elle était merveilleuse. J'avais tellement de plaisir à être avec elle. Mais, tout d'un coup, elle a changé. Tout d'un coup, elle s'est mise à se déguiser; elle a commencé à prendre de la drogue et à faire de la prostitution. Je ne la reconnais pas. C'est vraiment arrivé tout d'un coup. » Je me souviens très bien ce que j'avais répondu : « Madame, comment il s'appelle, votre *tout d'un coup*, il doit avoir un nom ? Est-ce que vous avez un nouveau conjoint ? Qu'est-ce qui est arrivé à la maison ? Ce n'est pas vrai qu'une enfant peut changer comme ça. Madame, il est sûrement arrivé quelque chose. Ce *tout d'un coup* doit avoir un nom. » Pour la première fois, elle a réalisé cela. Elle avait alors avoué avoir un nouveau conjoint. Je lui avais alors dit : « Ce n'est peut-être plus *tout d'un coup*. » On a examiné la situation de près. Il abusait de la jeune fille et elle n'osait pas le dire à sa mère. Finalement, cela n'a pas fonctionné. La fille s'est mise à prendre encore plus de drogue.

TheoDone : *La mère aurait dû se rendre à l'évidence.*

C. Ruffo : Bien sûr. Je pourrais aussi vous donner un autre exemple. Il y a un autre jeune qui est paru devant moi. La mère était certaine qu'il ne prenait pas de drogues et que tout était parfait. À un moment donné, j'ai demandé au jeune garçon de relever ses manches. » Il m'avait alors dit, pour s'expliquer : « Ce sont des blessures. » Il s'était tellement piqué ! J'avais alors dit à sa mère : « Madame, regardez votre garçon, regardez-le bien. » Par la suite, elle a porté plainte parce que j'avais forcé son fils à relever ses manches pour chercher des preuves. Elle était tellement fâchée contre elle-même de ne pas avoir vu la situation qu'elle déversait sa colère sur moi parce que moi, dans un regard, j'ai reconnu les yeux de cet enfant, je reconnaissais ce type de regard. Par la suite, elle s'est excusée encore.

TheoDone : *Il suffisait de bien observer.*

C. Ruffo : Un autre enfant qui se droguait est arrivé devant moi très énervé. Je lui avais demandé : « Ça fait combien de temps que vous prenez de la *coke* ? » Il m'avait alors répondu :

« Comment tu le sais ? » Je lui avais dit : « Je connais ça un peu. » Je ne blâmais pas les parents, parce que ce n'est pas parce qu'on est parent qu'on sait nécessairement reconnaître les spécificités de telle ou telle drogue ou qu'on est à même de se rendre compte que nos enfants se droguent. Mais il reste qu'on peut avoir des doutes quand notre enfant n'est pas bien, qu'il n'est pas tout à fait lui-même et qu'il dit qu'il a quelque chose. Il faut l'observer, l'écouter souvent. Il ne faut pas dramatiser non plus. Mais s'il a des problèmes sérieux, il faut demander de l'aide. Il y en a des gens compétents qui peuvent nous aider. J'ai souvent demandé à des parents ou à des amis pourquoi ils n'allaient pas *jaser* avec un psychologue pendant une petite heure au moins. Je leur disais qu'ils pourraient peut-être trouver une solution de cette façon, que le psychologue allait peut-être vouloir voir l'enfant après. On ne sait jamais, une simple consultation peut être suffisante.

TheoDone : *Il faut poser les bonnes questions. S'adresser aux bonnes personnes.*

A. Ruffo : Dans un cas de séparation, par exemple, qu'est-ce qu'on dit à l'enfant ? Comment lui présente-t-on la situation ? Et quand un nouveau conjoint arrive dans le portrait ? Il y a parfois aussi de grands changements sur le plan financier : faillite, maison, automobile... il y a parfois des pertes insurmontables. Il y a de grands drames dans la vie... La mort... il y a bien des gens qui ne savent pas négocier avec la mort... la mort du père, la mort de la mère. La mort, ce n'est pas évident non plus. Qu'est-ce qu'on dit dans ce cas-là ?

TheoDone : *À deux ans, trois ans, cinq ans, dix ans, c'est différent. Il faut savoir écouter selon les besoins et l'âge de l'enfant.*

A. Ruffo : Et au sujet de la maladie d'un grand frère qui a le cancer, qu'est-ce qu'on dit ? On n'est pas obligé de tout savoir cela. Il y a des amis qui peuvent nous aider, et les grands-parents aussi. Il y des gens autour de nous qui peuvent nous aider. On peut consulter aussi.

TheoDone : *Mais comme tout professionnel, il y en a qui sont bons et il y en a qui le sont moins en ce qui concerne la relation d'aide.*

A. Ruffo : On en choisit un autre, s'il y a lieu.

TheoDone : *C'est ce qu'il faut faire... Comme toute autre relation, ça peut marcher avec une personne et ne pas marcher avec une autre.*

A. Ruffo : En effet. Quand mon dentiste a pris sa retraite, il y a 15 ans, son fils, aussi dentiste, a repris la clientèle de son père. J'y suis allée une fois. Il me faisait si mal ! J'en ai donc trouvé un autre qui me convenait parfaitement. Ça ne veut pas dire qu'il n'était pas bon, (ma mère et ma sœur vont toujours le voir), mais moi ça ne me convenait pas. On magasine cinq fois pour trouver les bons vêtements, on visite six boutiques pour nos souliers, alors pourquoi ne pourrait-on pas faire la même chose quand il s'agit d'aider nos enfants ?

TheoDone : *C'est tout simplement qu'en situation de crise ça fait du bien de savoir qu'on peut appeler tel docteur, de savoir, par exemple, qu'il va nous donner un conseil.*

A. Ruffo : Oui, c'est la même chose pour les médecins quand vous avez un problème de cet ordre-là. Il m'est arrivé, à moi-même, d'aller à l'hôpital pour des tests pour les yeux, car j'ai un problème à un œil. La première spécialiste que j'ai rencontrée, je ne l'ai pas trouvée sympathique. Je suis partie assez vite. Je n'étais pas obligée de rester, pas du tout. De plus, quand je vais avoir les résultats, je vais demander une deuxième consultation, c'est entendu.

TheoDone : *Cela revient à ce qu'on disait plus tôt au sujet de l'autorité : si quelqu'un en autorité dit quelque chose, un médecin, par exemple, on le fait.*

A. Ruffo : C'est parce qu'on a perdu l'esprit critique. Moi, je ne prendrais jamais ce que quelqu'un me dit comme vérité absolue. Je vais vérifier et, par la suite, accepter.

**TheoDone**: *C'est Benjamin Franklin qui a dit, et je traduis librement : « Croyez en la moitié de ce que vous voyez et rien de ce que vous entendez. »*

*A. Ruffo* : On n'est pas obligé d'accepter tout ce que disent les professionnels. Ils sont parfois, eux aussi, fatigués et ils ont leurs limites. Il faut garder toujours l'esprit critique, en tout. On le fait pour les voitures, pourquoi ne pas le faire pour nos dents, notre santé, nos enfants ?

**TheoDone**: *Cela revient à une de nos premières questions, quand vous avez mentionné que votre père disait qu'il ne fallait jamais critiquer les curés. Vous n'étiez pas d'accord avec cela.*

*A. Ruffo* : On peut critiquer de façon saine et constructive. Chez nous cela a toujours été permis. On n'était obligé d'être d'accord avec rien. On le disait correctement, voilà tout.

**TheoDone**: *Alors qu'on se parlait plus tôt d'enfants d'un an et de deux ans, j'ai pensé aux garderies. Je sais qu'il y a des études qui démontrent que c'est important pour eux de socialiser. Dans ma tête, intellectuellement, je sais que c'est important, mais mon cœur me dit que cela peut être le contraire.*

*A. Ruffo* : Mon cœur me dit aussi que ce n'est pas bien et dans ma tête, intellectuellement, je sais également que ce n'est pas bien. Ce sont des choses qui existent pour *accommoder* les parents. Parfois, c'est nécessaire. Il y a vraiment des gens qui ont besoin de travailler, c'est certain. Je pense qu'il faut laisser aux parents le soin d'assumer leurs responsabilités, mais en les incitant à rester à la maison et à s'occuper de leurs enfants au moins jusqu'à ce qu'ils soient à la maternelle ou à la prématernelle. Quand je vois des enfants attachés à une corde, qui se promènent à la queue leu leu dans la rue alors qu'ils sont à peine capables de marcher, quand je les vois cordés dans une voiturette et qu'ils sont à peine capables de se tenir debout… ils ont à peine sept ou huit mois…, j'ai beaucoup de peine, j'ai beaucoup de peine pour ces enfants-là et pour leurs parents.

Quand il y a huit, dix, douze enfants ensemble, je doute qu'une personne de l'extérieur, même spécialisée dans ce domaine et même si elle les aime, puisse apporter le même soin, le même amour qu'une mère quand elle endort ses enfants avec les chansons de sa mère, quand elle prépare la nourriture, quand ça sent bon, quand elle fait du bricolage et d'autres activités avec ses enfants, etc. Ce sont toutes sortes d'activités qui permettent à l'enfant de s'identifier, de se construire. Ainsi en est-il quand la mère interdit quelque chose, « Non, ce n'est pas possible », quand elle est fâchée, « Tu ne tires pas les cheveux de maman »… Je ne juge pas, car il y a des gens qui ne sont pas capables de s'occuper des enfants et qui ont besoin de travailler.

TheoDone : *Il faut laisser le temps à l'enfant de développer ses attaches naturelles, n'est-ce pas ?*

*C. R~ffo :* Je crois profondément à la richesse et à la transmission de la culture, des chants, des histoires, de la nourriture, des odeurs, de tout ce qui fait qu'on est la fille ou le fils de ses parents. Pour moi, c'est sûr. Mais je pense que l'on n'incite pas assez les parents à développer ce type de rapports. Il y a des choses à faire à ce sujet, il y a une société qui doit s'organiser autour des familles.

TheoDone : *Des rapports irremplaçables.*

*C. R~ffo :* Lors de l'Année internationale de la famille, en 1994, j'étais coprésidente et j'ai écrit un texte sur la famille. Vraiment, oui vraiment, je trouve qu'il n'y a rien de changé depuis cette époque. Quand est-ce qu'on a des horaires flexibles ? À quel moment peut-on partir une heure ou deux l'après-midi pour s'occuper des enfants, aller chez le médecin avec eux, aller les chercher ? Pas seulement quand il y a des urgences ou des maladies, mais juste pour passer du temps avec eux. Quand est-ce qu'on offre de telles possibilités sans qu'il y ait pénalité ? On n'est pas des machines; à un moment donné, il faudra se reposer, mais c'est tellement court ! On parle de quelques années, ce n'est pas l'éternité, tout de même. Quand l'enfant est bien parti, il s'intègre bien à l'école, il réussit bien. Je me souviens, quand j'ai commencé à travailler, mon fils était en première année, et j'ai eu la chance qu'il aille chez les sœurs. Je venais de finir mon droit. L'une d'elles donnait une collation à Michel à trois heures et demie et le gardait dans son bureau pour faire les devoirs. Je venais le chercher vers quatre heures, quatre heures et quart. S'il était resté à l'étude, il aurait joué pendant une heure et fait l'étude jusqu'à cinq heures et demie. Je trouvais que cela n'avait pas de bon sens. La religieuse estimait que j'avais beaucoup à donner à la société, que c'était important que je le fasse et elle m'aidait.

TheoDone : *Il y a toujours moyen de s'organiser, surtout lorsqu'on peut planifier.*

A. Ruffo : Moi, j'avais pris un arrangement avec mon patron : le midi, je prenais cinq minutes pour avaler quelque chose; je n'allais pas dîner à l'extérieur et, comme ça, je pouvais partir plus tôt. J'ai été chanceuse. Il y avait une religieuse qui m'aimait et qui m'aidait et j'avais un patron qui avait compris. Pourquoi prendre une heure et demie le midi pour aller jaser avec des collègues quand le cœur est ailleurs ? Je ne pouvais pas faire ça. Mieux valait manger en vitesse et, après, faire le travail pour partir plus tôt. Qu'on laisse aux gens le soin de s'organiser et qu'on partage. Que les hommes et les femmes partagent.

[…]

Ce n'est pas vrai que c'est bon pour les enfants de cet âge-là d'être à la queue leu leu comme cela le long d'une corde ou d'être assis dans des boîtes. Il n'y a personne pour me convaincre de cela. Il y a un temps pour tout. La socialisation, ça ne se fait pas à huit mois, impossible.

TheoDone : *À deux ou trois ans, c'est un peu plus normal…*

A. Ruffo : … d'avoir des petits amis, mais ils peuvent avoir des petits amis qui viennent jouer à la maison et ils peuvent aller jouer chez les petits amis. On peut partager aussi entre voisins, entre grands-mamans. Ça fait du bien aussi d'avoir cette tendresse-là…

TheoDone : *Les jeunes ont parfois des comportements qui forcent la patience des adultes. Ils peuvent lancer des cris d'alarme. Quelles sont les ressources offertes pour ces jeunes-là ?*

*A. Ruffo :* La première ressource, c'est leurs parents. Ou c'est peut-être le grand-papa, la grand-maman. C'est peut-être aussi le professeur, l'ami. Il ne faut pas toujours aller chercher au bout du monde pour trouver des ressources. Les ressources sont très souvent près d'eux. Je pense qu'il faut vraiment les exploiter et rendre les gens plus responsables de cette écoute. Souvent, quand il y a eu un drame, l'enfant dit : « Je l'ai dit à ma grand-mère, mais elle ne m'a pas écouté » ou « J'en ai parlé à mon professeur d'école, mais il ne m'a pas cru ». L'enfant est tenté de faire cette démarche autour de lui et souvent on n'y a pas fait attention. C'est très triste. La première ressource gravite autour de la famille, mais les ressources peuvent être également des professionnels qui sont près de l'enfant. Par exemple, à l'école, cela peut être le directeur de l'école. Ça peut être une association, un regroupement ou des personnes en autorité. Il y a des cris d'alarme qui n'ont pas été entendus quand les enfants font des tentatives de suicide ou s'enfoncent dans la drogue. Bien sûr, il faut que l'enfant parle aux personnes compétentes autour de lui, mais il faut aussi savoir écouter les enfants. Il faut voir des professionnels lorsque le problème est complexe. Il y a, par exemple, les tentatives de suicide ou les problèmes de bipolarité. Quand ces derniers ne sont pas diagnostiqués assez tôt, cela peut faire des ravages à long terme. Il faut consulter le médecin, le pédiatre, le psychologue, et je pense qu'il faut souvent savoir bien écouter.

TheoDone : *Dans votre pratique ou selon votre expérience, que pensez-vous de ces appels de détresse ? Avez-vous des exemples qui les illustrent ?*

*A. Ruffo :* Les appels de détresse sont très sains, c'est déjà être vivant que d'appeler au secours. Je me souviens, alors que j'étais juge, d'avoir dit à Françoise Dolto : « C'est difficile parce qu'on est toujours avec des enfants et, en bout de ligne, les enfants qu'on voit sont très bien, ils crient au secours, mais il faut aller voir ceux qui ne parlent plus. » Ceux qui sont écrasés ne parlent plus, sont tristes, sont isolés, ce sont eux qu'il faut atteindre, et les autres, qui crient, il faut les entendre. Les délinquants sont des enfants qui crient leur colère en faisant mal aux autres. Alors la première chose qu'il faut entendre, c'est leur colère, pour la qualifier et leur dire qu'ils ont raison d'être en colère. Par exemple, quand un enfant avait été battu ou négligé, qu'il était en colère et qu'il avait agressé, et qu'on regardait ce qu'il avait vécu, je lui disais : « Vous avez raison d'être en colère; je suis en colère avec vous; on n'a pas le droit d'affamer un enfant, on n'a pas le droit de battre un enfant, on n'a pas le droit de commettre un inceste, je suis en colère avec vous. »

**❝Les délinquants sont des enfants qui crient leur colère en faisant mal aux autres.❞**

*TheoDone : Mais il faut surmonter cet état.*

*A. Ruffo :* Bien sûr ! Voulez-vous être en colère le reste de vos jours ? Voulez-vous en vouloir à la société et passer le reste de vos jours en prison ? On règle cela, on avance et on dit : « Moi, ma mère, elle ne m'a pas voulu, elle ne m'a pas aimé, mais regardez, j'ai réussi ma vie et je suis heureux. » C'est la plus belle chose que vous puissiez faire. Vous pouvez aussi, à 90 ans, dire : « J'ai été malheureux toute ma vie, ma maman ne m'a pas aimé. » Et puis après ? Faites-vous aimer par quelqu'un d'autre ! C'est vrai que c'est dommage, mais c'est vrai que ce n'est pas la fin du monde. Il n'y a personne qui a eu des parents parfaits. Notre devoir, c'est d'aller chercher ailleurs quand il le faut. Le rôle de juge est très important, car il s'agit de compléter, de corriger, de soulager et de guérir, afin de donner de l'énergie, de l'espoir, de permettre aux enfants de soulager leurs souffrances et de passer à autre chose.

TheoDore : *Avez-vous des exemples ?*

*A. Ruffo :* Tous les délinquants qui sont passés devant moi lançaient des appels à l'aide, des cris de colère. Quand ils sont en protection, ce sont aussi des appels à l'aide. Une tentative de suicide, c'est un cri qui dit : « Moi, je suis là; il y a quelque chose qui ne va pas. » C'est la même chose quand il s'agit d'un crime à caractère névrotique. Un enfant va aller voler chez sa mère avec un ami. Comme s'il n'y avait pas assez de maisons où voler, il va voler chez sa mère ! Mais qu'est-ce qu'il lui dit, alors, à sa mère ? C'est quand même une situation particulière qu'il faut regarder attentivement. J'ai vu beaucoup d'enfants délinquants et de tentatives de suicide, mais c'est rendu tellement complexe aujourd'hui que c'est bien difficile pour moi d'avoir un point de vue clair et net. Il y a une composante chimique qu'on ignore. Une personne est bipolaire, elle prend du Ritalin ou autre chose qui régularise la chimie et elle fonctionne mieux. Mais quand on rencontre quelqu'un, on n'a pas un laboratoire dans sa poche. Alors il y a toute la composante psychologique, environnementale, génétique, chimique dont il faut tenir compte. C'est vraiment complexe et c'est pour ça qu'il faut prendre le temps de connaître les enfants, d'aller en profondeur… et ne pas agir de façon superficielle en leur donnant n'importe quoi, n'importe où. Par exemple, un enfant délinquant agit d'une telle manière et on s'aperçoit qu'il a fait une tentative de suicide. C'est inutile de l'envoyer dans un centre de réadaptation si on ne sait pas ce qu'il a.

TheoDore : *N'y a-t-il pas plusieurs facteurs qui doivent être pris en compte ?*

*A. Ruffo :* Pour moi, il faut prévoir des évaluations complètes. Est-ce qu'une simple médication pourrait tempérer tout ça et lui permettre de vivre dans la communauté ? N'oublions pas que l'enfant en centre d'accueil coûte cent mille dollars par année, alors qu'une bonne médication... L'important, c'est de lui donner ce dont il a besoin. À quoi sert à l'enfant d'être en centre d'accueil s'il n'y est pas soigné ? Il va sortir et on aura juste accentué sa détresse. Des tentatives de suicide dans les centres d'accueil, il y en a bien plus qu'on pense. Alors moi, je dis : allons en profondeur. Prenons le temps de comprendre l'enfant, de savoir qui il est pour trouver le moyen de l'aider à réussir sa vie et à être heureux.

TheoDone : *Est-ce qu'il y a un exemple, l'expérience d'un de ces enfants, qui vous vient à l'idée ?*

A. Ruffo : Il y a, entre autres, un enfant qui était un délinquant en centre de réadaptation. Il s'était pendu et, à la dernière minute, on avait pu retirer la corde. Un directeur de la protection plaidait que c'était juste un délinquant qui cherchait à manipuler et à attirer l'attention. Or son père s'était suicidé et son frère également. Je m'en souviens parce que j'étais très en colère contre l'avocat de la DPJ. Il disait devant l'enfant que c'était juste un manipulateur, que c'était juste un délinquant qui voulait attirer l'attention. Moi, j'ai ordonné la journée même qu'il soit suivi par un psychiatre.

TheoDone : *Une génétique peu enviable...*

A. Ruffo : Quand il y a des antécédents d'un père et d'un frère qui se sont suicidés, tu ne dis pas que c'est un manipulateur. Mais cela démontre parfois l'insensibilité des gens, l'incapacité de compréhension. Cela nous montre qu'il y a des gens qui ne sont pas à leur place. Cet enfant-là était vraiment en danger. Il n'était pas soigné, il ne voyait pas de psychiatre, il n'était pas médicamenté, et tout ça parce qu'il y avait une guerre entre les centres d'accueil et les psychiatres. C'était un enfant qui demandait désespérément de l'aide.

TheoDone : *Est-ce qu'il avait vu le psychiatre ?*

*A. Ruffo :* Bien sûr, puisque je l'avais ordonné.

TheoDone : *Il avait vu le psychiatre, mais vous n'aviez pas reçu de rapport ?*

*A. Ruffo :* Non.

TheoDone : *On a parlé des enfants abusés qui envoient des signes et la question se répète : quels moyens ont-ils pour se faire entendre ? Est-ce que la cour comprend qu'il y a parfois des causes qui vont au-delà de l'attitude, ou de l'entendement des enfants ? Comprend-elle l'état de crise ou la réaction des enfants ? Qu'est-ce que la société peut faire devant de tels abus faits aux enfants ?*

*A. Ruffo :* Alors, vous me parlez actuellement de la compétence des juges ?

TheoDone : *En effet.*

*A. Ruffo :* Les juges sont habituellement nommés parce qu'ils ont quelques contacts en politique, ce qui n'en fait pas nécessairement des juristes incompétents. Mais ce n'est pas parce qu'on est juriste compétent qu'on est, à mon avis, bon juge pour enfants. Premièrement, pour être juge pour enfants, quant à moi, on doit avoir une formation particulière, je l'ai toujours dit. On doit avoir une formation dans la connaissance de l'enfant, de son développement, de ses difficultés, de la famille. On doit toujours être à la recherche de nouvelles données dans ce domaine. Deuxièmement, et encore plus important que les connaissances, il faut être quelqu'un d'aimant, de compatissant, il faut être quelqu'un qui a le souci de l'autre et qui est capable de faire preuve d'ouverture d'esprit. Surtout aujourd'hui, où on sait qu'à Montréal, par exemple, plus de la moitié de la population vient d'ailleurs. Alors, on ne peut pas ne pas en tenir compte quand on a devant soi des enfants immigrés de l'Inde, de l'Italie, de l'Afghanistan, du Liban, etc. Il faut avoir cette ouverture d'esprit et cette recherche continuelle de ce qu'est l'enfant. Il faut cette richesse intérieure, il faut que les juges soient là parce que c'est une mission. Aider les autres, c'est ce qui donne un sens à leur vie. Malheureusement, il n'y a rien pour mesurer cela et nous garantir qu'on a cette qualité de juge. Donc, il y a des juges qui sont merveilleux et il y en a d'autres qui sont horribles, devant qui on ne voudrait jamais voir passer un de nos enfants. Il y a aussi des juges sur qui on ne peut pas compter. Pour les enfants, on devrait, selon moi, avoir les meilleurs juges de la profession, les plus compétents, les plus sensibles, les plus intelligents, les plus compatissants et les plus courageux. Tant et aussi longtemps qu'il y aura un monopole qui s'appelle la Direction de la protection de la jeunesse, il va falloir que des juges courageux se battent pour que reviennent l'indépendance judiciaire dans ce domaine-là, car elle fait actuellement cruellement défaut, à mon avis.

TheoDone : *Quelles sont vos recommandations à ce sujet-là ?*

*A. Ruffo :* Je pense qu'il faut abolir ce monopole. Il faut qu'on redevienne responsable des enfants qu'on prend en main. On n'a pas le droit de changer les intervenants auprès des enfants cinq ou six fois dans la même année, ni de déplacer les enfants dix, vingt, trente ou quarante fois dans la même année. On n'a pas le droit de faire ça. On n'a pas le droit non plus d'être à la merci d'administrateurs ou d'une institution qui affiche de moins en moins d'intérêt pour les enfants, mais qui s'inquiète plutôt de son propre sort, de sa propre survie. Pour moi et pour les autres professionnels qui travaillons avec la DPJ, il faut d'abord que les gens soient compétents et formés, ce qui est loin d'être toujours le cas. Il faut que ces gens soient aussi très compatissants et au service des enfants. Il faut que, quand ils prennent en charge la vie d'un enfant, ils prennent en charge aussi sa famille et tous les aspects, toutes les facettes de ses besoins… école, santé, etc. Ainsi, il ne peut pas y avoir un travailleur social associé à un enfant et trois autres pour les trois autres enfants de la même famille.

TheoDone : *On a parlé un peu de la prise en charge des enfants qui sont dans la détresse et vous avez parlé des grands-parents, des oncles, des tantes, des amis ou des familles d'accueil. Est-ce que vous pensez que les proches ont un plus grand potentiel d'aide ?*

A. Ruffo : Il faut regarder d'abord les gens les plus près. Premièrement, ce sont les parents, puis les membres de la famille élargie qui sont les gens les plus près des enfants. Par contre, la famille étant ce qu'elle est, souvent, aussi, les gens les plus près des enfants, ce n'est pas nécessairement la famille. Les personnes se déplacent beaucoup. J'ai des amis qui demeurent ici et qui ont des enfants en Californie, à Vancouver, en Europe… Les enfants, en grandissant, ont donc eu d'autres personnes significatives dans leur vie et ce ne sont pas nécessairement des membres de la famille. Donc je pense que ce sont les personnes proches des enfants qui devraient apporter le premier regard, la première écoute, le premier support aux parents et aux enfants qui ressentent des difficultés. C'est donc d'abord la famille élargie, les membres de la famille, qui sont les plus proches des enfants. Vient ensuite la communauté, car on vit dans une communauté et on ne fait jamais suffisamment appel à elle. En dernier ressort, c'est l'État, et c'est vraiment la solution ultime, car l'État ne devrait pas avoir à intervenir.

TheoDone : *J'aurais aussi pour vous des « petites questions », comme les enfants, sur l'environnement, sur l'avenir, et j'aimerais que vous m'en parliez…*

A. Ruffo : Sur l'environnement, il faudrait préciser…

TheoDone : *Au sens de la planète, je parle globalement… la planète, l'effet de serre, etc.*

A. Ruffo : Eh bien, je ne sais que dire de tout cela, je ne sais pas tout ce que…

TheoDone : *… le recyclage, la sauvegarde des ressources naturelles, là où vit l'enfant, par exemple…*

*A. Ruffo*: Je peux dire que ce que je connais des enfants, c'est leur extrême générosité et sensibilité à cet égard…

TheoDone: *Vous en venez donc à un aspect plus humain…*

*A. Ruffo*: C'est leur curiosité aussi, tant à l'égard de l'environnement que des grands drames que vivent les autres : ouragan, inondation, glissement de terrain… Souvent, d'eux-mêmes, ils vont chercher à aider, à ramasser de l'argent, à envoyer des jouets et des livres… Ils vont vouloir donner leur deuxième chandail. Je connais des enfants qui sont d'une extrême générosité et qui trouvent les moyens appropriés pour la mettre en pratique. Il y a des enfants qui mettent sur pied une petite banque de collecte, qui vont envoyer des dessins pour faire sourire, qui veulent communiquer avec les victimes afin de pouvoir les aider. Je sais que leur curiosité est saine et a pour but de se rendre utiles, d'aider, de partager. Les enfants possèdent encore cette valeur de partage que nous, adultes, avons perdue. Nous parlons de partage, mais nous ne partageons plus, strictement plus. On a assez d'argent dans un couple pour faire vivre pendant un an tout un village juste en donnant nos surplus et nos gaspillages, mais on ne partage pas. On a ce désir profond de partager comme être humain, mais on craint que ça aille en gaspillage et que les gens ne reçoivent pas les dons. Si nous étions assurés, peut-être, que nos dons vont à la bonne place, nous accepterions de partager à nouveau. Mais les enfants, eux, sont absolument magnifiques par rapport à ce qui se passe ailleurs, chez d'autres enfants, ils sont magnifiques.

TheoDone: *Maintenant, avec Internet, les courriels et toute la technologie qui nous entoure…*

*A. Ruffo*: Ces enfants-là, ceux qui sont aux prises avec de graves problèmes, n'ont pas accès à la technologie, et c'est ça le drame de la technologie, c'est qu'on va en arriver à une autre coupure dans le monde. Ceux qui ont accès à la technologie et ceux qui n'y ont pas accès. C'est d'ailleurs cette forme de savoir, cette culture que je ne trouve pas des plus géniales, car elle représente, à mon avis, une source très parcellaire d'information et de vérité. C'est, selon moi, une occasion de nous conforter dans notre ignorance parce qu'on ne sent plus le besoin de chercher et de comparer par soi-même, parce que, de plus, ça nous *insensibilise*, parce qu'on nous lance juste quelques mots, et tout ça déshumanise de façon incroyable. Pour moi, ça devient une forme d'isolement. Les gens qui sont toujours sur Internet, et qui pensent que c'est ça la communication, se trompent : ils reçoivent de l'information, mais cela n'a rien à voir avec la communication.

[…]

Je suis très critique et j'émets des réserves sur cette supposée avancée de la science. Dans les pays plus pauvres, infiniment plus pauvres, qui manquent souvent de l'essentiel, les gens connaissent le partage, la compassion, l'entraide, la communication. Ils connaissent l'« humanitude », cette communication de l'humanité. L'« humanitude », c'est Jacquard qui la décrivait ainsi : « les moyens que les hommes se donnent pour s'entraider ». Ici, nous n'avons plus cette humanitude, on ne se donne plus les moyens pour s'entraider, pour aider les autres, alors que dans les pays plus démunis… Il faut voir, par exemple, au Liban, comment les gens qui ont tout perdu sont encore capables de partager.

TheoDone : *Plusieurs en ont parlé…*

*A. Ruffo :* Il paraît que c'est extraordinaire ce qui se passe dans la population. Si on regarde aussi en Afrique, quand le père, la mère meurent du sida, on prend soin des enfants, on s'entraide. Ici, on ne voit plus ça et c'est ce qu'il va falloir redécouvrir. Cela n'a rien à voir avec la richesse, au contraire, on dirait que la richesse nous éloigne de l'humain et nous empêche d'avoir accès à ces moyens qu'on se donnait autrefois et qui s'appelle l'humanitude. Tout ça est un peu triste.

TheoDone : *On a parlé d'Internet. Le problème avec la pornographie et les gens qui attirent les enfants par l'entremise de ce réseau...*

A. Ruffo : Il y a dix ans déjà, j'ai présidé une conférence à l'UNESCO où il y avait à peu près cinquante pays réunis pour essayer de contrer cette exploitation des enfants sur Internet qu'est la pornographie. Il y a eu beaucoup de réflexion sur ce sujet, mais les gens ne se sont pas entendus. La conclusion des différents pays a été qu'il fallait demander à l'industrie de s'autoréguler. C'était leur conclusion. On a, par la suite, assisté à une prolifération de moyens pour empêcher l'accès aux enfants et à la pornographie infantile. C'est une question de choix. Je pense que, comme on fait des lois pour empêcher la prolifération des armes nucléaires ou en ce qui a trait au déminage, on pourrait aussi se donner les moyens de contrer ou enfin d'enrayer ce fléau-là. Le fléau touche tout le monde, présidents de compagnie, pères de famille, juges pour enfants, etc. Je pense qu'il y a beaucoup de perversion dans cela et qu'il y a aussi beaucoup d'argent d'impliqué. J'ai vu en cour, devant moi, des pères qui abusaient de leurs enfants et qui permettaient à leurs amis de le faire, qui les photographiaient et faisaient la distribution des photos. J'en ai vu à plusieurs occasions. C'est vraiment épouvantable, et la question que je me pose c'est : combien de ces hommes-là ont été accusés au criminel, combien de ceux qui ont abusé des enfants de quelque façon, physique ou sexuelle, ont été accusés au criminel ? Je serais curieuse de connaître les résultats d'une recherche à ce sujet. Quant à moi, je dirais qu'il y en a très peu, vraiment très peu.

TheoDone : *Mais un parent qui fait ça à son enfant a un grave problème.*

A. Ruffo : Oui, et je pense que si on regardait dans la vie de ces parents-là, on verrait qu'ils ont aussi été abusés. C'est pour ça, entre autres, qu'il est urgent d'arrêter l'abus des enfants, d'arrêter l'exploitation des enfants. Ça ne veut pas dire que lorsqu'on a été abusé on est condamné à abuser les autres. En effet, on peut être aidé, on peut devenir conscient du mal qu'on fait. Mais il reste que le mal est fait et que le traumatisme et la souffrance sont présents. Il faut envoyer un message clair : non, ce n'est pas permis et oui, il va y avoir des sanctions épouvantables. Il faut des sanctions épouvantables, effectivement, pour ces personnes-là. Il faut que ça soit rendu public. Il faut vraiment que des actions soient entreprises, que des gestes soient posés.

TheoDone : *Il faudrait aussi soigner.*

*C. Ruffo :* Oui, mais tout le monde n'est pas *soignable*. Le problème c'est que, quand vous les accrochez, tous s'en sortent avec un « papier », mais on va en thérapie comme on fait du temps en prison. Et puis, tout le monde ne peut pas tirer profit d'une thérapie ou être *thérapeutisé*, comme on dit parfois. Alors, le défi pour les professionnels, c'est de reconnaître ceux qui manipulent, ceux qui peuvent en profiter, ceux qui sont gravement atteints et ceux qui ont été trop blessés et qui ne peuvent pas s'en sortir, ce qui existe aussi. J'ai vu passer en cour, devant moi, des petits enfants de neuf ou dix ans qui avaient été abusés à quatre ans par des clients de la mère et qui avaient été drogués et malmenés. Ces enfants-là, à neuf ou dix ans, abusaient tout ce qui bouge et se faisaient abuser. Donc, vous les placez dans une famille d'accueil ou dans un centre d'accueil et ils vont abuser tout le monde et se faire abuser encore par tout le monde.

TheoDone : *Un véritable cercle infernal…*

*C. Ruffo :* Ce sont des enfants que l'on doit placer sous surveillance 24 heures sur 24 jusqu'à 18 ans, mais à 18 ans, où iront-ils ? Ils vont abuser combien de centaines d'enfants ? C'est ça qu'il faut savoir. Il y a des gens qui ne doivent pas être remis en liberté, pour la protection des autres. Il y a des gens qui ne doivent pas être dans la rue. Il y a des récidivistes. Plus on les abuse jeunes et moins il y a de chances qu'ils s'en sortent.

TheoDone : *Mais il faudrait peut-être faire un suivi ?*

A. Ruffo : Un suivi ne suffit pas quand les enfants sont abusés très jeunes et d'une façon épouvantable comme ça. Quand la petite fille qui a entre huit et dix ans abuse tout ce qui bouge, elle a peu de chance de s'en sortir. Il faut que ces jeunes-là soient privés de liberté. C'est épouvantable, car plus on les abuse jeunes, plus ils vont être privés de liberté, mais c'est la réalité. Autrement, c'est sûr qu'ils vont abuser des centaines et des centaines d'autres enfants. À un moment donné, il faut que cela cesse, et surveiller ne donne rien. C'est dans une cour d'école, c'est sur le trottoir, c'est partout que ça se passe. N'importe quand avec n'importe qui, cela ne donne rien de surveiller et on ne peut rien faire.

TheoDone : *Ça me dépasse qu'un enfant de huit ou neuf ans…*

A. Ruffo : … soit 24 heures sur 24 sous surveillance ?

TheoDone : *Et après 18 ans, où sont-ils ?*

A. Ruffo : Dans la rue. Ils vont abuser pendant deux ou trois ans des centaines et des centaines d'autres enfants, on le sait. Il faut que les gens en autorité prennent leurs responsabilités. C'est là que c'est nécessaire.

TheoDone : *Un autre aspect d'Internet, c'est que des adultes peuvent attirer des enfants en faisant semblant qu'ils ont le même âge.*

A. Ruffo : Il est certain qu'il doit y avoir moyen de contrôler cela. D'abord, moi, je ne comprends pas que des parents laissent parler leurs enfants à longueur de soirée avec des gens qui leur sont parfaitement étrangers. Je ne comprends vraiment pas. Ensuite, il va falloir qu'il y ait plus de policiers qui se fassent passer pour des enfants et qui vérifient ce qui en est.

TheoDone : *Faut-il imposer des limites à l'utilisation d'Internet ?*

*A. Ruffo :* Ce sont les limites qui construisent les enfants. Ce sont les interdits qui font que quelqu'un devient solide. C'est l'encadrement. Je n'accepterais pas que mes enfants passent leur soirée devant la télévision, encore moins qu'ils la passent à *chatter*. On ne peut pas permettre ça. Combien d'heures y sont consacrées ? Des dizaines et des dizaines d'heures par semaine.

[...]

D'autre part, j'ai vu comment on peut attirer aisément certains enfants sur Internet. Qui attire-t-on ? On attire les filles moins jolies, plus grosses, les enfants qui ont moins d'apparence ou de personnalité. J'ai connu des enfants qui s'étaient laissé attirer et qui ont été violées par des gangs. J'en ai connu. Alors, vous êtes une enfant, chez vous, et personne ne vous dit que vous êtes jolie, personne ne vous dit que vous êtes aimable. Vous vous regardez et vous ne vous trouvez certainement pas aimable. Puis, il y a quelqu'un qui veut vous rencontrer à tel endroit. Bravo ! ça y est ! Est-ce que cela vous a donné de l'estime de vous-même ? Est-ce que cela fait en sorte que vous êtes mieux dans votre peau ? Vous y allez. C'est grossier, cette histoire-là, et pourtant j'en ai connu des histoires comme celle-là.

TheoDone : *Les histoires de* bullying, *qu'est-ce que vous en pensez ?*

*A. Ruffo :* Il y en a beaucoup. Habituellement, ceux qu'on *bull*, ceux qu'on agresse, sont effectivement des enfants différents. Différents, cela veut dire plus intelligents, plus beaux, plus riches. Différents, cela veut dire aussi les yeux croches, les oreilles décollées, une mauvaise vue. Ce sont des enfants qui sont différents et qui deviennent les boucs émissaires des personnes qui les agressent. Je trouve qu'on n'est pas assez attentif dans les écoles. J'ai eu plusieurs causes semblables. J'ai connu plusieurs enfants comme ça, qui avaient imposé leur « politique » dans l'école, dans la classe. J'ai vu plusieurs enfants qui, à force de se faire maltraiter et parce que personne ne les défendait, en sont arrivés eux-mêmes à proférer des menaces de mort ou à poser d'autres gestes désespérés pour que cela cesse. Alors pour moi, quand un enfant a dit à ses parents qu'il vivait cela, qu'il l'a dit à son professeur, à la direction d'école, aux policiers, et que personne n'a rien fait, quand, à son tour, il menace un autre enfant de le mettre en morceaux, de le tuer, de lui percer la cervelle et que c'est lui qui est accusé à la cour, je ne comprends pas. C'est lui qui menace, mais quand on y regarde de plus près, c'est lui la victime. Il est non seulement victime de mauvais traitements, d'insultes et de menaces, mais aussi victime de l'incapacité des gens, des adultes autour de lui, à le protéger. Dans des cas semblables, je faisais toujours venir les parents, l'école, les policiers et je faisais venir aussi les parents de la personne considérée comme victime avant de rendre ma décision. J'étais toujours horrifiée d'entendre les parents et l'école dire : « Qu'est-ce que vous voulez que l'on fasse ? » D'entendre les policiers dire de leur côté : « Mais ça se passe à l'école, qu'est-ce que vous voulez que l'on fasse ? » Cet enfant-là, qui le défend ? Qui le protège ? Ça serait important de parler aux gens et de leur dire qu'on est beau quand on est différent.

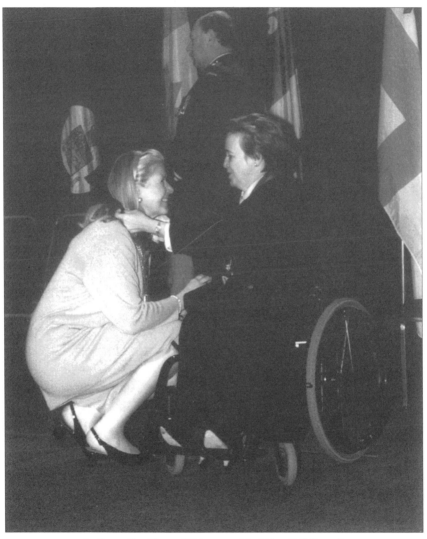

*Andrée Ruffo et l'Honorable Lise Thibault,*
*Lieutenant-gouverneur du Québec*

TheoDone : *On sait que vous avez beaucoup voyagé dans le monde. Nous sentons bien que les voyages ont toujours été pour vous une source de découvertes et de bonheur. Les voyages façonnent également la vision de chaque être humain. Ils nous permettent de connaître et d'apprécier les diverses cultures, traditions et structures sociales ou politiques et de nous positionner dans l'univers tout en nous ouvrant sur le monde. Dans un tel contexte de découverte et de connaissance du monde, quel voyage a été pour vous le plus important et pourquoi ?*

A. Ruffo : Le voyage le plus important a certainement été le premier grand voyage que j'ai fait. C'était un voyage en Europe où l'on visitait sept ou huit pays en un peu plus d'un mois. C'était un voyage organisé par madame Rousseau des Jeunesses musicales. Nous étions une trentaine de jeunes et, tous les après-midi, on visitait un musée et, tous les soirs, on assistait à un concert. Ce fut pour moi une sensibilisation au monde de la musique et de la culture. Comme j'ai été malade pendant le voyage, ma sœur et moi sommes demeurées un mois de plus. Nous en avons profité pour nous intéresser à tout. Ce voyage a constitué pour nous une très grande ouverture sur le monde et comme, de plus, nos grands-parents étaient français et qu'ils passaient annuellement trois mois en France, celle-ci faisait un peu partie de nous.

TheoDone : *Et quels pays avez-vous visités ?*

A. Ruffo : Nous avons vu la France, la Suisse, la Belgique, l'Allemagne, l'Italie… C'était un tour d'Europe assez impressionnant. Quoique rapide, il a tout de même été assez long pour qu'on s'aperçoive qu'on ne mangeait ni ne parlait de la même façon partout. On ne dormait pas non plus dans les mêmes lits qu'ici et je me souviens très bien, en Allemagne, des duvets si moelleux que l'on se perdait dans une montagne de tissu. Nous étions jeunes et c'était merveilleux pour nous. La nourriture, la langue, enfin tout nous a vraiment marquées. C'est là que ma sœur a rencontré son mari. Elle avait 16 ans et ils ont commencé à se fréquenter. Lui étudiait dans l'hôtellerie et avait déjà étudié en Angleterre et en Suisse, je pense. Il avait aussi déjà séjourné à Paris. Quelques années plus tard, il est venu à Montréal et ils sont toujours ensemble.

TheoDone : *C'était une belle initiation au voyage.*

*A. Ruffo :* C'était tout… L'ouverture au monde, à la richesse, à la différence. Ça a toujours été quelque chose de naturel pour moi, cette ouverture. Quand quelqu'un m'était présenté, peu importe sa nationalité ou sa religion, j'ai toujours eu un intérêt immédiat. À l'occasion, j'ai besoin de prendre un taxi et je reconnais facilement l'accent étranger du conducteur, si tel est le cas. Parfois, les gens sont froissés quand les chauffeurs de taxi viennent de pays comme la Syrie, l'Iran ou l'Irak. Pas moi. Je rassure ces chauffeurs en disant : « Mon conjoint est arménien, de la Syrie » et j'ajoute : « Oui, oui, j'ai même un livre qui a été traduit et qui est distribué en Iran », alors ils sont ravis de pouvoir parler avec plus d'ouverture. J'ai beaucoup de difficulté à comprendre les gens racistes.

TheoDone : *Ne croyez-vous pas que les gens ont de plus en plus d'ouverture à ce sujet ?*

*A. Ruffo :* Je crois simplement que lorsqu'on connaît plus, on apprécie mieux. Je pense que tous ces voyages m'ont appris une certaine modestie, d'abord dans ma vie privée. En effet, nous ne sommes que des humains qui cherchons à faire le mieux possible chez nous. J'ai acquis également une très grande humilité par rapport aux enfants. Il est vrai qu'on a souvent plus de moyens financiers que dans d'autres pays, mais l'amour des gens d'ailleurs pour leurs enfants, leur dévouement et leur capacité de se sacrifier sont exemplaires. Je

> **❝On vit dans un monde plus égoïste où, finalement, les enfants n'ont certainement pas la meilleure des places.❞**

pense qu'on aurait avantage à les imiter. Chez nous, je trouve qu'on vit dans un monde plus égoïste où, finalement, les enfants n'ont certainement pas la meilleure des places.

TheoDone: *D'où vous vient ce goût effréné pour les voyages ? Ce besoin irrésistible de bouger constamment ?*

A. Ruffo: Je pense que les voyages ont suscité en moi une curiosité qui ne s'est jamais assouvie. Je disais de mon père, dans un livre précédent, qu'il avait *le vent dans les semelles.* Je suis assurément comme ça aussi. Si je passe un bout de temps sans rien faire de neuf, j'ai l'impression de stagner. Il faut que je bouge. Bientôt, par exemple, je vais aller en Chine et j'en suis bien contente. Je m'intéresse à plein de choses. Comme je ne suis jamais allée à Prague, j'ai acheté des livres, car je sais que je dois y aller cette année. Je dis que je dois y aller parce que c'est devenu une nécessité pour moi. En voyageant, on découvre, au-delà de l'architecture, d'autres manières de penser et de vivre. Chaque fois, c'est comme des richesses que l'on met dans nos yeux et qui se transposent sur nos terres, dans notre culture, dans notre façon différente de voir les choses... comme un arrangement différent que l'on peut faire dans notre jardin parce qu'on l'a vu à un endroit précis, quelque part dans le monde. Je suis sûre que jamais je n'aurai le temps de tout voir, de tout découvrir.

TheoDone: *« Heureux qui comme Ulysse a fait un beau voyage ! » et ce, dans tous les univers... Il y a le voyage du corps et celui de l'esprit...*

A. Ruffo: Je me dis : Dieu ! que l'on ne connaît rien ! On ne sait rien de la façon qu'ont les humains de s'unir à Dieu, leur Dieu. Chacun s'invente un dieu, chacun le conçoit selon sa culture, son héritage... C'est une richesse parce que, habituellement, nos visages de Dieu sont empruntés et lovés dans des messages de bonté et de générosité. C'est là une autre découverte que l'on fait en voyageant. La même chose se produit lorsqu'on parle de mosquées et de synagogues, qui sont toujours, pour moi, une véritable inspiration. Je suis à l'aise pour prier tant dans une mosquée que dans une synagogue. Je ne me formalise pas du tout, que ce soit l'une ou l'autre. Il en est de même des rites qu'il faut observer.

TheoDone : *Il y a plusieurs vérités et elles se rejoignent, n'est-ce pas ?*

*C. Ruffo :* Mais parfois il y a aussi l'hypocrisie des gens qui font semblant d'observer et de respecter les rites, mais qui trichent dès la première occasion.

TheoDone : *Que voulez-vous dire ?*

*C. Ruffo :* Ah ! les tricheries... Je me souviens d'une amie musulmane qui ne mangeait pas de porc. Chez elle, un jour qu'elle recevait, elle avait préparé un plateau de hors-d'œuvre parmi lesquels il y avait du melon enrobé de *prosciutto*. C'était du porc, bien sûr. À un moment donné, le plateau est passé devant elle et je l'ai vue prendre un melon. Je lui ai demandé : « Que fais-tu ? Est-ce que tu sais que c'est du porc ? » C'était chez elle, je le répète. Elle m'a fait un clin d'œil, mais s'il avait fallu que dans une autre maison on serve du porc, je pense qu'elle aurait hurlé sous prétexte que c'est un manque de respect. Par contre, à ce moment-là, elle mangeait du porc tant qu'elle voulait, sans scrupules.

TheoDone : *« Fais ce que je dis, mais... »*

*C. Ruffo :* J'ai vu ça souvent dans les soupers officiels. Il y avait des hommes dont la religion interdit strictement de boire de l'alcool et, un jour où nous avions une réunion dans un hôtel, un de ces hommes a vidé la bouteille de vin. C'est étrange ce que l'on peut faire publiquement et que l'on ne fait peut-être pas en privé. J'ai vu ça partout dans le monde, le manque d'honnêteté et de cohérence, mais aussi, en contrepartie, le souci d'aller plus loin, de bien faire, d'améliorer la condition humaine. Je pense que c'est pour ça que j'aime les voyages. J'aime la comparaison que suscitent les voyages, la richesse de ce qu'on découvre, j'aime voyager et tout ce qui en découle. J'aime véritablement voyager.

TheoDone : *Quel pays vous a particulièrement fascinée ?*

*C. Ruffo :* Bien, pour moi, c'est la France... et l'Italie aussi, parce que je suis chez nous dans ces deux pays. J'ai beaucoup aimé également le Sri Lanka et la Chine.

TheoDone : *Peut-on parler de la Chine ? En quoi ce pays a-t-il modifié votre façon d'être, de voir la vie ?*

*C. Ruffo :* Je m'étais rendue là-bas pour donner des conférences à Hong Kong, à Beijing et à Shanghai. J'y ai rencontré des femmes membres de diverses associations. Ce qui m'a changée, ce sont les visites des cités interdites, l'histoire, les protocoles, la façon de vivre, la cérémonie du thé, toutes ces choses de finesse, de couleur, d'ombre et de lumière. Tout cela m'a vraiment fascinée. De plus, il faut voir la multitude. C'était tellement dense comme population ! Sur le trottoir, par exemple, on pouvait voir marcher plus de dix personnes de large. Il y a aussi la différence physique qui nous caractérise. Les gens s'arrêtaient sur le trottoir, il y avait toujours un attroupement, on m'arrêtait carrément, on prolongeait le regard sur moi. On semblait se dire : « C'est qui celle-là ? » On examinait même mes longs pieds et mes mains.

TheoDone : *Et les enfants...*

*C. Ruffo :* « Bien sûr, les enfants là-bas ne sont pas maltraités, bien sûr les enfants ne sont pas abusés. » On entend dire cela. Mais on sait très bien que ce n'est pas vrai. Il y avait un homme d'affaires chinois, décédé maintenant, qui était venu à Montréal et il m'avait dit : « Quand vous y retournerez, je vais vous amener voir les hôpitaux dans la campagne. À des kilomètres de l'hôpital, on le sent. Ça sent qu'il y a eu des avortements et des quantités d'autres interventions. Des choses horribles s'y passent, mais elles ne sont pas à la vue de tout le monde. » En Chine, je n'ai jamais vu un mendiant, ni un enfant handicapé, ni une personne qui n'est pas bien. C'est assez impressionnant. Il y a envahissement, bien sûr, par la foule toujours présente, mais il y a aussi une sérénité et une quiétude qui découle du fait qu'on n'est pas constamment sollicité *émotivement* par des mendiants.

TheoDone : *Ce n'est pas comme ici.*

*A. Ruffo :* Ici, à Montréal, ou dans d'autres villes canadiennes, on ne peut pas faire un coin de rue sans être sollicité ou voir une personne assise sur le trottoir. Il y a toujours quelqu'un qui est dérangé, un autre qui a besoin d'aide psychiatrique et un autre encore qui a faim, et combien d'autres ! La réalité, c'est qu'on a sorti ces gens des institutions et qu'on les a carrément mis dans la rue. Ces gens malades sont terriblement souffrants et on ne peut pas non plus les diriger vers…

TheoDone : *Est-ce un problème de système et de financement ?*

*A. Ruffo :* Ce sont des gens terriblement malades qui devraient être pris en charge, soignés et encadrés, mais qui, malheureusement, ne le sont pas. Je le sais qu'ils existent, ces gens-là, en Chine, je le sais très bien, mais ils ne sont pas à la vue des touristes. C'est un pays qui, sous cet angle, m'a beaucoup impressionnée.

TheoDone : *Est-ce que vos voyages vous ont laissé d'autres impressions ?*

*A. Ruffo :* Un autre pays qui m'impressionne beaucoup par sa beauté et par certains autres aspects, c'est Cuba. Ce pays est un endroit mythique pour nous. C'est un endroit avec une végétation comme on ne peut pas en trouver ailleurs. Il faut y admirer ses innombrables palmiers et il faut connaître les Cubains pour apprécier leur amabilité et leur immense culture. Ils ont, en effet, une très grande instruction. Même un chauffeur de taxi est avocat ou médecin !

TheoDone : *Est-ce qu'il y en a plusieurs comme ça ?*

*A. Ruffo :* Bien sûr, et si on a un problème dû à une petite infection, c'est vite réglé : dans tous les hôtels, il y a des médecins. Pour l'art, c'est pareil, d'ailleurs. On a eu le plaisir de rencontrer des artistes et des professeurs d'université à qui on a demandé ce qu'on pourrait apporter la prochaine fois pour leur faire plaisir. Ils ont répondu : « Apportez-nous de la peinture ! » Imaginez, vous êtes professeur et vous manquez de matériel… La pauvreté et le manque flagrant des choses les plus élémentaires côtoient de façon contradictoire la luxuriance de la nature, la grande instruction et la surprenante disponibilité des soins.

TheoDone : *Qu'avez-vous particulièrement apprécié ?*

*A. Ruffo :* J'aime beaucoup Cuba et les Cubains. Il faut avoir la chance de les connaître en profondeur. On ne peut évidemment pas faire ça pendant un court voyage, mais si on parle un peu la langue et qu'on s'intéresse le moindrement aux gens, la perspective est tout autre. Et la musique, il y a beaucoup de musique et de musiciens. C'est formidable ! Il faut voir tous ces musiciens ! Je ne parle pas que des musiciens dans les hôtels, mais également des musiciens qui s'installent et jouent dans les endroits les plus incongrus. C'est de la grande musique. Je ne peux passer sous silence également l'architecture d'un temps où l'on construisait des splendeurs. Il y a tout plein de choses merveilleuses dans ce pays…

TheoDone : *On est porté à se demander comment ils ont réussi à réaliser tout cela malgré l'absence de matière et de technologie.*

*A. Ruffo :* Il faut se dire que c'est la même chose en Égypte ou ailleurs. Comment a-t-on fait pour ériger les pyramides, les cathédrales, etc. ?

TheoDone : *Que diriez-vous plus particulièrement sur certains de ces pays ? En ce qui concerne plus particulièrement le droit des enfants ?*

*A. Ruffo :* Je peux dire que les grandeurs et les misères sont présentes partout. Les misères sont parfois teintées autrement. On pourrait très bien parler de la misère au Sri Lanka et de la prostitution au Brésil, ainsi que de la Chine, où on ne voit pas les enfants qui ont des besoins particuliers.

TheoDone : *Est-ce différent chez nous ?*

*C. Ruffo :* À Montréal, entre autres, on parle d'enfants dont la moitié ne finissent pas leur cours secondaire. On trouve de la souffrance partout dans le monde. Elle se teinte d'accents et de couleurs selon la richesse du pays ou l'environnement, qui peut être torride ou tropical, par exemple, mais il reste que la souffrance demeure un fait présent partout. Incidemment, il y a autre chose que j'ai constaté dans tous les pays, c'est la volonté des politiciens de cacher la souffrance des enfants. C'est incontournable.

TheoDone : *Est-ce une certaine forme d'hypocrisie et aussi de lâcheté?*

*C. Ruffo :* Je pense que oui. Ce qu'on devrait faire, c'est parler de nos réussites et parler aussi de nos difficultés. Quand on voit que nos juges vont enseigner l'indépendance judiciaire dans les pays de l'Europe de l'Est… Si on partageait nos difficultés en avouant que c'est un combat de tous les jours, qu'on est toujours à la merci de l'ingérence et qu'il y a toujours une possibilité d'influence dont il faut se méfier, tout en essayant d'être le plus indépendant possible, on y gagnerait sûrement.

TheoDone : *Avez-vous eu la chance de comparer ou de connaître diverses formes de magistratures en lien avec le droit des enfants ?*

*C. Ruffo :* Oui, un peu seulement par les études et, par la suite, en voyageant dans le monde. Pour certains pays, comme il n'y a pas de loi, il n'y a certainement pas de jugements. Dans d'autres pays, on parle plutôt d'*assesseur* ou de quelqu'un qui conseille le juge et non d'avocat pour enfants. Ailleurs, c'est plus familial comme justice. Comme on le voit, différents pays ont différentes formes d'intervention et, pour certains, ça ne passe même pas par les juges ou par les avocats. Cependant, je n'ai pas fait une étude exhaustive sur le sujet.

TheoDone : *Lors de vos voyages à l'étranger, quel peuple ou, si vous préférez, quelle culture avez-vous trouvée la plus attachante et pourquoi ?*

C. Ruffo : J'aime l'Italie, j'aime la Toscane, ce pays me fait vibrer. Que ce soit l'architecture, les odeurs, les saveurs, les couleurs, tout m'interpelle. La mer, la chaleur des Italiens, la beauté des Italiennes, les marchés, évidemment, la générosité des gens à faire semblant de comprendre notre charabia italien… *(Rires)* Leur patience aussi… Je suis une amoureuse inconditionnelle de l'Italie.

TheoDone : *C'est effectivement un très beau pays.*

C. Ruffo : Ah oui, je suis vraiment amoureuse de l'Italie. J'adore les marchés. Il n'y a pas de mot pour les décrire. On y fait des découvertes extraordinaires, de nouveaux fruits, de nouveaux légumes. Tout ce qui a trait aux marchés, j'adore ça.

TheoDone : *Les marchés sont débordants d'odeurs suaves et variées et de couleurs vibrantes…*

C. Ruffo : On dirait des peintures, des toiles.

TheoDone : *… sans compter les fleurs et les fruits grappillés dans les kiosques ensoleillés. Puis il y a, bien sûr et avant tout, les gens…*

C. Ruffo : Ah oui. Il faut s'arrêter pour parler aux commerçants et aussi aux agriculteurs. Ils sont tellement aimables, j'adore ça, c'est un immense plaisir.

TheoDone : *Les fruits de leur récolte à partager…*

C. Ruffo : Tout à fait. C'est d'ailleurs la même chose quand je vais dans les brocantes et les marchés publics. Pour moi, c'est comme une visite dans un musée et, en même temps, j'y acquiers des connaissances anthropologiques. Cela s'apparente à une visite de musée du XVIIIe siècle et me ramène, un peu malgré moi, dans l'histoire. Dans les brocantes, en plus de l'histoire, j'ai découvert des personnages et surtout des choses dont j'ignorais complètement l'existence. Il arrive parfois qu'on y fasse des découvertes inédites.

TheoDone : *Parmi toutes ces beautés, y a-t-il un pays où que souhaiteriez revisiter ?*

*A. Ruffo :* Ah ! c'est l'Italie où j'aimerais bien retourner. Ensuite, c'est la France. J'ai beaucoup visité la France et j'aimerais y retourner pendant quelques mois, y faire un long séjour. Partir en voiture et m'arrêter quand cela me plairait. J'aimerais beaucoup ça. J'aime aussi infiniment la Syrie et le Liban. Les Syriens sont un peuple très doux; ce sont des gens très aimables, très généreux, qui ont une culture riche. Leur nourriture est savoureuse... Les pâtisseries, ineffables, on ne peut même pas en parler ! Je dirais la même chose pour le Liban : la beauté du pays, la générosité des gens, la mer... Puis il y a Alep, en Syrie, ville absolument merveilleuse.

TheoDone : *Vous avez des attaches naturelles avec cette ville, je pense.*

*A. Ruffo :* Surtout mon conjoint. Il est arménien et il vient d'Alep, mais j'ai découvert cette ville avant même de le connaître. Alors pour moi, ç'a été une grande histoire d'amour avec la Syrie.

TheoDone : *Parlant du monde, nous souhaiterions aussi en connaître un peu plus sur une réalisation qui vous tient particulièrement à cœur, soit Magiciens sans frontières. Que pouvez-vous nous en dire ? Quelle est la mission de ce groupe bien particulier ?*

*A. Ruffo :* Oui, il y a Fouad Filali, un Canadien d'origine algérienne, qui possède depuis l'enfance le souci de rendre les autres plus heureux. Il est animé d'une conscience de l'autre du type « Je peux faire quelque chose ». C'est lui qui a eu l'idée de *Magiciens sans frontières* et qui l'a développée. Cette

> **"Le but consiste à faire renaître l'espoir et le rêve chez les enfants."**

initiative nous a menés en Algérie, en Angola, en Inde (Calcutta) et aussi au Liban. Le but consiste à faire renaître l'espoir et le rêve chez les enfants par la magie, à redonner un peu de plaisir de vivre à des enfants qui vivent la guerre ou sont confinés dans des camps, qui souffrent de la faim ou d'une extrême pauvreté et de la misère. C'est un moment de répit, de douceur qu'on leur apporte.

TheoDone : *Un répit dans ces âmes si tourmentées.*

*A. Ruffo :* L'avantage avec Magiciens sans frontières, c'est qu'on peut aller n'importe où parce que la langue n'est pas un obstacle. Tout l'argent recueilli par l'organisation est utilisé exclusivement pour les manifestations et les frais de voyage. En effet, tous les membres participent bénévolement à ce partage de rêves. Quand nous passons, par exemple, dix jours au Liban, les magiciens peuvent faire facilement de 20 à 25 spectacles ou visiter autant d'endroits et d'orphelinats. Ils travaillent sans relâche, mais ils le font par amour. Il en a été de même à Calcutta où ils ont été très impressionnés de voir des bébés qui mouraient et qu'on ramassait le matin. C'est une ville où la pauvreté est extrême. D'ailleurs, je dois retourner bientôt au Liban dans les villes récemment bombardées.

TheoDone : *Et qui sont ces gens, ces magiciens ?*

*A. Ruffo :* Ce sont prioritairement des gens d'affaires. Il y a des moments où ils peuvent partir et d'autres où ils ne peuvent pas. Par exemple, en ce moment, on a ouvert une école en Angola. Ils s'y sont déjà rendus deux fois pour former des magiciens, parce que c'est là que résident les buts premiers de cette aventure : présenter des spectacles pour apporter un peu de rêve et aussi former des magiciens qui resteront dans leurs propres pays. Le Liban avait organisé un retour pour créer une école, juste avant la guerre, et les magiciens auraient dû s'y rendre pendant la guerre… pendant la guerre toute récente. Maintenant, il y a des projets pour d'autres écoles et pour des voyages cette année.

TheoDone : *Ils le font à quelle fréquence, annuellement ?*

*A. Ruffo :* Ça dépend bien sûr du financement, de l'organisation, de ce que ça exige… Ainsi, pour ouvrir l'école au Liban, cela ne se fera pas avant l'automne. Pour l'Algérie, c'est sûr, ce sera en février.

TheoDone : *Ce développement est assez intéressant et rapide…*

*A. Ruffo :* Donc, déjà, il y a deux voyages qui s'organisent et il y en aura peut-être d'autres. Il ne faut pas oublier que pour certains magiciens la période estivale est une période très importante pour leurs propres carrières, ce qui les empêche de partir à ce moment. Ils partent en novembre, janvier, février. Ils ne partent pas en décembre, car c'est le temps des fêtes. C'est ça qu'on regarde de plus près actuellement.

TheoDone : *Nous avons pu déceler, au fil des rencontres, que vous possédez des valeurs humaines que vous considérez comme fondamentales : l'amitié et la loyauté en sont des exemples. Parlez-nous, si vous le voulez bien, de l'importance de ces valeurs pour vous.*

*A. Ruffo :* Quand on a quelques amis, on est riche. C'est à la fois ce qu'il y a de plus solide et de plus fragile. Une amitié peut durer toute la vie et, pourtant, une trahison peut anéantir la confiance nécessaire à sa pérennité. L'amitié, selon moi, est une relation mystérieuse. Il y a quelque chose de très énigmatique dans l'amitié. Comment peut-on rencontrer cent personnes ou même davantage dans une vie, mais que l'amitié ne se développe qu'avec seulement une ou deux de ces personnes ? Parfois, il y a des amis qui nous suivent depuis l'enfance. J'ai la chance d'avoir une amie depuis environ 55 ans. On ne se voit pas tellement souvent, mais c'est tout de même une vraie amie. Je peux lui demander n'importe quoi et elle peut faire la même chose avec moi. On a pris des chemins fort différents dans la vie. Enseignante à la retraite, elle est grand-maman de sept petits-enfants. Elle incarne la bonté même, elle ne juge jamais. Elle est toujours prête à écouter.

TheoDone: *Mais certaines amitiés peuvent se terminer... sans raison, parfois.*

*A. Ruffo:* Il y a d'autres amitiés qui sont réelles pendant un certain temps, mais ensuite on ne se voit plus, comme si quelque chose s'était brisé. Il y a des tricheries, des changements d'attitude ou des négligences qui ne pardonnent pas. Il y a dans cette brisure un peu de non-dit et de zones d'ombre. Cela m'est arrivé, notamment, quand j'étais juge. Des gens que je pensais être mes amis se sont retrouvés dans ces zones d'ombre. On perd alors confiance, on ne sent plus l'appui de ces personnes. On se sent jugé et, à ce moment-là, je pense qu'il faut faire le deuil de cette relation. On réalise qu'au fond ce n'étaient peut-être pas de vrais amis ou encore que le temps a fait en sorte que cette relation ne nous convient plus. Peut-être que c'étaient de vrais amis, mais que cette amitié-là a atteint sa limite. Quand on est ouvert, la vie nous apporte de nouvelles amitiés qui peuvent s'avérer belles et solides. Je pense toutefois qu'il y a une grande confusion dans l'esprit des gens : très souvent, plusieurs confondent amitié et relation amicale.

TheoDone: *Intéressant... Et quelle différence faites-vous entre les deux ?*

*A. Ruffo:* Voilà, une relation amicale, c'est d'avantage quelque chose d'agréable socialement. Il s'agit de personnes qui nous plaisent, qu'on aime revoir, en qui on a une certaine confiance, mais ce n'est pas au niveau de la véritable amitié. La véritable amitié est beaucoup plus profonde. Pour moi, c'est une zone de confort et une zone de sécurité. On est très chanceux quand on a un ou deux amis, et c'est très rare. En effet, je pense que c'est très rare.

TheoDone: *Vous laissez entendre qu'il peut parfois y avoir des tricheries et des manques de loyauté. Pouvez-vous donner quelques exemples ?*

*A. Ruffo* : Non, je ne peux pas donner d'exemples. C'est trop délicat.

TheoDone : *D'accord. Je comprends.*

*A. Ruffo* : C'est vraiment trop délicat.

TheoDone : *Vous avez déjà mentionné qu'il était difficile de maintenir des liens d'amitié durables quand on vit loin de nos amis ou qu'on en est séparé pendant certaines périodes.*

*A. Ruffo* : Effectivement, mais il ne faut pas oublier qu'on parle de liens du cœur et de l'esprit. Vivre des amitiés à distance, c'est se donner des coups de téléphone, c'est partager des trucs comme la naissance d'un enfant ou encore des soucis au bout du fil. Par exemple, en ce qui me concerne, quand j'avais des problèmes avec la magistrature, on m'appelait et on me disait : « Écoute, je t'embrasse, je suis avec toi, et si je peux faire quelque chose, je serai là. » En amitié, on n'a même pas toujours besoin de se parler. Parfois, on sait. Si l'amitié est réelle, les difficultés resserrent les liens. Je ne veux pas dire par là que les amitiés sont inconditionnelles et que les amis ne doivent jamais dire ce qu'ils pensent. Ce n'est pas cela que je veux dire. Les amis peuvent très bien être en désaccord. Mais au-delà de cela, il y a un amour qu'on ressent pour l'autre et qui est très profond. Je pense que, dans le fond, c'est une forme de respect. Nos amis nous respectent pour ce que nous sommes, juste ce que nous sommes, et non pas par rapport à qui on devrait être.

TheoDone : *En amitié, croyez-vous que l'on puisse parler d'une certaine communion de l'âme ?*

*A. Ruffo* : Oui, c'est sûr. Si on examine l'étymologie du mot *communion*, ce mot signifie *union avec*. Je pense que l'amitié, ça doit être fondé sur une communion d'âmes de même que sur un partage de valeurs, sur l'espoir, sur l'empathie et sur un sentiment de compassion envers l'autre en ce qui a trait à ses difficultés du moment. On a l'impression que les amitiés ont un caractère immuable. Il y a quelque chose qui nous fait penser que notre ami si cher sera toujours là. Si on a parfois des peines d'amour, je pense qu'on peut aussi avoir de grandes peines d'amitié. Une relation prend fin parce que l'autre triche, parce qu'un des deux n'a plus d'intérêt. Mais il n'est pas nécessaire que des gestes particuliers soient posés. L'indifférence suffit. Par exemple, quand on souffre et qu'on n'entend pas parler de l'autre, on peut dire qu'il nous manifeste de l'indifférence. En fait, l'indifférence, c'est un manque d'amour, un manque d'amitié.

TheoDone : *Croyez-vous que les parents ont un rôle à jouer dans la valorisation de l'amitié, qu'ils devraient établir de meilleurs liens à la maison avec leurs enfants ?*

A. Ruffo : Eh bien, dans la mesure où, pour moi, les parents ne seront jamais les amis des enfants, je pense que non. Les parents sont les parents, et ils ont un rôle de parent à jouer. C'est une erreur profonde à mon avis que de penser qu'on peut être ami avec ses enfants. Par contre, les parents ont certainement beaucoup à apprendre avec eux.

TheoDone : *Il y a donc une zone de silence, une zone protégée, si on peut s'exprimer ainsi, une zone à ne pas franchir entre les enfants et les parents, qui sert à mettre une certaine distance entre eux ?*

A. Ruffo : Oui, c'est ça. Mais ces mêmes valeurs, on les retrouve à l'école, on doit les mettre en perspective. Je me souviens d'une fois où j'étais devant les tribunaux. Je représentais un jeune qui faisait partie d'un groupe qui avait commis un délit. Mon client devait témoigner contre son ami et il refusait de le faire. Son attitude cadrait tout à fait avec mes valeurs, mais le juge voulait le forcer à témoigner contre son ami. Il l'a même menacé en lui disant qu'il ferait preuve de mépris envers la cour s'il ne témoignait pas contre son ami. Il privilégiait la recherche de la vérité, même si cela allait à l'encontre des valeurs qui étaient importantes pour le jeune. J'ai tenté de faire comprendre cela au juge en lui disant :

« Monsieur le juge, vous allez condamner ce jeune et, quand il va se retrouver dans la même unité que l'autre, que surviendra-t-il ? Qui lui restera-t-il ? » Ce jeune que je représentais n'avait qu'un seul ami dans sa vie à ce moment-là.

[...]

Bref, je crois qu'on doit déterminer ce qu'on veut préserver. C'est la même chose dans le cas des écoles et des centres de réadaptation, et il faut en parler. Vous savez, ceux qui font de la délation, ils peuvent sortir plus, ils reçoivent des récompenses, ils bénéficient de permissions…

TheoDone : *Quand vous parlez de délation, vous parlez des personnes qui dénoncent leurs complices, leurs amis…*

A. Ruffo : En fait, si tu parles, c'est que celui qui est censé être ton ami ne l'est plus. Si tu parles, tu deviens le traître, celui qui va retirer certains bénéfices de la situation. Moi, je pense que, pendant l'enfance, les parents devraient dire à leurs enfants qu'un ami, c'est sacré, qu'on ne peut pas lui parler n'importe comment et que, si on ne peut plus être son ami, on devrait le lui dire. Il y a une façon d'intégrer les valeurs qui fait en sorte qu'on peut reconnaître ce qu'est un vrai ami et qu'on laisse derrière soi ceux qui n'en sont pas en leur disant qu'on ne peut pas aller plus loin. Un ami, c'est sacré.

TheoDone : *Parfois, notre ami peut être bien différent de nous à cause de sa culture, de sa religion, de ses croyances…*

A. Ruffo : Bien sûr. Je pense que je vous ai parlé de la fois où mon père est venu à l'école pour rencontrer la religieuse… Vous souvenez-vous ? Eh bien, mon amie, je devais être loyale envers elle. Dans cette amitié-là, je devais tenir compte du fait que sa mère était divorcée. Je me sentais liée à elle par un lien d'amitié. Contrairement à ce qui se passe maintenant quand on nous envoie dans des collèges privés, à l'époque, c'était souvent là que les amitiés les plus durables prenaient naissance. Une amitié n'est pas une relation qui s'installe nécessairement entre deux personnes du même rang social. Non, ce n'est pas ça. Un lien d'amitié, c'est profond et ça va au-delà du rang social. C'est sur le plan de l'âme, du partage que ça se passe.

TheoDone : *Revenons sur le thème de la religion, si vous le permettez, car ce sujet semble beaucoup vous tenir à cœur. Parlons donc de foi, de croyances et de conception du monde. En quoi la religion ou votre conviction est-elle essentielle pour vous ?*

*A. Ruffo :* D'abord, permettez-moi d'apporter une précision par rapport à la question. Ce n'est pas la religion qui est importante pour moi, la religion n'est qu'un véhicule. Je m'intéresse surtout aux valeurs spirituelles, comme l'espérance. Ces valeurs, je les porte et je reconnais qu'elles unissent tous les hommes et toutes les femmes. Moi qui suis catholique de naissance, je partage les valeurs véhiculées par le catholicisme avec d'autres catholiques. Si j'étais née au Moyen-Orient, je serais musulmane. Si j'étais née en Israël, je serais juive. Pour moi, ce n'est pas fondamental, le fait de pratiquer une religion en particulier. Je pense que les valeurs véhiculées par l'une et l'autre des religions sont les mêmes. Cette assertion, je la fonde sur le fait que tous les êtres humains sont égaux et qu'ils ont tous droit au respect et à la dignité. Ainsi, je ne me donne pas le droit de penser que la religion que je pratique est plus inspirée ou plus éclairée que les autres ou que les personnes avec qui je partage des valeurs sont plus importants.

TheoDone : *Jusqu'où peut aller cette diversité, ce respect des différences ? Que pensez-vous, par exemple, de l'homosexualité ?*

*A. Ruffo :* Je me sens absolument incapable de juger les personnes qui ont une autre orientation sexuelle ou d'autres façons de penser. Je pense que la diversité des êtres, c'est la vie dans ce qu'il y a de plus merveilleux et c'est ça qu'on doit véhiculer et promouvoir. Je comprends mal que le christianisme se soit élevé contre le mariage des homosexuels. Je pense qu'il n'appartient pas aux dirigeants religieux de critiquer les gouvernements, de s'immiscer dans les affaires politiques puisque les questions politiques ne relèvent pas d'eux. Qu'un dirigeant religieux fasse la promotion de valeurs qui sont les siennes et qui sont propres à sa religion est une bonne chose, évidemment, dans la mesure où ce dernier respecte et reconnaisse les limitations des principes de liberté.

TheoDone : *Le débat sur les droits des homosexuels est loin d'être terminé… Les dogmes sont très rigoureux.*

A. Ruffo : Quand j'étais petite fille, de toutes mes forces je chantais, vous vous souvenez : « Hors de l'Église, point de salut ! » On chantait cela et on le chantait encore. Cela veut dire qu'on croyait que si on ne faisait pas partie de l'Église catholique, on ne pouvait pas avoir le salut. Aujourd'hui, je n'arrive pas à croire qu'on ait récité cela. À l'époque, les personnes qui le faisaient étaient de bonne foi, mais on a évolué, et il est maintenant inacceptable de penser qu'en dehors de nos Églises il n'y a pas de salut, que nos Églises représentent la seule voie.

TheoDone : *Je pense qu'on a effectivement grandement évolué, qu'on a élargi notre conscience.*

A. Ruffo : Je me dis toujours : si Dieu est si parfait, s'il est *un*, parce que la perfection, c'est l'unité, il doit rire de nous autres qui sommes si imparfaits et qui nous sommes laissé influencer de diverses façons. Mais, que voulez-vous, les choses dont je vous parle étaient caractéristiques de l'époque, du niveau d'avancement qu'on avait atteint à ce moment-là. Moi, je pense que ce qui importe le plus, ce n'est pas tant la religion que l'esprit, la spiritualité. Pour moi, la spiritualité a infiniment plus de valeur que la religion. Et quand je parle d'esprit, je pense que ça ne doit pas en être un qui nous pousse dans la direction de l'hypocrisie et de la compétition. Ça doit en être un qui nous amène à grandir, à partager et à faire preuve de compassion. En somme, ce sont plus la spiritualité et toutes les valeurs qui en découlent qui sont importantes pour moi.

TheoDone : *Nos écoles n'osent plus parler de religion. Elles parlent plutôt d'éducation morale. Certains élèves ne reçoivent même pas de formation dans ce domaine. Les parents ont le choix d'en décider ainsi. Croyez-vous que cette approche, qui se veut plus libérale et plus personnalisée, soit une bonne chose ?*

A. Ruffo : Je ne pense pas. En fait, je trouve regrettable qu'on ait adopté une telle approche. Par contre, ce avec quoi je suis d'accord, c'est la séparation des pouvoirs religieux. Je trouve que l'enseignement religieux ou moral ne devrait pas être laissé à la discrétion de chacun. Il ne devrait pas être retiré de l'horaire de cours, pas plus que l'enseignement de l'histoire ou de la géographie. Tous les types d'enseignement façonnent l'être humain. Moi, j'ai besoin de savoir d'où je viens pour me sentir bien par rapport à ce que je suis et pour travailler fort pour m'accomplir. Donc, je ne comprends pas pourquoi une société qui veut que ses enfants deviennent des adultes qui prendront racine et connaîtront leurs racines ne rend pas, outre les cours d'histoire et de géographie, les cours de morale obligatoires. Pour moi, ces derniers ne devraient pas être optionnels.

TheoDone : *Donc, selon vous, au secondaire, par exemple, on pourrait ajouter des cours de morale et d'éthique et des cours sur les religions du monde.*

A. Ruffo : On pourrait faire cela, mais on pourrait aussi intégrer les notions dans des cours ou des programmes qui existent déjà, dans des cours d'histoire, par exemple. J'ai déjà suivi un cours sur l'histoire des civilisations. Il s'agissait d'un cours d'histoire avancé. Ce genre de cours peut être très pratique. Moi, j'ai suivi le mien chez les religieuses. Elles nous avaient parlé des musulmans, des juifs, etc. Ces religieuses étaient des femmes très instruites et très indépendantes, et c'était absolument merveilleux parce qu'elles se permettaient de faire en sorte qu'on puisse s'ouvrir à tout. Je me souviens aussi d'un professeur de philosophie, qui nous avait dit : « Bon, on va se dépêcher d'apprendre ce qu'il faut savoir sur Aristote et sur saint Thomas, puis on va passer à... » On a étudié beaucoup de choses intéressantes chez les religieuses. Mais, dans un couvent, c'était comme cela. On apprenait un peu de tout et on étudiait entre autres les civilisations.

TheoDone : *Ainsi, les religieuses vous ont parlé des différences entre les peuples, entre autres des diverses cultures et des croyances ?*

A. Ruffo : Oui, et elles nous ont fait comprendre que ces gens dont elles nous parlaient étaient juste différents. Moi j'ai toujours valorisé les différences et apprécié ceux qui étaient différents. Je me souviens, quand je suis allée en Angleterre, j'ai vu des champs et des champs de moutons, et toutes les fois j'ai cherché le mouton noir. Dans le fond, un mouton noir peut être bien plus intéressant que des milliers de moutons blancs ! (*Rires*) D'ailleurs, Albert Jacquard m'a déjà fait remarquer que, si je voulais faire avancer les choses, je ne devais pas être la *copie carbone* de quelqu'un d'autre. Comme je voulais faire avancer les choses, il a bien fallu que je sois différente. Et puis j'ai toujours applaudi quand quelqu'un avait une idée différente, même quand je pensais moi-même autrement ou que mes besoins étaient différents. Dans ces cas-là, je disais : « Bravo ! On le fait. »

TheoDone : *C'est important d'expliquer aux enfants à l'école en quoi consistent les différences, n'est-ce pas ?*

A. Ruffo : À mon avis, c'est la différence qui fait qu'on est beau. Par conséquent, je ne pense pas qu'on doive *supporter* les différences, je pense qu'on devrait plutôt les apprécier. Par exemple, si quelqu'un n'a pas des notes extraordinaires à l'école, mais qu'il a un talent fou en musique et que c'est le plus gentil de tous, eh bien on devrait lui reconnaître les talents qu'il a et les apprécier.

TheoDone : *Notre monde est en perpétuel changement. Selon vous, est-ce qu'on a perdu quelque chose du sens de la vie si l'on considère les changements dans les valeurs qui ont marqué notre époque ?*

A. Ruffo : Contrairement à vous, je pense que les valeurs n'ont pas changé. Des recherches universitaires ont d'ailleurs démontré que les jeunes ont les mêmes valeurs que nous et que nous, on a les mêmes valeurs que nos parents. Si on observe des différences, c'est qu'on n'arrive pas à vivre selon nos valeurs de nos jours. Pourtant, les valeurs comme la loyauté et la famille perdurent toujours. En réalité, ces valeurs, on les privilégie, mais parce que la société est contrôlée par des organismes internationaux et par des gens qui ont l'appât du gain comme seule valeur, à ce moment-là, on n'est pas capable de vivre en fonction de nos valeurs à nous. On a besoin de travailler pour faire vivre notre famille parce qu'on vit dans un monde comme ça, mais au sein du monde du travail, on ne respecte pas la famille. Comme société, on ne s'est pas donné de règles pour faire en sorte que la famille soit respectée. Donc, les valeurs liées à la famille ne sont pas respectées.

TheoDone : *Mais alors, si on n'a pas de soutien, comment peut-on continuer à véhiculer ces valeurs ?*

A. Ruffo : Il faut se battre, il faut s'exprimer, il faut que, lorsqu'on est dans notre milieu, par exemple dans notre famille, notre façon d'être démontre quelles sont nos convictions… Dans les grandes entreprises, maintenant, il n'y a plus de loyauté ni de fidélité, cela n'existe quasiment plus, alors qu'en nous ces valeurs sont ancrées profondément. Je sais qu'il y a des sociétés qui payent pour ce manque de loyauté et de fidélité et qui commencent à s'apercevoir du prix qu'elles payent pour cela. Peut-être est-ce pour cette raison qu'on est justement en train de repenser l'organisation du monde du travail, pour que les valeurs qui y sont véhiculées soient plus conformes aux valeurs des gens.

TheoDone : *Socialement, les choses sont en train de changer. On peut donc parler d'ouverture dans ce cas-ci également.*

A. R-ffo : Les changements sont initiés par des gens qui en ont marre, des gens qui ont des enfants qui souffrent et qui décident qu'il faut agir autrement. Moi, je pense qu'on n'a jamais à subir les choses. On a une faculté de penser, donc on est capable de critiquer les situations selon la façon dont on les vit. On est capable de faire des critiques constructives. On doit poser des hypothèses de changement, on doit exiger des choses, on doit travailler ensemble pour faire en sorte que ça change.

TheoDone : *Quels changements est-ce qu'on devrait apporter au sein de notre société ? Qu'est-ce qui devrait changer ?*

A. R-ffo : À mon avis, il y a des choses qui devraient changer sur tous les plans. Le premier objectif qu'on devrait se donner devrait être de faire en sorte qu'on ait un meilleur partage des richesses entre les individus. Mais c'est quelque chose qui peut paraître difficile à accomplir puisque ce sont les multinationales qui mènent le monde, comme vous le savez. Les multinationales décident à quels pays elles vont permettre de survivre en achetant leurs matières premières. Ces entreprises imposent leurs règles, elles dictent qui sera au pouvoir parfois. Les gens au pouvoir, ceux qu'on porte au pouvoir, ils sont comme des marionnettes et ils ont les mêmes priorités financières que les multinationales. Je pense que c'est ça qui ne va pas et, à mon avis, il est urgent que les choses changent. Mais est-ce que ça prendra des catastrophes humaines ou une révolte des gens pour que cela se produise ?

TheoDone : *Nos gouvernements semblent souvent servir les intérêts des gens influents et bien nantis qui les portent au pouvoir... Mais, lors de vos voyages, avez-vous pu vérifier cette assertion ou encore avez-vous été témoin d'inégalités sociales ?*

A. R-ffo : Je me souviens que, quand je suis allée en Chine, j'ai eu un guide qui vivait avec son père, sa mère et sa sœur. Ses parents étaient professeurs à l'université, et sa sœur et lui possédaient plusieurs diplômes universitaires. À l'époque, mon guide et sa famille vivaient dans deux pièces et demie. L'appartement ne comportait que la chambre des parents, la chambre du frère et de la sœur et un petit endroit où l'on préparait les repas. Dans le coin cuisine, il n'y avait pas de table ni suffisamment d'espace pour mettre des chaises. Donc, quand la famille prenait ses repas, chacun devait s'asseoir sur le bord de son lit.

TheoDone : *Comment est-ce que la famille faisait pour vivre dans un espace si restreint ?*

C. Ruffo : Je parle de Pékin, ne l'oublions pas. Comme mon guide allait devenir professeur à l'université, je lui ai demandé s'il allait pouvoir obtenir un logement plus grand. À cela il m'avait répondu : « Mais non, parce que mon père et ma mère vont bientôt être obligés de prendre leur retraite, alors on va déménager dans un espace plus petit. » Alors je lui ai dit : « Qu'est-ce que vous faites si vous voulez vous marier ? » Il a répondu : « Il faudrait qu'on mette un drap dans la chambre de mes parents et qu'on partage la chambre. On vivrait ici six mois par année et six mois chez ma femme. Mais, moi, je ne veux pas vivre comme ça. » Qu'il ne veuille plus vivre comme cela, c'est bien compréhensible, d'autant plus qu'en Chine les gens ont des téléviseurs encore plus gros que les nôtres. Même s'il y a un manque d'espace évident, certains ont quand même de l'argent. Quand j'ai fait mon voyage, ils regardaient des émissions comme *Dallas* et *Dynasty*, les émissions de l'époque, quoi. Ils voyaient donc ces ranchs et ces grandes maisons alors qu'eux ils étaient là, en Chine, à manger leur nourriture sur le bord de leur lit.

TheoDone : *À cause des inégalités et de la concentration de la richesse dans certains pays du monde, est-ce que certaines sociétés ne courent pas à leur perte ?*

*A. Ruffo :* Einstein a dit que le plus grand danger qui guettait l'humanité c'était l'éclatement des frontières. Les frontières ont déjà éclaté. Avec l'éclatement des frontières viennent le terrorisme et des phénomènes internationaux du genre. Les frontières physiques résistent encore, mais je ne comprends pas que les Africains ou les Chinois ne soient pas encore débarqués ici, qu'ils ne nous aient pas envahis. Les Africains et les Chinois sont des personnes qui ont autant de valeur que nous, et ce, à n'importe quel égard. Alors pourquoi est-ce qu'ils sont des millions à mourir en Afrique ? Pourquoi ? Pourquoi ? Pourquoi ?

TheoDone : *Et dire qu'ici...*

*A. Ruffo :* Oui, ici c'est une autre paire de manches. Nous, par exemple, Michel et moi, c'est un peu fou mais, à nous deux, on a trois maisons. Lui, il a une maison de trois étages, moi j'ai un bel appartement, et on a une grande maison à la campagne. Qu'on puisse avoir tout cela alors que d'autres en sont bien loin, c'est ça l'injustice. Comment est-ce qu'on va changer cela ? Je pense que le moyen d'y arriver, c'est par une meilleure répartition des richesses, c'est en prenant conscience de la souffrance des autres et en éprouvant de la compassion pour eux. Et la compassion, ça implique que, si moi je veux être heureuse, je devrais aider l'autre à être heureux également. Si moi je veux pouvoir donner ce qu'il faut à mes enfants, je devrais aider l'autre à pouvoir le faire. Moi, les injustices m'ont toujours profondément troublée et touchée, que ce soit celles que subissent les malades, les personnes handicapées ou les personnes âgées. Mais, évidemment, ce sont les injustices que subissent les enfants qui m'ont particulièrement marquée. Il va falloir que quelque chose change, parce qu'il y a une colère qui gronde et qui est très justifiée. Cette colère, je la ressens avec ceux qui sont contraints de voir mourir leurs enfants, avec ceux qui n'ont pas de logement, avec ceux qui manquent de nourriture. Cette colère, elle risque fort de finir par entraîner une violence inouïe !

**TheoDone :** *On peut parler peut-être d'une forme de « terrorisme infantile ». Qu'en pensez-vous ?*

**A. Ruffo :** Il y a un certain nombre d'années, j'ai demandé à Irwin Cutler de faire une recherche sur le terrorisme. Il a été professeur en même temps que moi à l'Université McGill. En tout cas, je peux vous dire que quand vous vivez dans la Sierra Leone, que vous avez huit ans et que vous avez une arme ou je ne sais pas quoi d'autre à la main, eh bien ça s'appelle vivre dans la terreur, cela. C'est la même histoire pour ceux qui vivent dans des camps depuis des générations. Moi, je suis allée aux camps de Sabra et Chatila, au Liban. Là-bas, il y a des gens qui n'ont pas le droit de s'instruire, qui n'ont pas le droit de travailler et qui n'ont aucun statut social. Ils sont enfermés comme des bêtes. Ce n'est pas du terrorisme, ça ? Donc, en matière de terrorisme, il ne faut pas oublier que nous, on fait vivre la terreur à certains depuis trop longtemps déjà.

**TheoDone :** *C'est carrément scandaleux. Il y a de quoi être en colère…*

**A. Ruffo :** Tout à fait, et cette colère, c'est une colère qui est juste. Comment exprime-t-on la colère ? On peut l'exprimer contre soi ou contre les autres. En ce qui concerne les terroristes, c'est clair qu'ils l'expriment contre les autres. Moi je pense qu'avant de demander aux terroristes de cesser leurs activités on devrait se demander d'où vient leur colère et pourquoi ils la ressentent. Ce serait plus intéressant et plus efficace d'agir ainsi. On a la même attitude par rapport aux délinquants que par rapport aux terroristes. On se dit : « Ah, c'est affreux ! Il a commis un vol ! » Mais on devrait plutôt se demander : « Pourquoi est-ce qu'il a agi avec violence, d'où vient sa colère ? » C'est cela qu'il faut examiner.

**TheoDone :** *L'amitié est une valeur que l'on peut encore trouver à l'école et dans la vie en général. Mais avec tous les événements et tous les changements sociaux qui se produisent, la peur et le doute se sont graduellement infiltrés dans nos cours d'école et dans les autres sphères de nos vies. De plus en plus, on voit des gestes d'intimidation et de* *brutalité, des querelles et des menaces qui viennent souvent hanter nos jeunes. Dans une telle perspective, n'est-il pas plus difficile de faire confiance, d'entretenir les liens d'amitié, d'entraide et de camaraderie ?*

*A. Ruffo :* Quand on est tout petit, chercher à se faire des amis, c'est normal. Ça fait partie de la socialisation, qui est une étape du développement de l'enfant. Mais, dans les écoles, on voit souvent des gestes de violence. Habituellement, ce sont les personnes qui sont différentes qui subissent ça, comme la petite fille qui n'est pas habillée comme les autres, celle qui a les cheveux roux, celle qui est un peu grosse, celle qui a des grandes oreilles ou celle qui louche. Même si les enfants différents veulent faire partie du groupe, souvent ils restent longtemps à l'écart et ils en souffrent beaucoup. Ils ne vont pas nécessairement passer à l'action; ils vont se dévaloriser et ils finiront par avoir encore une moins bonne estime d'eux-mêmes. Alors ce qui se passe souvent c'est qu'il se forme des petits groupes à côté, des petites cliques de jeunes différents. C'est de là que surgissent les gangs dans bien des cas. Comme cela, individuellement ou en groupe, les jeunes pourront exprimer leur colère, se libérer de l'idée qu'ils ne sont pas comme les autres et qu'ils ne sont pas acceptés. C'est quand on est en groupe, comme cela, qu'on va agir. Dans les groupes minoritaires, il y a aussi des règles. Ces règles rendent possible l'affirmation d'un certain pouvoir, d'un certain leadership. Elles incitent les jeunes à montrer qu'ils sont capables de gestes et souvent de cruauté. Par exemple, ils vont rire des autres, ils vont lancer des quolibets, ils vont dire plein de choses méprisantes. Ils font cela pour s'affirmer, pour prendre leur place.

TheoDone : *Il existe une certaine loi du silence, mais on pourrait malgré tout désamorcer facilement ce genre de contrôle par la peur.*

*A. Ruffo :* Moi, je trouve qu'avant tout il y a un grand manque de véritable communication avec les parents. On devrait être capable de parler des rejets aux parents. Mais, dans la réalité, quand on leur parle de cela, souvent ils ont des réactions malheureuses parce qu'ils ne veulent pas que leurs enfants soient différents des autres. Je ne comprends pas qu'on ne prévoie pas de moments particuliers pour réfléchir au problème avec les professeurs.

TheoDone : *Il peut parfois y avoir jusqu'à trente ou cinquante nationalités différentes dans une même école. Ne serait-il pas opportun qu'il y ait des périodes consacrées uniquement à l'apprivoisement des autres ?*

*a. Ruffo :* Bien sûr. Pourquoi est-ce qu'on ne se dirait pas : « Bon, on est trente, trente qui sommes différents, alors on va prendre la journée pour se parler un petit peu, pour se connaître. Toi, d'où viens-tu ? » Il s'agirait d'une bonne façon de favoriser une bonne communication et de valoriser les différences. On peut se donner toutes sortes de moyens pour le faire. Par exemple, on pourrait aussi suggérer aux jeunes que, chaque semaine, l'un d'eux demande à sa maman de faire un petit goûter typique de sa culture pour la classe. Ça c'est sur le plan de la culture que ça se situe. Mais il est aussi possible de faire le même genre d'exercice pour faire en sorte de valoriser les différences physiques.

TheoDone : *Comme vous dites, il existe pourtant des moyens bien simples pour faire en sorte que les jeunes se connaissent mieux et qu'ils apprécient les différences culturelles et sociales...*

*a. Ruffo :* Comme autre moyen pour que les élèves s'apprivoisent, on peut aussi envisager d'organiser un petit échange de cadeaux pendant la période de Noël. Il suffit de prévoir une demi-journée, d'inviter les mamans à préparer une petite collation et d'organiser un échange, possiblement une pige, de petits cadeaux représentatifs du pays d'origine de chacun d'une valeur de quelques dollars. Vous savez, quand on veut, on peut trouver des millions de choses à faire pour valoriser les différences.

*Marraine au Sommet mondial des enfants pour la paix*

TheoDone : *À une époque où la criminalité et la violence ont atteint même la cour d'école, le terrain de nos jeunes, il devient tout à fait pertinent de parler de délation, définie ici comme* un principe de dénonciation qui consiste à rapporter à une autorité des renseignements, des paroles ou encore des gestes considérés comme répréhensibles par un groupe ou par un individu. *On parle souvent de* délateurs, *notamment en ce qui concerne le crime organisé, car le crime, maintenant, est davantage organisé. Les policiers rencontrent les élèves dans les écoles et les informent des attitudes et des gestes préventifs. Que pensez-vous, donc, de la délation et de toutes ces actions préventives ?*

A. Ruffo : Je pense qu'il faut distinguer certaines choses et c'est pour cela que j'apprécie qu'on parle de la délation. Il faut distinguer trois situations : si on est en autorité, si on est témoin d'un événement ou d'un problème, ou si l'information recherchée concerne un ami ou un parent. Si on est en autorité, je pense qu'on n'a pas le choix, il faut absolument signaler une situation qui n'est pas *normale*. Un crime ou une fraude ont pu être commis, on n'a pas le choix de dénoncer. Je vous donne l'exemple d'un éducateur dans un centre d'accueil; il est jeune, sans formation adéquate et mal renseigné. Il me téléphone, un jour, et me dit : « J'ai un jeune, ici, qui vient de m'avouer, en toute confidentialité, qu'il a tué quelqu'un et qu'il l'a enterré à un endroit précis. Je ne sais pas quoi faire, madame. » J'étais alors juge. « Qu'est-ce que je dois faire ? »... J'ai été absolument sidérée qu'une personne en autorité dans un centre d'accueil ne sache pas quoi faire. Il est certain que ce jeune le manipulait et qu'il voulait s'en servir comme complice pour se libérer d'un poids. Il ne s'agissait plus d'une relation d'aide ou de confiance. Une relation d'aide ne peut pas reposer sur la complicité pour un geste aussi grave. Je n'ai pas encore compris que cet homme-là ne sache pas comment différencier une relation d'aide d'une relation thérapeutique et d'une complicité dans un acte aussi affreux qu'un meurtre.

TheoDone : *Il fallait donc qu'il en parle quand même.*

*A. Ruffo :* C'est sûr qu'il lui fallait dénoncer la situation. Il n'y a pas de doute. Lorsqu'une personne en autorité reçoit une telle confidence, elle doit tout de suite informer l'autre de sa responsabilité à elle et dire : « Je ne considérerai pas ce que tu me dis comme une confidence, si cette confidence concerne quelque chose qui te met en danger ou met la société en danger, s'il s'agit d'un crime ou d'une fraude. » C'est la même chose quand des enfants me disent : « J'ai un secret à te dire. » Je trouve qu'on n'a pas le droit de dire, comme spécialiste adulte : « Oui, je vais garder ton secret. » On devrait plutôt dire : « Oui, moi je te dis maintenant que si ça te met en danger, si ça met les autres en danger, s'il s'agit d'un crime, tu devrais me le dire. » Je trouve que les gens ont perdu leur jugement et leur sens des responsabilités, ils ne savent plus ce qu'est l'éthique, le sens des autres et le sens de la responsabilité sociale. La loi ne peut pas promettre à quelqu'un qui a tué, le silence. On risque que cette personne aille tuer quelqu'un d'autre. Voilà ce qu'il en est à propos de la première situation, celle d'une personne en autorité.

TheoDone : *La deuxième situation...*

*A. Ruffo :* L'autre situation qui m'apparaît évidente, c'est lorsqu'on est témoin d'un événement. Si je suis témoin d'un vol, d'une fraude, etc., je n'ai pas le droit de rester silencieux parce que si tel est le cas, je me rends complice. Pour moi, c'est absolument évident. On n'a pas le droit de se taire après avoir vu. Combien de fois entend-on des gens dire :

**"On n'a pas le droit de se taire après avoir vu."**

« Ah ! je le savais, je l'ai vu faire. » Ou encore : « Je le soupçonnais. » Je pense qu'il faut prendre ses responsabilités. Par contre, ça devient plus problématique quand on mêle l'*amitié* à cela. Je n'ai pas encore résolu ce problème-là. Je sais ce que moi, je ferais, mais je ne peux pas l'ériger en théorie parce que je pense que ça devient personnel. Par exemple, si je sais que mon meilleur ami est dans de mauvais draps, je pense que mon devoir est de l'inciter à prendre ses responsabilités, à corriger la situation. Si, par exemple, je suis en centre de réhabilitation et que j'ai un ami qui fait le projet de fuguer, c'est la même chose. Je ne comprends pas que des amis dénoncent une situation pour obtenir un privilège, une permission de plus.

*TheoDone : Mais si quelqu'un fait un geste, quelque chose de mal, par éthique, je dois le dire ?*

*A. Ruffo :* Oui. Si, par exemple, dans la famille on s'aperçoit que quelqu'un fait quelque chose de mal, là encore, c'est une question d'éthique. Pour ce qui est spécifiquement des enfants, je suis de ceux qui diront qu'il faut aller chercher de l'aide professionnelle.

*TheoDone : C'est la troisième situation que vous mentionniez au début, la recherche d'information concernant un ami ou un parent.*

*A. Ruffo :* Effectivement. Il faudrait dire : « Non, je ne te cacherai pas. Je ne te dénoncerai pas, mais je vais plutôt chercher de l'aide. » Vous savez, il n'y a pas une journée où je ne reçois pas un appel téléphonique d'un parent qui me dit : « Je sais que mon fils se drogue, je sais telle ou telle chose… » On cherche de l'aide et, en ce moment, au Québec, il n'y en a pas. À la Direction de la protection de la jeunesse, on me dit toujours que ce n'est pas assez grave ou, encore, on précise : « Il faudrait qu'il se passe ceci ou cela d'abord, pour qu'on s'en occupe. » On dirait : « On ne s'en occupe pas ». Mais le parent, lui, il est toujours impuissant dans de telles situations. Son enfant continue à se détériorer et arrive le moment où quelque chose de grave se produit : ou il vole, ou il blesse, ou, encore, il agresse quelqu'un, et là, il est accusé. Il y a un problème parce qu'à partir de ce moment précis les parties en cause sont dorénavant l'adolescent, qui est accusé, et la Couronne, qui représente la société. Il m'est arrivé d'entendre, encore récemment, un procureur de la Couronne qui a dit aux parents : « Ne venez pas laver votre linge sale ici, ce n'est pas l'endroit. » Mais le parent, lui, ne souhaitait pas vraiment révéler une situation familiale personnelle, il voulait seulement faire savoir que son enfant, depuis l'âge de cinq ans, frappait, menaçait de tuer, abusait..., afin de savoir s'il avait un problème d'ordre psychiatrique ou s'il y avait quelque chose à faire pour connaître la nature véritable de ses problèmes. Ce n'est pas de la délation, c'est simplement une recherche de vérité dans le but d'obtenir une solution à un problème qui est extrêmement grave.

TheoDone : *Il me semble que cette nuance est bien subtile, vous ne trouvez pas ?*

A. Ruffo : Quand on parle actuellement de problèmes d'ordre psychiatrique chez les adolescents, on est souvent dans une zone grise si la Direction de la protection de la jeunesse refuse d'agir sous prétexte que ce n'est pas assez grave. Si le procureur refuse aussi d'entendre ce que les parents ont vécu pendant plus de dix ans, s'il refuse également qu'ils soient entendus par le juge, on risque alors d'avoir de plus en plus de crimes violents. Il ne faut pas se leurrer. Et cela, c'est sans compter des gens qui sont de plus en plus malades. Finalement, *il n'y a pas de couloir unique*, il faut faire la distinction. Est-ce qu'on est en autorité ? Est-ce qu'on est témoin ? Est-ce qu'on est neutre ? Est-ce que c'est la famille ? Est-ce que c'est le meilleur ami ? Vous voyez ?... Je pense qu'effectivement il y a des règles quand on est en autorité, et il y a aussi des codes de déontologie, mais au bout du compte, je pense qu'il faut agir.

TheoDone : *Quand il s'agit de personnes en autorité, et dans ce cas précis de l'éducateur qui vous a téléphoné et à qui vous avez posé des questions, qu'en est-il de la relation de confiance ?*

A. Ruffo : Eh bien, il a appelé et il a dit : « Je suis l'éducateur de l'adolescent. » Il s'est nommé comme ça : « Je suis éducateur au Centre V... » Il faut tenir compte de la Loi de la protection de la jeunesse... Comment peut-on parler de relation de confiance ?

TheoDone : *Peut-être que cet éducateur sentait que le jeune lui avait confié son secret en toute confiance et, au fond, avait besoin d'aide, d'écoute, et ne savait pas quoi faire. J'essaie de voir comment une telle révélation...*

A. Ruffo : Je n'en ai aucune idée, on ne peut faire que des hypothèses, c'est de la pure spéculation. Je sais cependant qu'il n'avait qu'une chose à dire : « Je ne peux pas recevoir ta confidence. Il s'agit d'une chose grave et je dois te dénoncer. » Ça, pour moi, c'est clair. Souvent, une telle situation se présente parce qu'on veut être ami, parce qu'on veut créer une relation de confiance factice, et souvent parce qu'on n'est pas assez fort. Ces jeunes-là sont souvent très manipulateurs. Il y a toutes sortes de raisons, voyez-vous, et chaque cas est vraiment très unique.

TheoDone : *Comme vous l'avez dit également, être le témoin, lorsqu'il s'agit d'une relation d'amis, ce n'est pas nécessairement facile.*

A. Ruffo : Non, ce n'est pas facile.

TheoDone : *Et si la personne refuse l'aide et continue dans la même voie, qu'est-ce qui doit être fait alors ?*

A. Ruffo : Cela dépend toujours des valeurs familiales. Je sais que mon père, par exemple, jamais il n'aurait dénoncé un enfant; jamais. Je suis moi-même plus nuancée et, à mon avis, cela dépend de la situation. S'il s'agit d'un crime, par exemple, d'une fraude ou d'une situation particulière où on ne peut pas offrir d'aide... S'il s'agit de choses qui nous échappent, comme la maladie mentale. Dans ce dernier cas, on ne peut pas dire « Je vais t'amener voir un psychologue ou un psychiatre », si l'enfant refuse... Cela dépend vraiment des situations, mais mettre la vie d'un enfant en danger, mettre les citoyens en danger, non, je ne pourrais pas accepter cela.

TheoDone : *En effet. Parfois, l'enfant est dans une situation critique ou encore ne prend pas ses médicaments. Ces enfants peuvent se faire du mal ou blesser les autres s'ils sont à bout. N'est-ce pas à ce moment-là que le témoin doit prendre une décision, être* délateur *dans une telle situation ?*

C. Ruffo : Je n'appelle plus ça être *délateur*. On parle plutôt ici de *recherche d'aide*. Ce n'est pas de la délation, ce n'est pas parce que la personne a commis un crime… Il faut plutôt chercher de l'aide. Il faut dire les choses telles qu'elles sont : « Oui, nous avons été menacés de mort plusieurs fois; oui, il a posé des gestes violents contre sa mère; oui, on sait qu'il prend de la drogue depuis qu'il a 10 ans. » Il faut le dire parce que si on ne l'aide pas, les conséquences seront énormes. Il y a des personnes qui ne doivent pas être en liberté et il ne faut pas être timoré sur ce point. Les personnes qui ne prennent pas leurs médicaments, qui refusent tout traitement psychiatrique et qui sont des *bombes* prêtes à éclater au premier regard, ces personnes ne doivent pas être en liberté. Pour moi, c'est clair.

TheoDone : *Parce qu'elles constituent un danger pour les autres…*

C. Ruffo : C'est sûr, on n'a pas le droit de les laisser dans la rue. On ne peut pas les laisser passer à côté de nous, ne sachant pas qui va recevoir le coup de poignard. La société ne peut pas permettre ça.

TheoDone : *Il n'y a plus de craintes à avoir quand ces jeunes ou ces adultes sont placés dans des centres spécialisés, mais il faut craindre ceux qui sont…*

C. Ruffo : … dans la rue, oui.

TheoDone : *Avez-vous déjà rencontré des enfants qui ont été témoins d'activités illégales et qui ont osé informer les personnes concernées ?*

C. Ruffo : Dans des centres d'accueil, je connais des personnes qui avaient érigé un système de *délation* et qui donnaient des *bénéfices* à ceux qui étaient *délateurs*. C'est-à-dire, on leur donnait une sortie, on leur consentait des privilèges, on les considérait comme des gens extraordinaires, on leur disait qu'ils étaient sur la voie de la rééducation. Moi, j'étais très inquiète de ce système de valeurs, je ne comprenais pas. J'en ai vu souvent, pourtant. Quand une personne a terminé son rôle de délateur, elle se retrouve encore plus seule. Elle se retrouve humiliée aussi, car elle a l'impression d'avoir été utilisée, c'est certain. De plus, elle est méprisée par les autres. Pour ma part, je pense que dans le cas où on sait qu'un ami dans un centre va aller tuer la voisine, par exemple, on doit le dire, mais si on fait un projet ensemble et qu'on a une certaine forme de complicité, on ne se précipite pas pour aller le dire. Tout ça devient complexe parfois.

TheoDone : *Tout doit être… nuancé, n'est-ce pas ?*

*A. Ruffo :* En effet, il n'y a pas qu'une seule solution, il n'y a pas qu'une seule couleur. C'est ce qui s'appelle le jugement moral, le sens civique, la valorisation de l'amitié. Jusqu'où va la famille ? Jusqu'où va l'amitié ? Il y en a pour qui c'est jusqu'au bout du monde et il y en a d'autres pour qui c'est moins loin, il y a une limite qu'ils ne dépassent pas.

TheoDone : *C'est qu'il y a un équilibre à établir. C'est sûr qu'on veut pouvoir compter sur l'amour et l'appui de notre famille, oui, mais la loi du silence n'est pas, comment dire… inconditionnelle.*

*A. Ruffo :* Si on prend l'exemple d'une famille et d'un petit bonhomme de huit ans qui revient avec un sac de croustilles qu'il a pris au dépanneur, c'est voler. Alors l'enfant rentre avec son sac de croustilles et on fait semblant qu'on ne le sait pas. Ça, c'est une chose. Mais si on lui demande : « Où as-tu pris ton sac de croustilles, mon trésor ? » Il répondra vraisemblablement : « Au dépanneur. » À la question suivante, « L'as-tu payé ? », il répondra peut-être : « Non, je n'avais pas les sous. » Prendre ses responsabilités, c'est ajouter : « Maintenant, viens, tu vas aller t'excuser et le rendre. »

TheoDone : *C'est un exemple intéressant qui ne pénalise pas, mais responsabilise.*

*A. Ruffo :* Combien de fois y a-t-il eu des procès parce que les enfants avaient volé et qu'on a pu récupérer les objets du vol grâce à la famille ? Par exemple, un téléviseur, un système de son ou même un sac de croustilles ? Les parents feignent la surprise : « Ah ! je ne sais pas où il a pris ça… » C'est volontaire, ils se ferment les yeux, ils ne veulent pas voir. Ce n'est pas vrai que quelqu'un qui ne travaille pas, qui passe ses journées à dormir et ses nuits à sortir va revenir avec un cadeau tombé du ciel, va rentrer avec un téléviseur ou un système de son.

Chaque situation est différente d'une autre, mais il y a quand même des règles qu'il faut respecter dans la famille, des règles d'hygiène, de santé, de civilité… Notre amour est inconditionnel, mais il faut être capable de garder un jugement sur les actions que les jeunes posent, parce que c'est ça, les aider à avoir un sens moral. Cela fait partie, en tant qu'adultes, de nos obligations.

TheoDone : *Que s'est-il passé au printemps 2001 ? Les grands ont-ils transféré leur sale boulot aux jeunes ? Est-ce là la réelle naissance et le début de la prolifération des gangs de rue ? Des territoires protégés ? Des chasses gardées ?*

*A. Ruffo :* Pourquoi parlez-vous du printemps 2001 ?

TheoDone : *Le printemps 2001 est un moment charnière pour les policiers de certaines grandes villes du Québec, qui nous ont parlé du transfert sur les jeunes survenu à cette époque (ce qui a donné naissance graduellement à la prolifération des gangs de rue), quand nous leur avons demandé des informations sur le principe de délation.*

*A. Ruffo :* Moi, j'ai été nommée juge il y a vingt ans et déjà, à ce moment-là, il y avait des gangs de rue. Auparavant, j'étais avocate et il y avait des gangs de rue. Évidemment, avec le temps, les jeunes se sont structurés et organisés. La prolifération des gangs de rue s'est peut-être accentuée, leur vocation a peut-être changé, leur manière aussi, mais ils ont toujours existé parce que le phénomène est intrinsèquement lié au rejet des écoles. Le phénomène a toujours existé et il n'est pas question de syllogisme ici : on sort d'un milieu majoritaire dont on est différent, on se joint à d'autres qui sont également différents et rejetés; on a un langage commun, on peut se valoriser, on fait des mauvais coups, on prend de la drogue… Depuis le temps que je suis dans le métier, cela a toujours existé. À la longue, ils se sont aperçus que les décisions de la Chambre de la jeunesse étaient beaucoup moins sévères que celles des autres tribunaux.

TheoDone : *Ici, je crois qu'il faut comprendre que des groupes d'adultes utilisent des jeunes pour commettre des délits. Ce transfert de* boulot *est bien connu des autorités.*

*A. Ruffo :* C'est vrai qu'il y a des groupes d'adultes qui utilisent des jeunes pour perpétrer leurs délits. C'était extraordinairement difficile à contrôler parce que les jeunes ont des bénéfices très grands, mais ils sont sous la menace constante de se faire tuer. Il y a, d'une part, le système judiciaire qui les attrape et les envoie en centre pour être rééduqués, mais, d'autre part, ils ne peuvent pas être rééduqués parce qu'ils ont adhéré à leur gang et qu'ils ont peur. C'est très complexe et très malsain.

TheoDone : *Une véritable souricière…*

*A. Ruffo :* Il ne faut pas oublier non plus que les gangs sont aussi devenus très *sophistiqués*. Ils tournent autour des centres de réhabilitation, ils hébergent les jeunes qui fuguent et s'en servent. Aussi, il y a de plus en plus de jeunes qui sont rejetés, malheureux et qui prennent des drogues de plus en plus fortes. Il y a certaines drogues que vous consommez une seule fois et vous êtes *accro*. C'est loin d'être drôle, car il faut fournir ensuite, et pour avoir une consommation régulière, il faut se montrer utile et faire le *boulot*… il faut vendre, se prostituer… C'est comme ça qu'il y a des groupes qui deviennent très puissants.

TheoDone : *Il devient très difficile de s'en sortir, n'est-ce pas ?*

*a. Ruffo :* Oui, et c'est parce qu'ils ont une grande discipline. De plus, ils reproduisent le *pattern*, le système familial. Il y a comme le père de famille, la mère, les enfants, les plus vieux, les préférés, les plus jeunes. Ils sont organisés, structurés, et ces enfants, qui n'ont jamais eu un tel encadrement, une semblable structure, se sentent maintenant protégés; ils se sentent bien dans ce système-là.

TheoDone : *Un clan ou une famille, en quelque sorte ?*

*a. Ruffo :* C'est comme une famille, exactement. C'est pourquoi je pense qu'avant de parler de répression ce serait une bonne idée de se poser certaines questions. D'où viennent-ils ? Pourquoi sont-ils là ? Qu'est-ce qu'on peut faire pour les familles ? Que faire, en définitive, pour que les familles et les écoles les gardent avec elles et pour qu'ils se sentent valorisés ? Souvent, ce sont des enfants qui ont énormément de créativité et un grand potentiel. Souvent, ce sont des enfants qui sont merveilleux, mais à cause de notre attitude envers ceux qui sont différents, ceux qui ont d'autres façons d'apprendre, ceux qui réagissent différemment, on les perd. Il y a tout plein de choses merveilleuses que nous pourrions faire avec eux.

TheoDone : *Revenons, si vous le voulez bien, à la prévention.*

*a. Ruffo :* Mais bien sûr.

TheoDone : *D'abord, le contrôle doit-il nécessairement faire partie d'une approche préventive ?*

*a. Ruffo :* Actuellement, on veut contrôler. Mais c'est de la prévention qu'il faut faire. Alors, quelles sont spécifiquement ces familles où ça va mal ? Voyons d'abord du côté des parents. Qui sont ces parents et d'où viennent ils ? Est-ce qu'eux-mêmes sont valorisés ? Est-ce qu'eux-mêmes ont le droit de rêver ? Est-ce qu'eux-mêmes ont des choses qui leur appartiennent ? Et de plus, ces parents là, est-ce qu'ils autorisent leurs enfants à être différents ? Est-ce qu'ils respectent les ambitions et les rêves de leurs enfants ? Est-ce qu'ils ont de quoi les nourrir ? Est-ce qu'ils ont... ? Et, en bout de piste, est-ce qu'on accepte celui qui est différent ou bien est-ce qu'on fait taire et on écrase tout le monde ? Est-ce que c'est si important d'arriver dans les premiers qu'on se fait traiter de crétin ou d'idiot et qu'on se fait rejeter si on n'y arrive pas ? Tout le processus logique est là. C'est tout ça qui se passe dans les familles et les écoles et c'est ça qu'il faut apprendre à gérer avec les parents.

[...]

De plus, il y a combien de parents chez nous qui viennent d'autres pays ? Des milliers et des dizaines de milliers. Souvent, ces personnes-là parlent très mal le français ou l'anglais. Pouvez-vous m'expliquer comment ils aident leurs enfants à faire leurs devoirs ? Pourquoi n'offre-t-on pas d'aide aux devoirs ? Pourquoi ne trouve-t-on pas des personnes retraitées qui pourraient aider ? Comme juge, j'ai eu devant moi des personnes d'origine chinoise qui ne parlaient à peu près pas l'anglais ni le français, aux prises avec des adolescents qui voulaient s'impliquer et qui voulaient réussir, mais ils n'avaient pas d'aide, aucune. Les parents ne comprennent pas la langue et, bien souvent, les enfants en arrivent à avoir honte de leurs parents. Ils ne veulent pas amener leurs amis à la maison, ils ne veulent pas les présenter à leurs parents. Ils ne veulent absolument pas avoir affaire avec cette famille-là. Il y a des problèmes énormes qui émanent de ces situations.

TheoDone : *Il y a des programmes de langue conçus pour les nouveaux immigrants et qui sont gratuits, mais encore faut-il avoir le temps d'y participer ou savoir que ces programmes existent.*

*A. Ruffo :* Voyez comment ça se passe. Quand une famille, chinoise, grecque ou autre, arrive ici, très souvent la femme reste à la maison avec les enfants et l'homme va travailler avec les amis qui l'ont fait venir ici. Il va parler sa langue maternelle, et sa femme aussi. Les enfants vont à l'école où ils apprennent le français ou l'anglais. Souvent le père perd le peu de français qu'il aura appris dans la classe de langue parce qu'il ne pratique jamais, que ce soit à la maison ou au travail. C'est en quelque sorte un cercle vicieux.

TheoDone : *Ce contexte ne facilite pas l'intégration. Les gens sont livrés à eux-mêmes, en quelque sorte.*

*A. Ruffo :* Je me souviens d'une autre famille d'immigrants où le garçon ne pouvait plus voir ses parents. Il ne pouvait plus les sentir. Les parents ne parlaient ni français ni anglais. Les parents étaient ici depuis près de quinze ans. J'ai dit aux parents : « Vous avez le choix, vous apprenez soit l'anglais, soit le français. Faites-vous une idée. » Je ne me souviens plus quelle langue ils avaient choisie. Je leur ai dit : « Je vous revois dans six mois ou un an, et si vous ne parlez pas français ou anglais, je place votre fils. C'est clair ? » C'étaient des gens qui avaient de grandes capacités et ils pouvaient apprendre une langue. C'était clair. J'ai aussi ajouté : « Vous allez suivre un cours au moins une fois par semaine. » Quand ils sont revenus, ils parlaient la langue. Ce n'était pas parce qu'ils n'étaient pas capables, mais bien parce qu'ils n'avaient pas conscience de l'importance et de l'utilité de parler notre langue. Une travailleuse sociale leur avait pourtant expliqué les conséquences sur leur fils : « Il n'amène jamais d'amis, mais pourquoi le ferait-il ? Il a honte de ses parents. » Comment pouvaient-ils communiquer, s'instruire, aller au cinéma, se rendre dans une autre épicerie que celle de leur nationalité d'origine ?

TheoDone : *Ces immigrants veulent garder leur culture et leurs valeurs, mais ils doivent, malgré tout, s'adapter à un nouveau contexte de vie.*

*A. Ruffo :* Oui, et c'est la première génération qui en souffre le plus. C'est vraiment terrible pour la première génération. Il faut prendre en compte la langue, la culture, le statut social, la communauté... C'est très difficile. Il faut que la société accueille, mais il faut que les gens s'aident eux-mêmes aussi. Si je vais m'installer en Grèce ou en Italie, eh bien, je ne pense pas que je vais parler français seulement, je vais sûrement apprendre le grec ou l'italien. Je vais vouloir savoir ce qui se passe, tout en étant fière d'être canadienne. Pour ma propre famille, soit dit en passant, c'est différent parce que mes grands-parents étaient des immigrants français. La langue n'a donc pas été un problème, et encore aujourd'hui je suis très fière de mes origines. J'ai encore la citoyenneté française. Ça fait partie de ma fierté. Je peux comprendre que pour les Canadiens d'origine grecque, chinoise ou italienne aussi, c'est une richesse.

TheoDone : *Quel message d'espoir ou d'amour pourrait-on laisser aux jeunes afin qu'ils retrouvent des valeurs qui leur correspondent davantage ?*

A. Ruffo : Ce n'est pas un *message* d'amour ou d'espoir, il faut *être* amoureux de la vie, il faut aimer les horizons, il faut aimer le pays, il faut en être amoureux. Ce ne sont pas que des slogans, il faut vraiment être amoureux des gens qui sont autour de nous. Puis finalement, il faut choisir de ne pas être en présence de ceux qui portent la haine et l'hypocrisie. On est je ne sais pas combien de millions, on ne peut pas être ami avec tout le monde, on ne peut pas non plus partager les valeurs de tous. Je pense qu'à un moment donné il faut être assez fort pour dire : « Cela ne me convient pas, j'ai tant d'heures par semaine à consacrer à l'amitié et j'aime mon travail et le reste, je dois choisir. » Combien de personnes se laissent imposer des fausses amitiés, des relations qui n'ont aucun sens ? Moi je dis : « Non, choisissons ! » Je sais, par exemple, que j'ai horreur des grandes réceptions, je suis sauvage. J'aime mieux les petits dîners où on peut se connaître. Je refuse presque toujours les invitations où je sais que je ne serai pas à l'aise et qui me privent, à certains égards, de mes moments de retrouvailles avec moi-même. Quand j'accepte, c'est que je suis obligée. Je le dis sans réserve. Mes amis le savent, ils vont me dire : « Nous savons que tu n'aimes pas cela, tu as raison. »

TheoDone : *Vous avez toujours été une femme authentique, franche, directe et sans flagornerie.*

C. Ruffo : À cet égard justement, j'ai une amie qui m'a déjà dit : « Je fais un petit dîner, on va être huit. » C'est parfait. Ensuite, elle me rappelle : « On va être 12. » « Très bien, lui ai-je dit, mais tu sais que je n'aime pas ça. » Et finalement : « On va être 14 et même 16... » Il faut dire que c'est une de mes très grandes amies et qu'elle s'était *embarquée* dans quelque chose en l'honneur de quelqu'un. Elle m'a suppliée... Je lui ai dit : « Écoute, je vais venir, mais après l'apéro, je vais partir la première. Je déteste ça. » Souvent, quand on a une certaine notoriété, les gens n'arrêtent pas de poser des questions et, à la fin, ils veulent être amis. Mais tu ne fais pas ami avec quelqu'un seulement parce qu'il veut être ton ami. Tu deviens ami parce qu'il y a une chimie qui passe. Quand tu as à peine le temps de voir ton conjoint, ta famille et les gens qui sont près de toi, tu ne peux pas te répandre et revenir chaque fois que tu sors avec dix nouveaux amis. Tu ne peux pas faire ça. En tout cas, je n'ai pas besoin de ça. Mes amis, ce sont mes livres, ma peinture, et c'est la cuisine. Mais les grandes réceptions et les cocktails, je trouve que c'est une futilité et des dépenses qui n'ont aucun sens. Il paraît que je ne comprends rien parce qu'on me dit que c'est là qu'on fait des affaires et des rencontres. Mais je n'ai jamais fait des affaires, je n'ai jamais été intéressée par cela. Voyez comment les choses se passent : il y en a quelques-uns qui jasent là... et deux ou trois autres qui discutent ici... et qui vont essayer d'accaparer celui-là... qui va rire très fort pour qu'on le remarque... Cela m'épuise.

TheoDone : *Cette fois-là, y êtes-vous allée, finalement ?*

C. Ruffo : Oui, j'y suis allée parce que j'étais obligée. Lorsque je suis vraiment obligée, ça fait partie de mes exceptions. C'est une grande amie et elle-même était coincée.

Elle m'a suppliée. Je lui ai dit : « D'accord, parce que c'est toi et que toi-même tu as été coincée. »

TheoDone : *Dans ce genre de soirée, on peut se consacrer à quelques personnes seulement, leur parler, faire des découvertes...*

A. Ruffo : Moi, je ne suis pas intéressée. Je suis très *sauvage*, réservée.

TheoDone : *Je ne vous trouve pas sauvage du tout, moi.* (Rires)

A. Ruffo : Non, parce que j'ai accepté ces rencontres, que je vous aime et que je suis contente d'être avec vous. On se connaît, mais autrement... Quand je dis que je suis sauvage, je veux dire *monstrueusement* sauvage, je refuse tout. Les gens ne le croient pas, mais c'est vrai.

TheoDone : *D'accord !*

A. Ruffo : Je suis aussi très impatiente... par exemple, pendant des réunions.

TheoDone : *Précédemment, vous avez parlé de peinture, et là, on aborde une autre section, les différents visages d'Andrée Ruffo. Jusqu'à maintenant, nous avons parlé de vous, femme de convictions, de l'avocate, de la juge et de ses valeurs. Mais ce sont là les aspects les plus connus. Qu'en est-il vraiment des autres visages souvent ignorés ? Je fais allusion à l'artiste, à la conférencière, à l'enseignante et même à l'auteure. Parlez-nous d'abord de poésie. Depuis quand écrivez-vous des poèmes ?*

A. Ruffo : Ça fait près de cinq ans maintenant. J'écris des poèmes sous des coups d'émotion, des coups de cœur, et ça me vient comme ça. Je n'ai pas choisi d'écrire des poèmes, il serait faux de le penser, c'est venu tout seul. J'ai eu la chance de rencontrer, entre autres, François Dompierre qui a fait une entrevue avec moi et joué de la musique sur un de mes poèmes. J'ai aussi fait la première partie d'un spectacle avec une chanteuse du Nouveau-Brunswick, Sandra LeCouteur; certains de mes poèmes, que je lisais, étaient accompagnés au piano et au violon. C'était vraiment beau ! Il y a toutes sortes de jolies choses qui m'arrivent. Mais je n'écris pas des poèmes pour ça. Je les écris parce que je ne peux pas ne pas le faire. C'est simple. Tu ne décides pas un jour d'écrire de la poésie, c'est comme ça, c'est tout. J'aime beaucoup écrire. C'est l'émotion à fleur de peau, c'est la tristesse, c'est la joie, c'est la beauté que l'on voit dans une fleur, c'est l'oiseau que l'on remarque. C'est toujours de la tendresse ou des coups d'émotions. Pour d'autres, cela peut être différent, mais moi, je ne m'assois pas en me disant que je vais écrire de la poésie… Mais à un moment donné, il y a un poème qui m'oblige à l'écrire. C'est comme si lui était vivant, ce n'est pas moi qui l'oblige à vivre.

TheoDone : *Vos autres types de textes étaient-ils aussi inspirés ?*

*A. Ruffo :* C'est différent, parce que je les ai écrits, au départ, par *obligation*. Pour dénoncer la situation des enfants et partager ma vision de l'éducation, de la justice. Donc, c'était dans un autre but, celui de mieux faire connaître ces enfants qui souffrent, de faire en sorte que les gens aient plus de compassion pour eux, de dire leurs droits, d'expliquer la loi. C'est dans le même esprit que j'accepte de donner des conférences un peu partout dans le monde. Mais là, très sérieusement, j'ai décidé d'écrire un roman. J'espère être capable de me retirer pendant un mois ou deux pour écrire un grand roman, non pas historique, mais qui se passerait sur plusieurs générations dans différents pays. Cela serait complètement différent de tout ce que j'ai écrit jusqu'à maintenant. Maintenant que je suis à la retraite, tout est permis. Tout est permis dans le sens que j'ai la liberté de choisir. Il y a le bonheur de pouvoir répondre : « Non ! » Pour moi, l'écriture fait partie d'un ensemble et c'est la même chose pour la peinture.

TheoDone : *La peinture fait-elle aussi l'objet d'une inspiration ? Un peu comme un poème.*

*A. Ruffo* : Oui. Je viens de terminer une peinture que j'aime particulièrement : deux arbres, en principe des arbres de Noël. C'est une immense toile coupée en deux : sur un côté, il y a un arbre de Noël très beau avec toutes sortes d'enjolivements, des couleurs, des cadeaux et d'autres éléments particulièrement brillants, et de l'autre côté, c'est un arbre de Noël tout décrépit, brun et noir, avec des morceaux de vitre tout autour. Ça s'appelle *Des promesses brisées*. C'est la même chose maintenant, mes peintures sont aussi des coups de cœur. À un moment donné, je peux être en voiture ou dans un jardin et, tout d'un coup, il y a comme une image qui me vient à l'idée. Il faut que je la peigne. Je n'en fais pas beaucoup. L'image vient d'elle-même, c'est comme pour un poème, ce n'est pas moi qui décide. C'est comme si la peinture était installée dans ma tête et que je n'avais pas le choix de la transposer. Une véritable inspiration.

TheoDone : *Quelle est votre source d'inspiration ? Quel genre de toiles peignez-vous ?*

*A. Ruffo* : Maintenant, ce sont vraiment des choses qui ont un sens. Par exemple, une autre de mes toiles représente encore une fois une page coupée en deux et elle s'appelle *Alter ego*. Sur un côté, il y a juste un riche, tout doré, et tous les fruits dorés qui tombent; sur l'autre côté, ce sont des gerbes de blé séchées et juste des profils, des gens qu'on voit à peine. C'est moi, le riche, et mon *alter ego*, c'est l'autre moi, qui est pauvre, dans la sécheresse et dans la mort. Je vous la montrerai.

TheoDone : *Et les deux arbres de Noël aussi ?*

*A. Ruffo* : Non, c'est trop gros, je ne peux pas l'apporter.

TheoDone : *Est-ce que vous avez déjà publié de vos poèmes ?*

*A. Ruffo* : Non, pas encore, ce serait la première fois.

TheoDone : *Henri Laborit, biologiste réputé, disait : « Les mathématiques et la poésie sont les deux langages les plus évolués. » Êtes-vous de cet avis, notamment en ce qui a trait à la poésie ? Partagez-vous cette vision de la poésie ?*

A. Ruffo : Quant aux mathématiques, je n'en ai aucune idée parce que je ne comprends pas grand-chose là-dedans. C'est mon conjoint, le mathématicien. Pour ce qui est de la poésie, je ne sais pas si c'est évolué, je trouve ça très *primitif.* Oh ! Que dis-je ? Certains me trouveront prétentieuse, mais disons que, pour moi, c'est presque viscéral, la poésie. Il n'y a pas de contrôle, il n'y a pas d'émotions bonnes ou mauvaises. C'est une émotion, c'est ce qui passe. Est-ce que c'est évolué parce que c'est vrai ? Parce que c'est authentique ou transparent ? Peut-être, je ne sais pas. Mais ce n'est pas ouvragé, sophistiqué… intellectuellement dirigé. Non, pour moi, ce n'est pas ça.

> **❝Il n'y a pas d'émotions bonnes ou mauvaises.❞**

TheoDone : *Et il y a la cuisine aussi, une autre forme d'art.*

A. Ruffo : Ah oui ! Je suis très bonne cuisinière. J'ai longtemps suivi des cours de cuisine. Je suis d'une gourmandise à m'en confesser. J'ai une extrême difficulté à contrôler mon poids et j'aime à peu près tout, sauf les piments et les rognons… C'est tout, je pense. Alors ça, les pâtisseries, les plats mijotés, ça pour moi, c'est un réel bonheur. La maison sent bon et j'aime beaucoup cela. Pour moi, c'est comme une erreur de parcours que d'être devenue professionnelle parce que j'aime les enfants, l'intérieur, la décoration, les fleurs… J'aime que ça soit beau et bon autour de moi. C'est ça mon plaisir. J'aime beaucoup, beaucoup être à la maison. D'abord, je suis une lectrice... Comme j'aime lire ! J'apprends des mots, des histoires, des choses sur des gens. Je suis… insatiable ! Voilà le mot que je cherchais. Je suis une lectrice « insatiable » et je dépense une fortune en livres. Je pourrais lire du matin au soir.

TheoDone : *J'insiste sur la cuisine, encore un peu… ce péché mignon ! Dites-moi, qu'est-ce que vous aimez cuisiner ? Quels sont vos plats préférés ?*

*A. Ruffo :* J'aime les plats cuisinés, c'est-à-dire mijotés. Par exemple, j'aime un bon bœuf braisé ou l'agneau braisé, quelque chose qui a mijoté longtemps et qui a des odeurs de famille, des odeurs de maison, des plats qui ont été longtemps au fourneau. J'aime aussi les légumes qui accompagnent les salades. J'aimais autrefois les desserts, mais je ne peux plus en faire parce que mon conjoint est diabétique.

TheoDone : *Malgré tout, faites-vous des pâtisseries, des desserts ?*

*A. Ruffo :* À un certain moment, l'éditeur d'un magazine, je crois, avait décidé de publier des recettes de personnalités, et moi, je n'avais pas le temps d'en présenter une. Or, j'ai un neveu, Sébastien, qui a étudié en littérature, et il avait décidé de créer le gâteau *Tante Andrée*. C'était vraiment adorable ! Il explique à l'éditeur que j'étais allée en Italie et que j'y avais mangé un gâteau tout à fait sublime… Entre-temps, j'ai demandé au restaurateur : « Je ne vous fais pas de concurrence, mais je suis ici pour écrire un livre et j'aimerais connaître la recette de votre gâteau. » Le chef italien était fâché, offusqué même : « On ne donne pas les recettes ! » Ce qui est rare parce que les Italiens sont toujours aimables. Alors finalement, qu'à cela ne tienne, j'ai *décortiqué* son gâteau, qui devenait mien. Je l'ai défait et, depuis le temps que je cuisine, j'ai bien identifié les ingrédients : il y avait une génoise, une meringue, de la crème pâtissière, de la crème fouettée, du sucre, etc. Sébastien a tout raconté, et a surtout raconté la découverte des ingrédients du gâteau en question. Il y avait un pâtissier, à l'époque, qui habitait près de chez moi, alors quand je n'avais pas le temps, je lui faisais faire la génoise et la meringue, et moi, je montais le gâteau. C'était facile : la génoise, la crème pâtissière, la meringue, ensuite de nouveau la génoise et la crème pâtissière, puis de la crème fouettée.

TheoDone : *Vous avez dit que votre mère vous disait que vous alliez avoir des enfants gâteaux.*

A. Ruffo : Des enfants gâteaux, oui. *Gâteaux*, parce que je ne pouvais pas manger beaucoup de gâteaux à l'époque.

TheoDone : *Et si vous nous parliez des gâteaux que votre mère faisait ?*

A. Ruffo : Mais c'est que ma mère cuisine encore ! Elle a 86 ans et elle fait les meilleurs gâteaux aux amandes. Elle fait aussi des tartes extraordinaires et des bons gâteaux aux fruits. Ceux-là, elle les prépare plusieurs mois avant les Fêtes et elle ajoute toujours un peu de cognac dessus. Ma mère fait encore du ketchup aux fruits.

TheoDone : *Est-ce que vous avez quelques-unes de ses recettes ?*

A. Ruffo : J'ai la recette d'une marmelade très spéciale. Le ketchup, moi, je n'en fais pas. Je n'en ai jamais fait parce que je n'aime pas l'odeur du vinaigre. Je me souviens de l'odeur de vinaigre que je sentais en rentrant à la maison quand j'étais petite… Ça m'étouffait.

TheoDone : *Et les confitures, vous en faites ?*

A. Ruffo : À l'époque, je faisais des confitures de fraises, de framboises et de pêches. J'aime beaucoup mélanger les fruits. Je fais maintenant des compotes sans sucre pour mon conjoint, qui sont tout aussi bonnes que des compotes sucrées. C'est mieux pour la santé de ne pas mettre de sucre, n'est-ce pas ? Je fais entre autres des très bonnes compotes aux fraises, aux mangues et aux papayes. Chez nous, les fruits entrent en grosse quantité. Ça nous pose même des problèmes parfois parce que mon conjoint ne sait pas acheter autre chose que des caisses. Ça me rend malade ! Il arrive avec une caisse d'oranges, une caisse de pommes, une caisse de tout ! Moi je me demande toujours ce qu'on va faire avec tout cela.

TheoDone : *Mais si vous faites des compotes, vous devez trouver moyen d'utiliser vos caisses de fruits ?*

*A. Ruffo :* Oui, mais encore faut-il qu'on réussisse à manger toutes les compotes aussi ! On ne peut pas manger que des fruits ! Mais c'est facile de se laisser tenter. Comme on l'a dit plus tôt, dans certains marchés on peut puiser des images qui sont dignes de véritables tableaux, de peintures. On aime s'y promener et sentir les bonnes odeurs… Et les gens qu'on rencontre là-bas, ils sont d'une telle amabilité ! On est extrêmement chanceux d'avoir des marchés comme cela pour acheter nos fruits, nos légumes, nos fromages…

TheoDone : *Et pour ce qui est du reste, de ce qui ne s'achète pas en caisse ?*

*A. Ruffo :* Près de chez nous, dans les Cantons-de-l'Est, il y a un bon fromager : Kayser. Il a déjà remporté des prix. Si vous venez dans la région et que vous demandez les fromages Kayser, tout le monde saura de quelle fromagerie vous parlez. C'est un commerce très reconnu. Pour ce qui est de la viande, je l'achète directement à l'abattoir, donc elle est toujours fraîche. On peut même en commander à l'avance. Par exemple, dernièrement, j'ai acheté une longe de porc que j'ai fait braiser. C'était bon ! La pièce de viande que j'ai achetée n'avait pas été congelée. J'y retourne cet après-midi. Je vais voir si je peux avoir des poulets de… comment on appelle ça donc ?… des poulets de champ. J'aime bien leur goût et leur texture.

TheoDone : *Je crois comprendre que vous aimez mélanger les viandes et les fruits ?*

*A. Ruffo :* Eh bien j'aime beaucoup les viandes aux fruits. Des fois, je les cuis aussi avec du cari, ou encore je fais un mélange de fruits et de cari. J'aime le poulet aux prunes ou aux canneberges, mais ça, ce sont des classiques. J'aime aussi le poulet aux pommes ou aux bleuets. Je peux le cuisiner avec n'importe quel fruit, finalement. On devine que j'aime beaucoup le sucré ! Maintenant, je modifie mon alimentation, mais pas nécessairement par obligation. Je fais cuire les viandes et les fruits ensemble, mais je commence par mettre le morceau de viande à cuire tout seul au four. Après un moment, j'ajoute les fruits, donc ils baignent dans le jus de cuisson. C'est très bon.

TheoDone : *Est-ce que ces recettes, vous les avez inventées ?*

*a. Ruffo :* Oui. Je suis bonne dans les recettes. Quand j'ai suivi des cours avec le professeur Bernard, il nous avait bien dit que, pour être un bon chef, il fallait savoir inventer. Par contre, pour ce qui est de la pâtisserie, il fallait suivre les instructions à la lettre. C'est le fait de pouvoir se laisser aller ou pas qui fait la différence entre un chef et un pâtissier. Le pâtissier ne peut pas se laisser aller, il ne peut pas tricher. Le chef, lui, peut se laisser aller à tout ce qu'il a le goût de faire. Moi, je suis plutôt du genre à vouloir inventer. J'expérimente avec mes gâteaux, entre autres. Des fois, ils lèvent trop ou pas assez et, d'autres fois, le résultat n'est pas tout à fait comme il le devrait. Bref, je mêle un peu les deux façons de faire.

TheoDone : *Cuisiner chez soi peut être un art…*

*a. Ruffo :* Effectivement. C'est bien meilleur quand un plat est cuisiné à la maison. Même les pâtisseries sont meilleures quand on les fait soi-même. Quand on cuisine, on peut choisir ses ingrédients. Par exemple, moi, je cuisine tout avec du beurre plutôt qu'avec de la graisse et je choisis les meilleurs ingrédients. Ma mère m'a toujours dit que le bon Dieu me punirait et que je marierais quelqu'un de la campagne qui aurait toujours les mains sales… Moi qui suis si dédaigneuse… Quand je pare des fruits, entre autres des framboises, je les ouvre toujours une par une comme il faut pour m'assurer qu'il n'y a pas de petits pucerons à l'intérieur. J'ai tendance à tout laver abondamment. Quand je nettoie quelque chose, vous pouvez être sûr que ça va être propre !

TheoDone : *Bien cuisiner et manger à la maison, ce sont des choses qui cadrent bien avec votre conception de l'intimité et du bien-être, j'imagine ?*

*A. Ruffo* : En effet. Mon conjoint est très souvent indisposé quand on va manger dans un restaurant. Il peut avoir mal à la tête, par exemple. Au début, ça m'énervait parce que ça m'imposait des restrictions. J'en suis même venue à me dire que ce que je mangeais dans les restaurants, ce n'était pas très bon. À moins, évidemment, qu'on parle de pâtes... Quand on commande des pâtes, on ne se trompe pas. Quelles soient garnies de sauce ou de tomates séchées, elles sont toujours bonnes. Quand on aime préparer sa nourriture et être chez soi, les restaurants ne veulent pas dire grand-chose pour nous. Pour ma part, j'aime mieux me retrouver chez moi et bien manger, tout comme j'aime bien voyager.

TheoDone : *Oui, bien sûr...*

*A. Ruffo* : Et j'aime voyager, vous les savez. Je l'ai d'ailleurs beaucoup fait, que ce soit par plaisir ou par affaires. J'ai donné beaucoup de conférences en divers endroits du monde, entre autres. Quand je voyage, j'achète des livres, j'étudie les gens, je regarde comment ça se passe là où je me trouve, j'en apprends sur le pays... Comme je m'occupe de Magiciens sans frontières, je garde les yeux ouverts quand je me déplace pour voir où l'organisme pourrait être le plus utile. Présentement, mon conjoint et moi, on aime beaucoup aller à Cuba. On ne fait rien de spécial quand on est là : on lit, on mange bien. La nourriture est très saine là-bas. On n'a pas d'inquiétude à ce sujet. Mais, quand on va ailleurs, on doit parfois faire plus attention et se lancer à la découverte de nouvelles choses.

TheoDone : *Vous parlez de nouvelles saveurs, de nouvelles épices...*

*A. Ruffo* : Oui, mais, d'une façon ou d'une autre, il faut toujours être prudent.

TheoDone : *Est-ce que vous avez le temps d'aller vous promener dans les marchés quand vous voyagez ?*

*A. Ruffo :* Eh bien quand j'accompagne mon conjoint dans un voyage d'affaires (même si, en principe, il est à la retraite), oui, j'ai la liberté d'aller flâner dans les marchés.

TheoDone : *J'aimerais qu'on revienne un peu sur le sujet de l'écriture, en particulier sur la poésie.*

*A. Ruffo :* Bien sûr.

TheoDone : *Songez-vous à publier un recueil de poésie prochainement ?*

*A. Ruffo :* Pas vraiment, mais on m'a déjà offert cette possibilité, on me l'a offerte à plusieurs reprises même et à plusieurs endroits différents. Présentement, ça ne fait pas partie de mes plans, mais je me dis que, quand j'aurai assez de poèmes, si ça me tente de le faire, à ce moment-là je verrai. Je ne peux pas savoir à l'avance si je pourrai publier des poèmes parce que, quand j'en écris, je ne les écris pas dans ce but. Je les écris parce que je ne peux pas faire autrement. Je connais deux parties qui pourraient être intéressées à me publier, une ici et une autre à l'échelle internationale. On m'a même déjà parlé de mettre en musique certains de mes textes qui sont très jolis. Dans l'ensemble, mes textes sont inégaux, mais ils ont tous été écrits sur un coup d'émotion et ils veulent dire quelque chose pour moi. Je pense que, quand on les écoute, on entend leur musicalité.

TheoDone : *Les chansons peuvent être de la poésie.*

*A. Ruffo :* Je pense qu'on peut parler d'une combinaison de musique de poème.

TheoDone : *Revenons maintenant à l'artiste peintre que vous êtes. Vous avez dit précédemment qu'écrire de la poésie, c'était un peu la même chose que de faire de la peinture.*

*A. Ruffo :* Peindre, c'est parler un autre langage, alors je ne pense pas que ce soit exactement la même chose que d'écrire de la poésie. J'ai eu la chance de prendre des leçons de peinture avec une religieuse qui avait un très grand souci de la couleur.

Je me souviens entre autres d'avoir peint une nature morte, une grappe de raisins. Je pense que ça m'avait pris deux heures pour peindre chaque raisin, et toute une année pour terminer la toile ! Mais cette œuvre, je l'aime encore beaucoup, et je suis très reconnaissante envers la religieuse parce que maintenant je sais ce que veut dire la couleur, même si la notion peut varier d'une peinture à l'autre. Au printemps et à l'automne, je suis comme une fillette. Je m'émerveille devant les couleurs. J'aime les couleurs, et j'ai un bon œil pour cela.

TheoDone : *Vous percevez bien les nuances alors…*

*A. Ruffo :* Oui, et je sais la somme de travail que ça prend pour reproduire telle ou telle couleur. Quand on a la chance d'être sur le bord d'un lac, je peux vite devenir énervante… Je peux dire des choses comme : « Regarde, le ciel a changé. Il y a plus de mauve là, plus de rose, le bleu tire plus vers le bleu marine. » Celui qui m'entoure de sa patience, il est peintre lui aussi. À dix ans, il faisait déjà des portraits. Il est mathématicien, mais il est aussi un grand artiste.

TheoDone : *Il est donc également en mesure d'apprécier toutes les subtilités des couleurs.*

*A. Ruffo :* Il les apprécie, mais il n'est pas aussi fatigant que moi ! Moi, je peux devenir vraiment agaçante avec mes descriptions.

TheoDone : *Il est difficile de se limiter quand on parle d'un engouement, d'une exubérance. Avez-vous toujours eu cette patience pour reproduire toutes les nuances que vous percevez ? Avez-vous développé d'autres facettes dans votre peinture ? Votre conjoint peint-il avec vous ?*

*A. Ruffo :* Moi, j'ai de la difficulté avec les formes. Je ne suis pas géniale de ce côté-là. Mais j'ai de la facilité avec les couleurs, mais il peut arriver que je doive travailler longtemps pour arriver à mes fins. Moi, les couleurs me fascinent plus que les formes, surtout quand je me trouve au bord d'un lac. C'est un cadeau du ciel.

TheoDone : *Je suis d'accord avec vous. Et quand on est conscient de cela, on peut faire en sorte que ses enfants apprécient cela aussi.*

A. Ruffo : Oui, ça c'est sûr.

TheoDone : *Est-ce que vous avez exposé vos œuvres ?*

A. Ruffo : Pas encore. J'ai des amis et des connaissances qui me poussent beaucoup en ce sens. Mais je pense que je ne suis pas encore rendue là. Ce n'est pourtant pas l'intérêt qui manque.

TheoDone : *Ça fait longtemps que vous peignez ?*

A. Ruffo : Oui, je fais de la peinture depuis longtemps. Par contre, à un moment donné, j'ai arrêté d'en faire pendant 25 ans. J'ai recommencé il y a une douzaine d'années. Mais je n'en fais pas beaucoup en fait. Ça ne me tente pas vraiment. Si une journée j'ai le goût, je peins, mais, sinon, je ne peins pas.

TheoDone : *Est-ce que vous gardez tous vos tableaux chez vous ?*

A. Ruffo : J'en ai à Montréal, j'en ai à la campagne. J'en ai chez des amis.

TheoDone : *Ces tableaux constituent des beaux cadeaux, parce qu'ils viennent de vous.*

A. Ruffo : Je trouve que ça fait un peu prétentieux de parler ainsi. Mais bon, il reste que j'ai une amie qui m'a tellement harcelée que j'ai fini par lui donner un tableau, celui qu'elle aimait. J'ai donné un autre tableau à un autre ami à qui cela faisait plaisir d'en avoir un. Mon frère en avait beaucoup, de mes tableaux, quand il était en vie. Il disait : « Tu sais, Andrée, un jour, elles vaudront très cher, tes toiles. » Lui, il avait mes premières œuvres en sa possession et d'autres qui montraient mon évolution. Il se faisait un devoir d'avoir toute l'évolution de sa sœur en peinture. Il m'avait aussi déjà dit : « Un jour, je serai le seul à avoir tout ça. » Il avait raison, mais il est mort avant moi.

TheoDone : *Il était fier de sa sœur.*

*A. Ruffo :* Ah oui, et ça lui faisait plaisir d'avoir mes toiles.

TheoDone : *Est-ce que vous avez un peintre, une peinture, un courant préféré, les impressionnistes, par exemple ?*

*A. Ruffo :* J'aime beaucoup la peinture moderne, les impressionnistes, les folies aussi. J'aime également beaucoup la sculpture. J'adore cela même, et c'en est presque une folie pour moi. Quand je vais voir une exposition, pour que j'aime une toile, il faut qu'elle m'émeuve. C'est comme cela. Il peut arriver que je voie des œuvres de grands peintres et que je ne ressente aucune émotion. Mais il peut aussi arriver que je regarde quelque chose de tout doux et de tout simple et que j'aie une boule qui me monte dans la gorge parce que je suis émue. Mais je ne peux pas savoir à l'avance comment je vais réagir. Je me conforte en me disant que c'est correct d'être comme ça. J'étais amie avec Pierre Péladeau, je me souviens d'un soir où on avait assisté à un grand concert. Moi, normalement, j'aime ou je n'aime pas. Je peux me trouver devant une œuvre fabuleuse et dire : « Mon Dieu, ça m'irrite les nerfs, ça ne me convient pas. » Je me souviens de lui avoir demandé à l'entracte : « Est-ce que c'était beau, est-ce que les musiciens ont bien joué ? » Il m'avait alors répondu : « As-tu aimé ça ? » Je lui avais dit que oui, j'avais trouvé cela très beau. Lui qui connaissait tant la musique m'avait alors dit : « Fie-toi à ton cœur, fie-toi à ce que tu ressens. Si tu aimes cela, c'est beau. » Cela m'avait ouvert les yeux qu'il me dise cela et cela m'avait fait apprécier certaines musiques. C'est agréable de reconnaître et de sentir la beauté. Ces grandes œuvres que tout le monde apprécie, quand elles ne me touchent pas, je sais qu'elles ne sont pas pour moi. Je ne dis pas qu'elles ne sont pas belles pour autant, je dis juste qu'elles ne sont pas pour moi.

TheoDone : *Je trouve que les peintures, tout comme les chansons, doivent nous toucher.*

*A. Ruffo* : Effectivement. Et je considère aussi la cuisine comme une forme d'art, au même titre que la décoration. Je me souviens d'ailleurs d'avoir vu des maisons somptueuses en France et en Italie, où l'on a déjà été reçus. Mais, dans certains cas, j'ai eu l'impression d'y entrer comme dans une glacière. L'ambiance était froide. Pourtant, je sais qu'elles étaient belles, ces résidences, je le sais objectivement. D'un autre côté, il m'est arrivé d'entrer quelque part de tout petit et de chaleureux et de trouver cela très beau ; vous savez, le genre d'endroit où vous pénétrez pour la première fois et vous vous dites tout de suite : « Ah ! J'aime ça ! » En somme, il y a toutes sortes de formes d'art.

*TheoDone* : *Oui, l'art, en fin de compte, c'est une expression de soi.*

*A. Ruffo* : J'ai insulté quelqu'un un jour, quelqu'un dont la femme décédée depuis 25 ans avait été décoratrice. Chez l'homme en question, c'est bien sûr sa femme qui avait fait la décoration. Alors j'avais bien regardé la maison, je l'avais bien examinée. Puis un soir, on a été invités à dîner chez des amis à lui. On était là, dans le salon, et les gens disaient que j'avais des yeux de *laser*. Une journaliste m'avait déjà qualifiée de *juge aux yeux de laser*. À un moment donné, j'ai demandé : « C'est ta femme qui a fait la décoration, ici ? » Il est alors devenu très mal et a dit : « Pourquoi me poses-tu cette question ? » Je lui avais

> **❝Moi, je préfère quand les maisons nous parlent des gens qui y habitent.❞**

répondu : « Parce que ce que je vois ici, c'est la même chose que ce que j'ai vu chez vous et dans une autre maison où l'on est allés. » Il m'en a voulu pendant je ne sais plus combien de temps d'avoir dit cela. En fait, sa femme avait décoré les maisons en fonction d'elle, pas en fonction de ses clients. Dans les trois maisons que j'avais vues, les couleurs étaient les mêmes, tout était pareil. Moi, je préfère quand les maisons nous parlent des gens qui y habitent, qu'elles soient esthétiquement parfaites ou non.

TheoDone : *Au cours de votre carrière, vous avez également enseigné, je crois ; est-ce qu'on peut dire que vous avez enseigné aux adultes ? C'est à l'Université McGill que vous avez travaillé, n'est-ce pas ?*

A. Ruffo : Oui, c'est cela. J'y ai été professeure de *Social Work and Law*. Les gens qui suivaient mon cours avaient une formation en droit et en travail social. Mes étudiants venaient des deux facultés. J'ai tellement aimé mon expérience ! J'ai aussi enseigné de façon plus sporadique dans les centres de réadaptation, au sein des services sociaux et dans d'autres universités. Mais, dans ces cas-là, j'ai seulement donné des cours, je n'étais pas professeure comme à l'Université McGill.

TheoDone : *Pendant combien de temps avez-vous enseigné ?*

A. Ruffo : J'ai démissionné en 1994 parce que j'avais été nommée coprésidente de l'Année internationale de la famille au Canada. Cela allait m'amener à voyager beaucoup et je ne pouvais pas être présente toutes les semaines.

TheoDone : *Combien de temps avez-vous passé à l'Université McGill ?*

A. Ruffo : Trois ou quatre ans.

TheoDone : *Pendant ces années, avez-vous toujours senti que vous aviez un impact sur l'apprentissage des étudiants, que votre enseignement s'intégrait très bien dans leur formation ?*

A. Ruffo : Bien sûr, et j'ai adoré enseigné. Je me souviens qu'après cette période un travailleur social qui n'avait pas bien fait son travail s'est présenté devant moi. Je lui avais alors dit : « Dans votre rapport, rien n'indique que vous avez rencontré la personne concernée. Donc, je ne serai pas en mesure d'entendre votre cause. » Je m'en souviens parce qu'il avait dit : « *I'm sorry, Judge Ruffo.* » Il avait été mon étudiant à l'Université McGill.

TheoDone : *Les établissements d'enseignement ont pu vous offrir une belle tribune pour parler de justice. Cette période de votre vie a dû être très stimulante !*

C. Ruffo : Ah oui, elle l'a été. J'ai eu le privilège de faire découvrir plein de choses aux étudiants. Je me souviens, je leur demandais : « C'est quand la dernière fois que vous avez entendu parler de justice ? Quand ? » Alors les gens devant moi riaient. Je leur disais : « On parle de lois, de jurisprudence, de droit et de n'importe quoi d'autre, mais pas de justice. Ici, on va parler de justice. On va parler d'enfants et de responsabilités. » Je n'acceptais pas plus que 23 élèves, hommes et femmes, en début d'année. Dans la classe, les travailleurs sociaux s'assoyaient d'un côté et les avocats, de l'autre. Un côté méprisait l'autre. Les travailleurs sociaux trouvaient que les avocats n'avaient pas de cœur et les avocats trouvaient que les travailleurs sociaux n'étaient pas intelligents et n'avaient pas de rigueur.

TheoDone : *Ils exprimaient leurs premiers jugements de valeur...*

C. Ruffo : Dans mon cours, on faisait une simulation de procès. Les étudiants devaient aussi faire une recherche. Tout cela les aidait beaucoup. Dans la simulation, chacun avait un rôle à jouer. Alors le travailleur social pouvait devenir un avocat et l'avocat pouvait devenir l'enfant. En jouant le jeu, les étudiants réalisaient soudainement comment ça pouvait se passer dans un vrai palais de justice. Ils réalisaient combien ça pouvait être dur d'être l'autre, et chacun voyait les limites de son rôle. C'était génial ! Les étudiants disaient : « Vous ne nous demandez à peu près rien, mais c'est dans votre cours qu'on travaille le plus. »

TheoDone : *Est-ce que vous retourneriez enseigner ?*

C. Ruffo : Non, je ne suis pas de ceux qui répètent leurs expériences. Je pense que la vie est faite pour avancer. C'est pour cela que je n'ai pas adhéré au barreau et que je ne le ferai pas. Je ne vais pas retourner à l'enseignement non plus. Je vais continuer à faire des conférences. Je n'ai pas encore mis un terme à ces communications. Je veux faire de nouvelles choses. Je vais passer à la télévision; ça va me donner l'impression de faire un nouveau métier. Je veux apprendre de nouveaux métiers.

TheoDone : *En quoi l'enseignement aux adultes est-il différent de l'enseignement aux jeunes ?*

*C. Ruffo :* L'enseignement, c'est une communication de connaissances; c'est différent de l'éducation. Quand on enseigne, on communique ses connaissances, donc il y a un approfondissement. Plus l'étudiant est jeune et plus le professeur doit communiquer ses connaissances. J'ai appris cela dans le cadre de ma maîtrise en éducation des adultes, en andragogie. J'ai aussi appris que la connaissance vient autant de l'autre que de soi. On devrait plus parler d'un partage de connaissances que d'une communication de connaissances chez les adultes : on apprend à apprendre.

TheoDone : *Parlez-nous d'une expérience particulière liée à l'enseignement que vous auriez vécue.*

*C. Ruffo :* À la fin de mes études universitaires en pédagogie, j'ai fait un remplacement en douzième année. Imaginez-vous, en douzième année ! Je venais juste de finir mes études, alors j'étais très jeune. J'avais à peine deux ans de différence avec les élèves ! J'ai enseigné la morale et l'histoire, je crois. Eh bien, j'ai réussi à en intéresser certains. Les élèves avaient eux aussi leur idée de ce qu'est la morale. J'ai remplacé le professeur pendant un mois, mais celui-ci n'est pas revenu. Non, je pense que c'est plutôt un stage que j'ai fait et le professeur n'est pas revenu. On m'a alors offert le poste, mais je devais me marier cette année-là, et mes parents n'ont pas voulu que j'accepte. Je suis certaine que, si j'avais continué à enseigner, je ne me serais jamais mariée, à tout le moins pas à un si jeune âge !

TheoDone : *Croyez-vous qu'en raison de tous les changements qu'on vit dans notre société actuellement on devrait suivre une formation continue ? Entre autres, pensez-vous que ceux qui œuvrent dans le domaine des sciences sociales, comme les intervenants sociaux, les éducateurs et les psychologues, devraient faire cela ?*

C. Ruffo : Je pense que, d'une manière ou d'une autre, on n'a pas vraiment le choix. Tant qu'on est vivant, on est en quelque sorte en formation continue. On apprend continuellement, que ce soit par le biais de nos pairs, de la vie au sens large, de nos choix, de la télévision, de la radio... Cela nous permet d'atteindre un certain équilibre, je pense. Les autorités devraient d'ailleurs faciliter la formation continue. Il appartient à chacun de décider s'il veut maintenir ses compétences à jour, s'il veut devenir encore plus compétent ou s'il veut quitter son métier pour en faire un nouveau. Je pense qu'on se doit de faire évoluer les métiers qu'on a choisis. Un cordonnier à une année donnée ne sera pas le même cordonnier que celui d'il y a quarante ans. Moi, je suis assez contente du fait que, parce que j'ai été juge, il y a des choses qui ont évolué, même si j'ai eu à faire face à infiniment de résistance. Je pense qu'il faut se faire un devoir de demeurer compétent et réévaluer périodiquement non seulement son métier, mais aussi notre rôle dans la société.

TheoDone : *Mais les juges le font déjà à cause de leur position, non ?*

C. Ruffo : Oui, c'est certain, mais je parle de quelque chose de plus profond. Je parle de ce qui concerne l'éthique et l'indépendance, de ce qu'on est et de ce qu'on transmet dans notre travail. Par exemple, j'ai une admiration sans borne pour mon dentiste et je lui ai déjà dit : « Vous êtes bien trop gentil pour faire souffrir le monde comme ça. » Je ne sais pas pourquoi il a choisi de pratiquer le métier de dentiste, qui doit être le plus stressant de tous. Mais je suis certaine que cet homme-là a fait évoluer les choses par sa compassion, sa volonté, sa gentillesse et son extrême compétence. C'est qui on est vraiment qui nous amène à jouer nos rôles de telle ou telle façon. Il y a des juges qui sont mesquins et même violents. Et quand je dis violent, c'est bien ce que je veux dire. Ces juges dont je parle, ce sont les personnes qu'ils jugent, et non les causes qui sont présentées devant eux. Je trouve cela inacceptable. Comme dans tous les domaines, il y a toutes sortes de personnes au sein de la magistrature. Mais il appartient à chacun de faire respecter son propre code d'éthique en tant qu'être humain et de maintenir ses compétences à jour.

TheoDone : *J'aimerais que l'on parle un peu plus longuement des livres que vous avez publiés, de l'esprit dans lequel ils ont été rédigés.*

A. Ruffo : Bien sûr.

TheoDone : *Pouvez-vous nous parler de ce que l'écriture vous a apporté ?*

A. Ruffo : L'écriture en général m'a apporté la même chose que la poésie et la peinture. Je n'ai jamais écrit parce que je voulais écrire. Je l'ai toujours fait parce que je sentais le besoin de le faire. C'est différent. Le premier livre que j'ai écrit, Françoise Dolto en a rédigé la préface. Ç'a été son dernier texte. Je parlais d'un certain nombre de situations vécues par les enfants. Quand j'ai écrit *Pourtant, quand je rêve…*, un tout petit livre, c'est ce même sentiment de besoin qui m'a animée. En fait, tous mes livres sont nés d'une nécessité que j'avais de les écrire. Ensuite, chaque livre a eu *sa vie*, et il y en a qui ont *grandi*. Je parle entre autres du livre *Les enfants de l'indifférence*, qui a reçu le mérite au plan social au Québec. Il y en a même quelques-uns qui sont devenus des best-sellers. Mais il y en a d'autres qui ont eu une vie différente. Le livre *Ces grands discours qui ont menti aux enfants*, m'habite depuis des années. Il m'a permis d'exprimer ma colère contre ceux qui disent n'importe quoi, avec tant de conviction en plus. On a le goût de leur dire, à ces gens, ceux qui prennent des décisions qui vont à l'encontre des promesses qu'ils ont faites : « Cessez de nous faire pleurer. » À force de les lire, de les écouter, de lire des rapports ou des livres qui les concernent, j'en suis venue à me dire : « C'est assez, le mensonge et la folie. Arrêtez ! On n'est pas des imbéciles. On voudrait voir des choses qui sont réelles. » Ce livre-là, comme les autres, je l'ai écrit par nécessité, parce que j'avais besoin de le faire.

TheoDone : *Quel genre de lecture préférez-vous ?*

*A. Ruffo :* Des biographies. J'aime beaucoup les biographies. D'ailleurs, présentement, je suis en train de lire le livre d'Adrienne Clarkson. J'ai infiniment d'admiration pour cette femme. C'est une dame qui a beaucoup souffert. J'aime aussi lire sur différents pays. Par exemple, j'ai des amis qui se sont installés en Équateur, alors je lis sur le pays. J'aime savoir comment les gens vivent dans les autres pays, comment ils mangent aussi, et j'aime connaître leur histoire. Entre autres, Prague exerce une grande fascination sur moi, mais je n'y suis encore jamais allée. Si vous saviez tous les livres que j'ai sur Prague ! C'est sûr que je vais finir par y aller un jour. Parfois mes plans se concrétisent, parfois ils ne se concrétisent pas. Je me souviens, il y a longtemps, j'ai étudié sur la Chine. J'y ai consacré de nombreuses heures, mais je ne suis allée dans ce pays que beaucoup plus tard, finalement. Mais l'étude que j'avais faite, elle m'a quand même servi. J'aime les musiciens, les peintres, les choses, et je suis fascinée par l'Art nouveau. J'aime l'Art nouveau parce que les œuvres sont remplies de fleurs et de fantaisies. Je trouve ça beau, même si les tableaux sont un peu surchargés, un peu baroques. J'aime les bijoux et les meubles de cette époque, également. Alors chaque fois que je vois quelque chose, j'achète un livre, un livre de référence, s'entend. J'ai aussi à peu près tout lu ce que j'ai pu trouver sur Bottero, Frida Kahlo, Camille Claudel, Rodin et combien d'autres.

TheoDone : *On devrait toujours encourager les gens à lire, surtout les jeunes. Mais dans un monde où l'on trouve beaucoup de moyens de communication et de distraction en format électronique, comme des DVD et le réseau Internet, comment peut-on continuer de valoriser ce traditionnel et irremplaçable moyen d'apprentissage et de loisir qu'est la lecture ?*

A. Ruffo : D'abord, je dois dire que je trouve qu'il y a une grande fausseté dans ce qu'on avance aujourd'hui. Je pense qu'on ne devrait pas considérer les DVD et Internet comme des moyens de communication mais plutôt comme des moyens de *non-communication*. Je les qualifie ainsi parce que, d'une certaine façon, ils sont des *empêcheurs de communication*, et ça, pour moi, c'est clair. Vous savez, les enfants apprennent beaucoup par le mimétisme.

> **❝Vous savez, les enfants apprennent beaucoup par le mimétisme.❞**

Donc, il faudrait que les parents donnent l'exemple en fermant plus souvent la télévision et en parlant plus. S'ils faisaient cela, il y aurait moins d'enfants qui passent la soirée à clavarder. Les jeunes passent beaucoup de temps devant un écran, et cela les empêche de communiquer. Je pense qu'on aurait vraiment plus de chances de se parler si on fermait la télévision et tous les autres appareils dans la maison de temps en temps. Chez nous, c'est à l'heure des repas qu'on parlait.

TheoDone : *Notre rythme de vie contribue aussi à faire en sorte qu'on ne se parle pas beaucoup, vous ne pensez pas ? Peut-être aussi qu'on a de nouveaux paramètres, de nouvelles exigences.*

A. Ruffo : Je pense que le problème, actuellement, c'est que les parents sont tellement occupés… Mais occupés à quoi ? Ça, on pourrait s'en reparler. Ils se sentent très occupés et ils s'épuisent. Mais contrairement à ce que l'on pense, ils sont très isolés. Quand on court au travail, que ce soit dans un bureau d'avocats ou dans n'importe quel autre milieu, on n'a pas vraiment l'occasion de communiquer parce qu'on est toujours en compétition. On est poussé et on travaille de façon acharnée, comme un esclave. On revient chez soi et on fait la même chose, on pousse les enfants : « Dégagez, je suis épuisé, faites quelque chose. » Donc, finalement, chaque membre de la famille se retrouve isolé, ne communique pas et se sent épuisé. Même les enfants sont épuisés. Moi, je n'ai pas de souvenirs d'avoir été fatiguée quand j'étais petite. On n'avait pas de téléviseur, on faisait un peu de sport, on se parlait, on lisait, on se couchait tôt. De nos jours, les enfants suivent des cours de toutes sortes de choses. On les pousse par ici, on les pousse par là. On ne peut pas manger tôt le soir parce que papa et maman ne rentrent pas avant 18 h 30 et qu'il faut ensuite préparer le repas et tout… Alors, les enfants dorment mal et se sentent anxieux. Et dès le lendemain, tout recommence. On les pousse à l'école, puis…

TheoDone : *Une fin de semaine, ce n'est pas suffisant pour récupérer…*

*A. Ruffo :* La fin de semaine, parlons-en ! Est-ce qu'on se repose vraiment ? Non, pas du tout ! Ça, je trouve ça très triste. On ne se connaît plus. On n'a plus de plaisir. Dans le fond, si j'avais une chose à nous souhaiter, ça serait qu'on retrouve le sens du plaisir qu'on a perdu, qu'on retrouve un peu de joie dans les choses simples, comme manger un biscuit ou une figue.

TheoDone : *Tout semble être axé sur la performance de nos jours, pas vrai ?*

*A. Ruffo :* Je trouve qu'un des aspects les plus maladifs de notre société, c'est la compétition. Je souhaiterais qu'on s'aide à devenir meilleurs plutôt que d'être toujours en compétition. Partout où l'on pose son regard, on voit des gens qui sont en compétition. On pourrait croire que les

> **❝Je souhaiterais qu'on s'aide à devenir meilleurs.❞**

choses sont différentes au sein de la magistrature, parce que les gens y sont, en principe, inamovibles. Les gens veulent leur petite promotion, ils veulent changer de palier, de juridiction, etc. La délation, la compétition, la tristesse et la fatigue, ce n'est pas ça qui nous rendra heureux. On ne fait que perdre du temps avec ça. Moi, je souhaiterais que, comme société, on retrouve un peu de plaisir, qu'on retrouve le plaisir de lire une petite carte, de rire, de cuisiner avec d'autres.

TheoDone : *Je regarde à l'occasion les gens conduire leur voiture. Quand j'observe bien, je peux facilement deviner leur degré de stress et d'anxiété, et ce à quoi doit ressembler leur vie en général...*

A. Ruffo : Mais vous avez vu comment ils sont, les gens, sur la route ! Quand on est à la retraite, qu'on est moins fatigué et qu'on a le temps d'avoir du plaisir, on peut regarder les gens de plus près. Moi, je fais cela et je n'en reviens pas. Aussitôt que vous ralentissez un peu, que vous prenez votre temps pour repartir à un feu de circulation, on klaxonne. Si vous vous trompez et que vous essayez de changer de voie, alors là, tout de suite, c'est la guerre. Les gens sont surpris quand on leur fait signe de passer. Ils vous regardent en ayant l'air de se demander ce qu'on est en train de faire. Pourtant, la convivialité, c'est une chose qui est naturelle. Quand on sait en faire preuve, ça fait de nous de meilleurs citoyens, des gens plus aimables.

TheoDone : *Il y a des études qui montrent que les gens passent peut-être une quinzaine de minutes à parler à leur conjoint au cours d'une semaine...*

A. Ruffo : Je pense que c'est encore beau s'ils arrivent à faire cela !

TheoDone : *J'avoue que cela ne me surprend pas. Et vous, qu'en pensez-vous ?*

A. Ruffo : Ça ne me surprend pas non plus. Tout coûte cher, et on a toujours quelque chose à faire. On doit faire la vaisselle, préparer les repas, donner le bain aux enfants, préparer les vêtements des enfants pour le lendemain, terminer un dossier, visiter ses parents, faire ceci, faire cela. On est toujours énervé.

Quand est-ce qu'on prend un bon bain mousseux bien chaud et qu'on se dit : « Ce temps que je prends, il est à moi, à moi toute seule. » Non, on ne fait pas cela souvent. *(Rires)* Ça vous fait rêver, vous, un bain moussant ? *(Rires)*

TheoDone : *Il faut prendre le temps de vivre. Rien ne sert de précipiter les choses. On a peut-être oublié ce qu'était le bonheur, finalement !*

A. Ruffo : Vous savez, la poussière, il y en aura toujours. Il faut se dire que, si on ne l'enlève pas aujourd'hui, elle sera encore là demain. C'est tout. Ce n'est pas grave. Il faut savoir *perdre* un peu de temps. Si j'ai un souhait à exprimer, ça serait qu'on *perde* plus de temps. Par exemple, je pense qu'il faut s'arrêter à regarder les gens au marché Jean-Talon, à Montréal. Ces gens-là nous parlent et c'est absolument extraordinaire. Il faut aussi faire la même chose dans des endroits comme chez Kayser, qui est notre fromager. Il faut prendre le temps de lire les étiquettes sur les produits. La première fois que je suis allée à la fromagerie, je ne connaissais pas encore les fromages qu'on y fabriquait. Eh bien, on m'a fait goûter à plein de produits. Peut-être que ce n'est pas le genre de chose qui se fait un samedi après-midi, mais moi, j'étais passée un matin. J'avais dit : « Écoutez, je ne connais pas vos fromages. J'habite dans la région. J'aime les fromages goûteux, un peu fort… » Ils m'avaient guidée. J'ai goûté à tous les fromages que j'ai achetés. Et ça leur a fait plaisir de m'aider. Je n'ai pas eu l'impression de leur faire perdre leur temps.

TheoDone : *Il y a des moments magiques qu'il faut savourer, déguster, un peu comme un bon fromage !*

A. Ruffo : Oui, oui, c'est ça… comme un bon fromage !

# Entretiens

## Andrée Ruffo

*un peu plus loin*

TheoDone : *Vous souhaiteriez ajouter quelque chose, je crois, sur certains sujets précis*

A. Ruffo : Oui, c'est vrai.

TheoDone : *La délation, par exemple.*

A. Ruffo : Je voulais juste préciser un élément important. On vit dans une société qui semble commencer à admettre la délation. Mais je me questionne et m'inquiète parce que le phénomène ne se reflète pas dans notre langage populaire ni dans nos valeurs collectives. On emploie des mots tels que *délateur, rapporteur, informateur* et *enquêteur*. Les mots parlent d'eux-mêmes pour exprimer l'idée que l'on n'accepte pas d'emblée ce geste de dénonciation. On aime la transparence, la vérité, la solidarité, la loyauté et l'amitié, car ce sont des valeurs qu'on porte. Le phénomène de la délation est contraire à tout ce en quoi on croit. Un aspect que je trouve très dangereux et très complexe dans la situation actuelle c'est que, dans nos systèmes d'éducation, la notion de délation est souvent très valorisée et glorifiée, particulièrement lorsque vient le temps de protéger des enfants. Je pense qu'il faut faire attention à cela.

TheoDone : *Pensez-vous que les valeurs de la prochaine génération s'en trouveront affectées ?*

A. R-ffe : Eh bien, cela aura certainement une incidence sur la prochaine génération. Il faut dire qu'on a parfois de la difficulté à avoir confiance en soi. Les structures familiales et celles des établissements d'enseignement ne nous aident pas à nous affirmer. Tout nous pousse plutôt à faire en sorte de ressembler aux autres. Quand on est différent, on nous incite à rentrer dans les rangs. Pour ma part, je pense qu'il faut se demander ce qu'on apprécie et pourquoi la famille est si importante. Moi, je pense que la famille est aussi importante parce qu'on peut avoir une absolue et infinie confiance en elle. Il faut aussi se questionner sur la place qu'occupent les amis. Pour moi, les amis sont synonymes de partage et de loyauté, et c'est grâce à ces valeurs fondamentales qu'on peut être bien dans une société et dans une famille, parce qu'on peut regarder l'autre avec transparence et avec confiance. C'est très important, cela.

TheoDone : *Vos propos vont dans le même sens que ce que vous avez dit concernant la famille lorsque vous avez parlé d'une part de la loyauté et de la confiance, et, d'autre part, de l'entraide.*

A. R-ffe : On essaie d'aider l'autre; cela peut faire toute la différence. Je pense que, quand quelqu'un arrive au stade de commettre un crime, oui, il faut agir. Ici, on parle du quotidien et d'une situation dans laquelle on n'arrive plus à faire confiance, à éprouver un sentiment d'amitié, de loyauté. Les intérêts particuliers des individus, ce n'est pas cela qui est le plus important.

TheoDone : *Pour revenir sur le sujet des religieuses, précédemment, vous souhaitiez parler d'une distinction à faire entre la notion de parents biologiques et de parents psychologiques. Voulez-vous nous en parler ?*

A. Ruffo : On ne peut bien sûr pas nier le fait qu'on a des parents biologiques, même si on peut nier la paternité d'un individu, quoique cela se fasse de moins en moins. Les parents biologiques, on ne les choisit pas, ils sont ce qu'ils sont, et ils nous donnent habituellement ce qu'ils ont de meilleur. Il est vrai que, parfois, ils ont peu à donner, mais, de toute façon, il est dans notre devoir d'humain de nous accomplir, d'aller aussi loin qu'on peut et de vraiment développer nos talents au maximum. Je crois qu'on a aussi le devoir de chercher des gens avec qui on peut développer des affinités, des gens qui pourront nous aider et nous encourager. Ces gens-là, ce sont ce que j'appelle des *parents psychologiques*. En ce qui me concerne, il y a Françoise Dolto, une grande psychanalyste française, qui a dit de moi que j'étais sa *fille psychologique*. D'ailleurs c'est elle qui, à l'époque, a rédigé la préface de mon premier livre.

TheoDone : *Donc, votre rencontre avec elle a été une grande rencontre, une rencontre qui a été déterminante dans votre vie…*

A. Ruffo : Effectivement. C'est elle qui m'a guidée, c'est elle qui m'a montré le chemin et qui m'a donné du courage. Elle m'inspire encore aujourd'hui, même si elle est décédée depuis longtemps. Parmi les religieuses qui m'ont enseigné, il y en a qui étaient des femmes ouvertes, autonomes, indépendantes et contestataires, et qui savaient garder la tête froide et faire preuve de jugement par rapport à la réalité. Ces personnes m'ont appris qu'il n'était pas toujours nécessairement souhaitable de rentrer dans les rangs et de faire les choses comme les autres. Elles m'ont appris qu'on pouvait être soi-même. Mais, ce que j'ai appris de plus beau et de plus grand, c'est qu'il ne faut jamais tenir rien pour acquis. Grâce à elles, j'ai toujours agi selon ma conscience et j'ai conservé ma capacité de juger et de me faire ma propre idée.

TheoDone : *Au fil du temps, vous avez sûrement dû faire d'autres rencontres qui vous ont marquée...*

*A. R—ffa :* Au fil des ans, j'ai rencontré d'autres personnes formidables qui sont devenues des *mères psychologiques* pour moi et qui m'ont également montré la voie à suivre. Je pourrais vous citer le cas de M<sup>me</sup> Morrisson, une vieille dame de 85 ans, pour qui j'ai une admiration sans borne. Elle est de bon conseil et douce. Elle sait aimer et faire preuve de tendresse. Elle sait aussi prodiguer des encouragements et est toujours prête à aider.

TheoDone : *Ces personnes qui vous ont inspirée avaient confiance en la vie, j'imagine...*

*A. R—ffa :* Combien de fois, à la cour, j'ai dit souvent à des filles : « Je comprends, votre mère vous a abandonnée et vous avez été victime d'inceste à cause de votre père. Mais quand vous aurez 95 ans, qu'est-ce que vous aimeriez pouvoir dire, que vous avez raté votre vie à cause de cela ou plutôt que, malgré une enfance difficile, vous avez progressé, vous avez fait des choses et vous avez poursuivi votre chemin ? » Moi, je pense qu'il est nécessaire de trouver des *parents psychologiques*. Et, quand on arrive à un certain âge, je pense qu'il faut voir l'envers de la médaille et se rendre soi-même disponible pour servir de *parent psychologique* à d'autres. On peut toujours refuser d'assumer ce rôle si on ne se sent pas capable d'avoir des communications importantes et des relations en profondeur, mais il reste qu'il est de notre devoir de l'assumer quand on le peut.

TheoDone : *Si on parle de* parents psychologiques, *on peut aussi parler de* filles psychologiques, *bien sûr...*

*A. R—ffa :* Effectivement, et, pour ma part, j'ai un certain nombre de *filles psychologiques* et un *fils psychologique*, mon grand ami le curé Donald Tremblay. Ces personnes, qui me voient comme une mère psychologique, je crois, sont importantes pour moi. On ne se parle pas de cela entre nous, mais je pense que ce n'est pas nécessaire. C'est quelque chose d'implicite, de très beau et de merveilleux. Et, dans le cas de telles relations, on ne retrouve pas nécessairement toute la charge émotive qu'on retrouve normalement dans nos relations avec nos enfants biologiques, avec qui parfois on met une certaine distance pour se protéger. Je pense que ces *enfants* et ces *parents psychologiques*, on les choisit librement et les liens qu'on tisse avec eux peuvent être aussi forts que les liens qui nous unissent à la parenté biologique.

TheoDone : *Donc, on choisit ses parents ou ses enfants psychologiques. Mais de quel genre de relations parle-t-on, plus spécifiquement ?*

A. Ruffo : Je parle de relations sans servitude émotive, des relations dans lesquelles on n'impose pas les mêmes obligations que celles qu'on impose à nos enfants biologiques et qui peuvent entraîner beaucoup d'animosité et même, souvent, beaucoup de colère.

TheoDone : *Vous avez parlé antérieurement de la notion de justice, d'un monde juste et de chances égales pour tous, mais croyez-vous que la justice existe vraiment ? Quelle place devrait-elle occuper dans nos sociétés ?*

A. Ruffo : Je pense que la justice devrait être au cœur de nos vies, c'est-à-dire au cœur de notre être et de nos sociétés. Pour moi, un monde juste, c'est un monde où chacun peut aller au bout de ses rêves et accomplir son destin. Actuellement, on vit dans un monde tellement injuste... Par exemple, si on naît en Afrique, on peut être porteur du virus du VIH dès la naissance. On peut aussi perdre ses parents en bas âge à cause du sida. Ces enfants-là, ils ne peuvent pas beaucoup rêver ni aller au bout de leurs rêves. Quand on examine la situation des enfants ailleurs dans le monde, comme en Thaïlande, on se rend compte qu'il y en a qui sont vendus par leur famille à huit ans, d'autres qui n'ont rien à manger, d'autres qui doivent travailler dès l'âge de cinq ou six ans, et d'autres encore qui doivent faire vivre leurs frères et sœurs dès l'âge de huit ans. Au Népal, à la suite de bombardements, des enfants se sont retrouvés à vivre dans des ruines, et ils risquent d'y demeurer pendant des années. Quand on examine des cas comme ceux-là, on se demande vraiment où se trouve la justice.

TheoDone: *On observe des inégalités qui sont tellement incompréhensibles... Et que dire de cette mauvaise répartition des richesses !*

A. Ruffo: Nous, on gaspille. On ne partage pas. Pourtant, si on veut pouvoir survivre, je pense qu'il va falloir qu'il y ait plus de justice dans le monde, car l'injustice entraîne de la colère, une colère justifiée. Il va falloir qu'on partage. Cela n'a pas de sens que ceux qui ont besoin de produits pharmaceutiques ne puissent pas y avoir accès parce qu'ils ne peuvent pas payer. Un monde juste, c'est un monde où chacun peut aller au bout de lui-même. Cela, c'est un principe universel. C'est comme cela qu'on doit regarder l'humain. Est-ce que c'est juste ce qui se passe en ce moment ? C'est de cette façon, à mon avis, qu'il faut envisager la vie et les relations entre les gens.

TheoDone: *Nous avons parlé brièvement de vos conférences; vous en avez donné beaucoup. Il me semble que c'est un bon moyen de véhiculer vos valeurs et une excellente tribune pour défendre les droits des enfants. Quels étaient les thèmes majeurs de vos conférences ?*

A. Ruffo: Pour moi, donner des conférences, c'était important. Je dis *c'était*, car, à une période de ma vie, je pensais qu'il était encore utile de sensibiliser les gens à la situation des enfants. On semblait ne pas savoir. Je dis bien aussi *on semblait* parce qu'en réalité on aurait dû savoir. Juste en ouvrant les yeux, en écoutant, en lisant un peu, on aurait dû savoir. J'ai donné des centaines de conférences partout dans le monde, en Afrique, en Asie... et aujourd'hui je dis :«Non, maintenant on sait.» Je donne encore des conférences, mais j'en donne moins parce que j'ai vieilli et que j'ai moins d'énergie. Elles ont pour but maintenant moins de sensibiliser que de nourrir l'indignation des gens qui devront agir. À mon avis, l'urgence n'est pas de sensibiliser, mais d'entretenir une volonté d'agir par la colère, par l'indignation et par le délestage des souffrances qui nous habitent devant tant d'injustices. Je m'attends à utiliser les médias encore trois ou quatre ans, jusqu'au moment où la population sera assez forte pour manifester clairement son désaccord chaque fois que des décisions gouvernementales ne seront pas carrément en faveur des enfants.

TheoDone : *Mais quelles étaient, plus spécifiquement, ces conférences et jusqu'où vous ont-elles menée ?*

A. Ruffo : Les conférences ont eu des objectifs différents et, effectivement, il y a eu au fil des ans une évolution, une évolution aussi dans les contenus, j'espère. *(Rires)* En effet, je l'espère. Quand j'ai commencé, je sortais directement de chez moi et je me suis attaquée à la situation des enfants que je connaissais et que je défendais. Puis, j'ai accepté d'être membre d'une commission qui étudiait de près le problème de la pornographie juvénile et de la prostitution au Canada. On m'avait nommée spécialement à la section de cette commission consacrée aux problèmes spécifiques que vivaient certains enfants. Ensuite, j'ai agrandi mon champ de connaissances et, par le fait même, ma perception des choses a quelque peu évolué.

TheoDone : *Il y a eu, si je ne m'abuse, l'Année internationale de la famille.*

A. Ruffo : Oui, en 1994, comme je l'ai déjà mentionné, j'ai coprésidé l'Année internationale de la famille au Canada. Ce travail m'a amenée à beaucoup voyager au Canada ainsi que dans le monde, en passant par la Chine, Malte et plusieurs autres pays. J'ai aussi créé le Tribunal international des droits des enfants, géré par le Bureau international des droits des enfants. Cela nous a conduits un peu partout dans le monde pour regarder de plus près les situations que vivaient les enfants. Depuis ce temps-là, il est certain que tout en travaillant très fort pour les enfants d'ici, puisque j'ai été juge jusqu'en mai, j'ai affiné ma préoccupation, qui est devenue forcément plus globale, plus planétaire. On retrouve, en effet, les mêmes exploitations et les mêmes abus à des degrés différents et sous des couleurs différentes partout dans le monde. Les conférences m'ont donné l'occasion de partager ce que je savais, de partager aussi ma colère et, en même temps, d'apprendre beaucoup des milieux que j'ai visités.

TheoDone : *Que retenez-vous de toute cette* expérience sur le terrain ?

*A. R---ff-* : Aujourd'hui, j'ai acquis mes lettres de noblesse et on ne dit plus : « Tu exagères, c'est pas tout à fait ça. » On n'ose plus dire cela. Parce que l'expérience humaine que j'ai acquise en trente ans *sur le terrain* avec les enfants partout dans le monde me permet de dire carrément et sans ambages : « Ça suffit. Ce n'est pas comme ça que cela doit se passer. »

TheoDone : *Quelle est la conférence la plus marquante, celle qui a eu un impact sur son public ?*

*A. R---ff-* : Je ne sais pas. La conférence la plus marquante pour moi cependant, je peux vous le dire, c'est une conférence à l'UNESCO que j'ai présidée. Cette conférence regroupait cinquante pays réunis pour étudier la pornographie sur Internet et la pornographie en tant que telle. Cette conférence, qui réunissait des décideurs de ces pays, s'est conclue sur ces mots : « On ne peut rien faire. Il faut laisser l'industrie s'autoréglementer ou s'autocensurer. » Je me souviens de la colère qui m'habitait alors et je me disais : jusqu'où peut-on être vil et mercantile ? À l'issue de cette conférence de l'UNESCO, il était clair qu'on ne pouvait rien faire. On s'aperçoit maintenant, plus de dix ans après, des conséquences de ce constat lamentable.

TheoDone : *Ce constat d'échec est sûrement difficile à admettre. Cette capitulation était-elle vraiment incontournable ?*

A. Ruffo : Je peux vous dire que j'en parle encore avec beaucoup d'émotion et de colère. Je me demande à quoi servent tous ces palabres, toutes ces rencontres entre gens même pas bien intentionnés, ces gens qui viennent se pavaner sous les applaudissements pour prononcer des insipidités semblables. À partir de ce moment-là, j'ai été moins chaude à l'idée de ce genre de rencontres.

TheoDone : *On n'a pas encore abordé le sujet de la politique. Que pensez-vous de la politique, de nos politiciens, de la forme de notre gouvernement et plus spécifiquement du rôle du ministère des Affaires sociales ? À quand le ministère des Enfants et de la Jeunesse ?*

A. Ruffo : J'ai beaucoup de respect pour les politiciens qui acceptent la mission d'*organiser la cité*, comme disaient les Grecs. Je crois qu'ils le font de bonne foi et avec compétence. Par contre, le système même fait rapidement en sorte qu'il pervertit les meilleures intentions et affaiblit les volontés. Ne serait-ce, par exemple, que par l'obligation de respecter la ligne du parti, la culture des classes politiques. Finalement, mon admiration se transforme vite en déception.

[...]

Vous me demandez à quand le ministère des Enfants et de la Jeunesse ? Je suis déjà allée dans une province où on était très heureux de nous dire qu'il y avait une nouvelle ministre des Enfants. Je vous ai déjà raconté cela. J'attends toujours que mes vœux se réalisent à cet égard.

TheoDone : *Cette nomination ne comportait aucune responsabilité, aucun rôle influent...*

A. Ruffo : Mais c'est rire des enfants, rire des gens, mépriser la population. Je souhaiterais bien, effectivement, qu'il y ait un ministre responsable des enfants, mais je voudrais que ce ministre soit le meilleur, le plus puissant des ministres, avec un budget intéressant. Et puisque cela n'est pas pour demain, moi, entre-temps, je continue. Est-ce que nous avons avancé depuis les vingt dernières années ?

TheoDone : *Je vous pose la question.*

A. Ruffo : C'est une question pertinente. Je souhaiterais qu'on ait maintenant un ombudsman avec du pouvoir, du personnel, du budget, et qui ne serait redevable qu'à l'Assemblée nationale. Il ne faudrait pas que cette personne soit choisie parmi nos *amis politiciens*. Il faudrait que ce soit quelqu'un d'intègre et d'objectif. Le problème, c'est qu'à la tête des organismes qui s'occupent des enfants on nomme souvent d'anciens chefs de cabinet, ou d'anciens ministres, ou encore de vagues collaborateurs, et on s'attend à ce qu'ils utilisent le langage cru et dénonciateur que commande la situation des enfants. On ménage la paix sociale et ce sont les enfants qui en subissent les conséquences. Ni au fédéral ni au provincial, je ne sens la volonté de changer la situation. Il est important et urgent de travailler à nourrir l'indignation du peuple qui, lui, va se lever et exiger davantage des politiciens. L'indignation pourra soulever les passions et gonfler les exigences de la population en ce qui a trait au respect des droits de ses enfants.

TheoDone : *Comment entrevoyez-vous l'avenir de la planète et des enfants sur le plan de l'environnement et de leurs droits ?*

A. Ruffo : S'il ne se produit pas de changement éthique, s'il ne s'établit pas une conscience éthique nouvelle, urgente et profonde, je pense qu'il n'y en a pas d'avenir ou que l'avenir sera très sombre. Il n'y a pas d'avenir pour les enfants parce qu'il y a beaucoup d'enfants qui meurent tous les jours et il n'y a pas beaucoup d'avenir non plus pour ceux qui ne sont pas éduqués ou encore qui vivent dans des camps, qui n'ont pas de statut social. Ceux qui ne sont pas éduqués peuvent-ils s'en sortir et parler d'avenir ? Je pense que c'est un sursaut éthique collectif qui fera en sorte qu'on puisse espérer un avenir, non seulement un avenir, mais aussi un présent, plus supportables pour beaucoup. Alors, c'est un sursaut éthique politique qui fera cette différence à mon avis.

TheoDone : *Dans 25 ans disons, que pensez-vous qu'il adviendra des enfants ? Quel sort leur est-il réservé ?*

A. Ruffo : Je n'en sais rien. Si rien ne change, cela sera encore plus catastrophique. S'il y a ce sursaut éthique dont je vous parlais et la prise de parole des populations, alors on peut espérer.

TheoDone : *Que diriez-vous à vos successeurs à titre de juge ou à toute personne qui, comme vous, souhaiterait endosser la cause des enfants ?*

A. Ruffo : À mes successeurs comme juge, à ceux qui aspirent à la magistrature, je dirais de s'armer de courage et peut-être, s'ils veulent être vraiment efficaces, de parler de justice. Mais à mon avis, lorsqu'on veut parler de justice, on fait autre chose.

TheoDone : *Si vous aviez la possibilité de repenser la DPJ, quelle structure, quelle dimension, quels pouvoirs lui accorderiez-vous ?*

A. Ruffo : Je ne repenserais pas la DPJ. Je pense que les gens qui peuvent profiter de la misère des autres et qui exercent un monopole établi et reconnu ne remplissent malheureusement pas leurs fonctions adéquatement, et un tel système ne doit pas être repensé, mais plutôt aboli. Si vous me demandez plutôt de repenser la protection des enfants, je vous parlerai de prévention, d'aide aux parents, du développement de compétences, de responsabilités accrues des parents envers leurs propres enfants. Je vous parlerai aussi de la place de la communauté dans la vie des familles et je vous parlerai, en dernier lieu, de personnes qui deviennent responsables individuellement et personnellement de familles et d'enfants, et qui peuvent les aider à se sortir de leur misère. Je repenserais la vie des enfants non seulement en ce qui concerne leur protection, mais aussi leur éducation.

**TheoDone:** *Nous prêchons la prévention, mais il faut des organismes...*

**A. Ruffo:** Il faut une personne qui soit absolument responsable d'un enfant dans sa famille et ait les moyens de le protéger. Par exemple, si une famille vit une difficulté, de tout ordre, telle que des parents psychologiquement ou intellectuellement inaptes à s'occuper des enfants, comment fait-on ? Il faut que cette personne soit en mesure de décider, de prendre en charge la famille et de trouver des solutions *avec la famille*. Cela peut être de placer un enfant chez une tante ou, en dernier ressort, dans une famille d'accueil, mais toute personne qui prend en charge doit aussi être responsable de son éducation, des soins dentaires, de sa nourriture, de ses vêtements, etc.

**TheoDone:** *Il y a le travailleur social qui peut intervenir, non ?*

**A. Ruffo:** Alors moi je trouve inacceptable que dans une famille il y ait une travailleuse sociale pour le père et la mère et quatre autres pour les enfants. Comment peut-on fonctionner de cette façon-là ? C'est inacceptable.

**TheoDone:** *Que faudrait-il changer, concrètement, alors ?*

**A. Ruffo:** Il faudrait une approche globale, holistique, qui englobe tout, qui prend en compte la situation familiale de tous les membres de la famille et qui respecte tous les besoins de chacun. Il faut une implication personnelle et individuelle, une histoire d'amour.

**TheoDone:** *Et vous n'avez pas trouvé ça...*

**A. Ruffo:** J'ai vu des travailleurs sociaux aller dans des familles à contrecœur et dire, remplis de dégoût : « Vous savez, je les aime quand même. » Qui veut se faire aimer comme cela ? J'ai aussi vu des travailleurs sociaux *magiques*, qui aimaient les parents et les enfants, qui les soutenaient, qui leur transmettaient cette confiance en eux et en la vie, et qui amenaient des changements tout à fait impressionnants, des changements qui ont aidé les enfants à aller de l'avant dans leur propre vie… On voit de tout, mais je pense qu'il faut que ces personnes-là soient vraiment responsables. Quatre ou cinq travailleurs sociaux responsables d'une même famille… imaginez ! Pire ! on n'a pas encore parlé d'éducateurs, de psychologues, de psychiatres… Lorsque j'étais avocate, j'ai vu des salles de conférences remplies d'experts qui s'occupaient de la fille d'une de mes clientes, et personne ne se parlait là-dedans. J'ai vu un juge ordonner qu'on nomme un travailleur social responsable des travailleurs sociaux d'une famille pour qu'ils puissent se parler. Je l'ai vu. Il y a vraiment quelque chose qui ne tourne pas rond.

TheoDone : *On parlait de la communication entre les intervenants sociaux. Est-ce que vous pouvez donner des exemples ou des anecdotes de travailleurs sociaux qui aimaient…*

A. Ruffo : Je n'ai pas d'anecdotes précises, mais je peux vous parler de visages que je vois encore d'intervenants sociaux qui entraient à la cour comme des rayons de soleil, qui étaient pleins d'énergie et très heureux de dire : « Madame le juge, ça va mieux. Paul, regardez, va mieux. Il a fait telle chose et c'est bien. Il n'a fugué qu'une seule fois. » Pour moi, c'était merveilleux !

TheoDone : *Il y a de belles histoires, mais il faut aussi laisser le temps agir, y mettre le temps et l'énergie voulus.*

A. Ruffo : C'est une question d'attitude, c'est une façon de regarder l'autre avec amour et confiance, et il faut y mettre le temps. Pouvez-vous établir une relation d'amour et de confiance en voyant quelqu'un pour la première fois ? Pouvez-vous faire en sorte que cette personne soit nourrie et stimulée pour améliorer le sort de sa famille et de ses enfants ? C'est ce que j'ai vu, moi. J'ai vu le meilleur comme le pire. La vie est là, elle est belle, c'est tout ce que l'on peut transmettre.

TheoDone : *Et c'est ce que vous avez fait comme juge ?*

*A. Ruffo* : C'est ce que l'on me renvoie comme message. Je suis fière d'être restée axée sur cela et de ne pas avoir fait de compromis là-dessus.

TheoDone : *Où vous voyez-vous dans les prochaines années ? Que vous reste-t-il d'essentiel à réaliser dans vos projets, dans votre vie ?*

*A. Ruffo* : Ce qu'il me reste à réaliser dans la vie, c'est moi. Être moi encore un peu plus chaque jour. Moi, qu'est-ce que c'est ? Je ne le sais pas. *(Rires)* Est-ce chanter ? Est-ce écrire ou peindre ? Est-ce faire des confitures ? Ouvrir une maison de jeunes ? Vivre en Europe ? Je n'en ai aucune idée. Je sais que j'ai infiniment de bonheur à vivre jour après jour et à me laisser aller à mes folies. C'est bien d'avoir un certain âge parce que notre carrière est derrière nous et on ne parle pas en termes d'avenir. On parle en termes de bonheur, d'instant présent, de joie. On se réjouit d'être avec des gens qu'on aime et on se permet de dire non à ceux que l'on n'aime pas. On est en mesure de savoir ce qui est important pour nous et de le dire avec moins de colère et de passion. En général, je trouve que je me porte assez bien de ce côté et je peux profiter de tout ce qui m'est offert.

TheoDone : *Profiter davantage de l'instant présent ?*

*A. Ruffo* : Oui. En ce moment, par exemple, je vous parle et j'admire tous ces arbres multicolores qui nous entourent. Récemment encore, je regardais les canards qui, par centaines, se préparaient à partir. Tout est tellement beau ! Je rends grâce d'une certaine façon de ce qui m'est arrivé, car j'ai beaucoup plus de temps pour regarder tout cela et en jouir. Je me lève le matin, si j'ai le goût d'écrire, j'écris; si j'ai le goût de peindre, je peins. J'aime tout.

[...]

Alors, à votre question « Ce que je vais devenir ? », eh bien, je n'en ai aucune idée. J'espère seulement que chaque jour je me découvrirai un peu plus et que je vais me laisser découvrir à mon tour. Je pense que cela s'appelle le bonheur.

TheoDone : *Et pourquoi faut-il attendre la retraite pour faire cela ?*

A. Ruffo : Pour plusieurs raisons, mais surtout à cause de la pression familiale, monétaire, et d'une certaine image de la réussite. C'est une erreur de penser qu'on doit se diriger vers des carrières programmées d'avance pour se découvrir et être soi-même. Je pense que nous devrions accepter qu'il y ait des jeunes qui n'ont pas une carrière structurée ou fixée selon le credo social. Je pense aussi que les obligations monétaires et celles que l'on s'impose sont de grands facteurs pour nous enlever beaucoup de liberté.

TheoDone : *Souvent inconsciemment, les gens s'imposent de grandes obligations.*

A. Ruffo : Est-ce qu'on a vraiment besoin de deux voitures, de deux maisons, d'un chalet, de deux manteaux de fourrure, de diamants, de tout un arsenal électronique, de gadgets ? Je ne sais pas si cela nous rend heureux. Peut-être qu'il faudrait s'aider en *étant* tout simplement, et non pas en *possédant*.

TheoDone : *Sur le plan de la spiritualité, comment intégrez-vous cette dimension dans votre démarche de défense des droits et de justice humaine afin de rencontrer le cœur, l'intuition et non la résistance de l'intellect ? Sentez-vous que parfois on a oublié une perspective importante en cours de route, l'âme des gens, de la famille et des enfants ?*

A. Ruffo : Vous savez que dans le mot *spiritualité* il y a le mot *esprit*. Ma formation chez les religieuses et dans une famille où la religion avait une certaine importance m'a convaincue depuis ma tendre enfance que l'esprit qui nous habite colore toutes nos actions. Donc, c'est cet esprit qui est important.

TheoDone : *Pouvez-vous préciser cette idée ?*

A. Ruffo : Si du fait que l'on a été écorché on a un esprit mesquin, ou si on a un esprit envieux, alors nos actions vont être colorées de cet esprit-là. Je pense que c'est dans nos familles et par l'éducation qu'on reçoit qu'on apprend à vivre et que nos actions deviennent l'expression, la manifestation de l'esprit qui nous habite, qui peut être un esprit de compassion, de générosité et de partage. Je pense aussi que cet esprit-là s'enrichit fortement par des connaissances. On a le devoir de s'instruire, de s'informer afin d'être plus sensible et de connaître mieux. Si, par exemple, je ne connais pas du tout la situation au Liban, en Sierra Leone ou en Inde, je prive mon esprit de beaucoup d'ouverture. Pour dépasser la tristesse de l'ignorance, je le répète, on a le devoir de s'instruire et de s'informer.

TheoDone : *Cet esprit nous amène au dépassement de soi...*

*A. Roffo :* L'esprit qui nous habite et colore tout ce que l'on dit et tout ce que l'on fait nous amène toujours à développer les qualités qui font de nous des êtres humains complets. Mais cela doit se faire dans la liberté, cette spiritualité ne peut être vraie, belle et grande que dans la liberté.

TheoDone : *Vous parliez précédemment du fait qu'il était temps de mobiliser les gens. Quelles seraient maintenant les plus importantes revendications ou questions à soulever, à débattre ?*

*A. Roffo :* Compte tenu de l'information dont nous disposons maintenant, je pense qu'il n'y a plus grand débat à faire pour apprendre que des enfants n'ont pas de vie. On n'a pas à débattre de la question non plus quand on dit que des millions d'enfants meurent du sida chaque année, on a à faire quelque chose, à agir. Alors les débats, pour moi, ne sont plus utiles. Je pense que nous en sommes rendus à l'étape de l'indignation. C'est Françoise Dolto qui m'a appris cela : parler de situations qui nous ramènent à nous-même, toujours. Si je parle, par exemple, d'une petite fille laide, grosse, pleine de boutons, je dois me demander comment, moi-même, je me sentirais dans sa peau. L'émotion que suscitent en nous des situations que l'on connaît nourrit la volonté d'agir, cette volonté de compassion.

Par ailleurs, il faut se méfier de la *surmédiatisation*. Les drames que l'on nous sert quotidiennement, à propos de la famine par exemple, font en sorte qu'à la place de susciter une indignation propre à commander l'action ils nous désensibilisent d'une action véritable.

TheoDone : *Et quelle est-elle généralement, cette information ? De quoi faut-il se méfier ?*

A. Ruffo : L'information qui nous est présentée de façon stupide, la *désinformation* telle qu'on la trouve souvent aujourd'hui, nous insensibilise ou nous rend, pour ainsi dire, moins sensibles puisque l'autre n'est plus un humain, puisqu'il est devenu un *objet* de reportage. Pour qu'on puisse rester ou redevenir sensibles, il faut faire attention à ce que l'autre demeure toujours un humain et non pas un objet d'informations ou une nouvelle.

TheoDone : *Et il faut de la compassion...*

A. Ruffo : Cela implique également qu'il faudra que les médias deviennent conscients de leur influence à cet égard.

TheoDone : *Si vous pouviez refaire le chemin de votre vie personnelle ou professionnelle que vous avez parcouru au cours des années, que changeriez-vous ?*

A. Ruffo : Je n'en ai aucune idée. Ce n'est pas possible pour moi de penser comme cela. Je suis née dans telle famille, avec telles qualités et tels manques, j'ai telles cicatrices, telles blessures... et j'ai fait avec cela, je me suis construite, développée, je suis tributaire de tout cela.

TheoDone : *Si vous aviez à prioriser les problèmes à régler liés aux droits des enfants, lesquels viendraient nécessairement en tête de liste ?*

A. Ruffo : La première tâche, la plus importante, serait de rendre les parents heureux, de faire en sorte que ces adultes, qui ont eu des lacunes de quelque nature que ce soit, puissent reprendre goût à la vie. C'est à cette condition-là qu'ils auraient quelque chose de plus à donner à leurs enfants. À mon avis, il est inutile de parler des enfants si la société ne s'occupe pas des parents d'une manière ou d'une autre. L'urgence est à plusieurs niveaux. Il faut régler les problèmes existant maintenant. Pour faire en sorte que ces problèmes n'existent plus dans dix ans, il faut s'occuper prioritairement des parents.

TheoDone : *Mais on ne peut pas donner ce que l'on n'a pas.*

A. Ruffo : Voilà pourquoi l'urgence consiste à s'occuper des parents.

TheoDone : *Que leur manque-t-il ?*

A. Ruffo : Vous savez que nous avons au Québec cet organisme d'entraide qui s'appelle les *Petits déjeuners*. J'applaudis, car c'est important, mais en même temps qu'on fait cela, il faut se dire : ce n'est pas à l'État ni aux organismes à faire cela, ça appartient aux parents. Pourquoi des parents ne sont-ils pas capables de nourrir leurs enfants ? À cause de la pauvreté ? Parce qu'ils n'ont pas de motivation ? Parce qu'ils n'ont pas de raison de se lever le matin ? Pourquoi ? Allons voir d'abord qui sont ces parents.

TheoDone : *Si nous pouvions imaginer, concevoir un lieu ou un encadrement spécial pour les enfants en difficulté, à quoi ressemblerait ce lieu, cet espace qui permettrait, notamment, d'atténuer la souffrance et de libérer la créativité ?*

A. Ruffo : Cela dépend de l'âge des enfants. Si on parle de bébés naissants, je pense qu'il faudrait penser à des familles. À l'adolescence, par contre, il faudrait abandonner cette idée de placer des enfants dans des familles d'accueil en pensant qu'on peut leur faire croire qu'il s'agit d'une vraie famille. Il faudrait plutôt concevoir des endroits très jolis, chaleureux et sécurisants, avec un homme, une femme pour accueillir ces jeunes-là et de l'aide de l'extérieur par le biais d'éducateurs. Les enfants ont besoin d'un milieu de vie et il s'agit d'arrêter de leur raconter des mensonges à l'effet qu'on peut reconstituer une famille. Il y a encore des gens qui pensent qu'on peut refaire des familles.

TheoDone : *Vous avez parlé d'une maison de jeunes, plus tôt. Comment l'imaginez-vous ?*

A. Ruffo : Une maison… intégrée dans un village, où il y a un monsieur et une madame, du monde drôle et sympathique. Il y aurait différentes maisons, comme un village où l'on vit heureux. Je pense que cette idée sera à développer ultérieurement. Mais ça, nous pourrons nous en reparler une autre fois peut-être… ❧

# Alter ego

Si tu étais vraiment un autre Moi,
pourrais-je te regarder souffrir,
impassible et muet ?

Pourrais-je te regarder mourir de faim,
sans au moins t'offrir un peu de pain ?

Pourrais-je regarder ta femme être violée,
sans hurler et courir la protéger ?

Pourrais-je regarder tes enfants terrorisés,
sans ouvrir mes bras pour les rassurer ?

Non !
Tu n'es vraiment pas un autre Moi.

Serait-ce parce que tu es étranger,
ou différent,
ou moins intelligent,
ou plus travaillant ?

Serait-ce parce que...
ta peau est d'une autre couleur,
ton dieu inconnu,
ton nom à connotation étrange ?

Non !
Tu n'es vraiment pas un autre Moi.

Alors pourquoi faire semblant ?
Pourquoi te tromper ?
Pourquoi me leurrer ?

Si j'avais seulement la force de l'admettre,
dans la vérité,
peut-être trouverais-je enfin le courage
de te regarder,
de te découvrir,
de t'admirer,
de te reconnaître.

Peut-être trouverais-je,
tout simplement,
le bonheur de t'aimer,
parce qu'au fond de toi,
tu es vraiment un autre Moi...
mon frère.

# Les hirondelles ne dansent plus...

Alors que dans l'Italie rieuse,
vivent des enfants heureux
et que dansent les hirondelles,
tout là-bas au-dessus des camps gris et sombres,
où meurent les rires et les espoirs d'enfants,
les hirondelles ne dansent plus...

Inquiètes, elles font le guet.
Leur vol léger s'est appesanti
et semble porter le monde.
Comment pourraient-elles alors annoncer le printemps ?

Quand, du haut du ciel,
elles entendent les cris des tout-petits,
les sanglots des parents,
les complaintes des vieillards
et que coule le sang des innocents,
les hirondelles ne dansent plus...

Leurs jeux légers se sont arrêtés,
elles cachent leurs pleurs,
les enfants regardent leurs ailes,
lourdes de chagrin.

Péniblement,
elles reprennent leur vol,
silencieuses et tristes.

Plus tard, beaucoup plus tard,
leurs jeux, comme ceux des enfants,
parleront de guerre.
Peut-être pour oublier
qu'elles ne peuvent plus annoncer le printemps.
Peut-être pour oublier
que là-bas, il y a des enfants heureux.

C'est pour cela qu'au-dessus des camps,
les hirondelles ne dansent plus...

MEMBRE DU GROUPE SCABRINI

Québec, Canada
2006